모던웹을 지탱하는
서버/인프라 실전 구축 가이드

모던웹을 지탱하는

서버/인프라 실전 구축 가이드

지은이 이토 나오야(伊藤 直也), 片山 暁雄(카타야마 아키오), 平山 毅(히라야마 츠요시), 舟崎 健治(후나자키 켄지),
吉荒 祐一(요시아라 유이치), 今井 雄太(이마이 유타), 八木橋 徹平(야기하시 텝페이), 安川 健太(야스카와 켄타),
宮下 剛輔(미야시타 고스케), 田中 慎司(타나카 신지), 久保 達彦(쿠보 타츠히코), 道井 俊介(미치이 슌스케),
飯田 祐基(이이다 유키), 桑野 章弘(쿠와노 아키히로), 松浦 隼人(마츠우라 하야토), 中村 俊之(나카무라 토시유키),
福永 亘(후쿠나가 와타루), 杉山 仁則(스기야마 요시노리), WEB+DB PRESS편집부

옮긴이 성창규

펴낸이 박찬규 | 엮은이 윤가희 | 디자인 북누리 | 표지디자인 아로와 & 아로와나

펴낸곳 위키북스 | 전화 031-955-3658, 3659 | 팩스 031-955-3660

주소 경기도 파주시 문발로 115 세종출판벤처타운 #311

가격 28,000 | 페이지 420 | 책규격 188 x 240

초판 발행 2015년 09월 10일
ISBN 979-11-5839-009-9 (93000)

등록번호 제406-2006-000036호 | 등록일자 2006년 05월 19일
홈페이지 wikibook.co.kr | 전자우편 wikibook@wikibook.co.kr

SERVER/INFRA TETTEI KORYAKU written by Naoya Ito, Akio Katayama, Tsuyoshi Hirayama, Kenji Funazaki, Yuichi Yoshiara, Yuta Imai,
Teppei Yagihashi, Kenta Yasukawa, Gosuke Miyashita, Shinji Tanaka, Tatsuhiko Kubo, Shunsuke Michii, Yuki Iida, Akihiro Kuwano, Hayato
Matsuura, Toshiyuki Nakamura, Wataru Fukunaga, Yoshinori Sugiyama and supervised by WEB+DB PRESS HENSHU-BU
Copyright © 2014 Gijyutsu-Hyoron Co., Ltd.
All rights reserved.
Original Japanese edition published by Gijyutsu-Hyoron Co., Ltd., Tokyo
This Korean language edition published by arrangement with Gijyutsu-Hyoron Co., Ltd., Tokyo in care of Tuttle-Mori Agency, Inc., Tokyo
through EntersKorea Co., Ltd., Seoul

이 책의 내용에 대한 추가 지원과 문의는 위키북스 출판사 홈페이지 wikibook.co.kr이나
이메일 wikibook@wikibook.co.kr을 이용해 주세요.

이 도서의 국립중앙도서관 출판시도서목록 CIP는
e-CIP 홈페이지 http://www.nl.go.kr/cip.php에서 이용하실 수 있습니다.
CIP제어번호 CIP2015023769

모던
웹을
지탱하는

서버/
인프라
실전
구축
가이드

아마존
웹 서비스부터
도커까지

이토 나오야 외 지음

/

성창규 옮김

위키북스

[입문]
코드를 이용한 인프라 구축

서버 구성 관리의 자동화를 구현하자

지금까지 서버를 운영하면서 업데이트나 버그 수정이 있을 때는 매뉴얼을 보고 변경 작업을 했다. 하지만 도구가 발전하면서 가상 환경 위에 서버를 구축하고 코드로 서버의 구성을 관리하는 기술을 이용하게 됐다. 책 앞부분의 기획에서는 이러한 기술을 구현해 주는 도구인 셰프, 베이그런트, 서버스펙으로 도입부터 설정까지 알기 쉽게 설명하고 있다.

셰프와 베이그런트로
인프라의 코드화

설정을 일괄적으로 관리해 작업을 간소화하자

KAIZEN platform Inc. 이토 나오야

인프라 구성의 자동화

책의 첫머리인 1부 기획에서는 셰프[1]를 사용한 인프라 환경의 코드화와 코드화된 인프라를 서버스펙[2]을 사용해 테스트 주도로 구축하는 방법을 소개한다. 1장에서는 셰프의 기초와 셰프를 시험 삼아 써보는 데 편리한 베이그런트[3]라는 가상화 도구를 설명한다[4]. 2장에서는 셰프로 코드화된 서버를 테스트 프레임워크인 서버스펙에서 테스트하는 방법을 설명한다.

Infrastructure as Code(코드로 작성하는 인프라)

◼ 프로비저닝 프레임워크 셰프

클라우드 환경이 본격적으로 보급된 요즘이지만 가상 서버를 다루다 보면 인스턴스를 생성하고 삭제하는 작업이 자주 발생한다. 하지만 매번 서버 구성 매뉴얼에 따라서 엔진엑스를 설치하고 MySQL을 설치하고 유저를 생성하고…… 또 하나하나 실행해서 직접 동작을 확인하기 때문에 운영상 실수가 발생하는 일은 어쩔 수 없다.

---

1 http://www.getchef.com/chef/

2 http://serverspec.org/

3 http://www.vagrantup.com/

4 이번 장의 예제 코드는 위키북스 사이트의 '서버/인프라 실전 구축 가이드' 페이지에서 내려받을 수 있다. http://wikibook.co.kr/building-server-infra

최근에는 이러한 서버 구성(프로비저닝) 작업을 프로그램으로 자동화하는 것이 일반적이다. 하지만 자동화를 처음부터 직접 구현하는 건 무척 어려운 일이다. 그래서 프로비저닝을 자동화하는 프레임워크를 사용하게 된다.

이러한 프로비저닝을 자동화해주는 프레임워크의 대표주자가 셰프(Chef)다. 셰프는 셰프 사(Opscode에서 사명 변경)가 루비로 개발한 OSS(Open Source Software)다. 셰프를 사용하면 「레시피」라는 파일에 대상이 되는 서버의 상태, 예를 들면 "엔진엑스가 설치돼 있고 80번 포트에 바인드하고 있고⋯." 등을 루비로 작성해 실행하는 것만으로 서버를 그 상태로 구성할 수 있다.

예를 들면 엔진엑스를 설치하는 레시피 파일은 다음과 같다.

```
package "nginx" do
  action :install
end


service "nginx" do
  action [ :enable, :start ]
end
```

「루비로 작성한다」고는 하지만 미리 준비된 DSL(Domain Specific Language, 도메인 특화 언어)에 정의된 언어를 사용하는 것뿐이므로, 일반적인 설정 파일을 작성하는 방법과 크게 다르지 않다. OS나 배포판의 버전 차이는 셰프가 처리해 준다. 셰프로 위 레시피 파일을 사용해 해당 서버에 적용하면 엔진엑스가 설치되고 서비스가 시작된다.

마찬가지로 MySQL 같은 다른 소프트웨어의 레시피나 유저를 생성하는 레시피 혹은 네트워크를 설정하는 레시피 등을 작성해 서버에 적용해 보자. 모두 자동화돼 있으므로 두 번째 이후의 작업은 셰프를 실행하기만 하면 된다.

■ 서버스펙으로 테스트

이렇게 코드로 표현된 서버 상태를 깃(Git) 등의 SCM(Software Configuration Management, 소프트웨어 구성 관리)을 사용해 버전 관리를 해 보자. 지금까지의 서버 구성 프로세스는 취약한 매뉴얼에 의지할 수밖에 없었지만, 코드를 이용해 안정적인 버전 관리를 할 수 있게 됐다.

코드를 작성했다면 테스트를 작성해 보자. 2장에서 설명하는 서버스펙을 사용한 테스트 코드는 다음과 같다.

```
require 'spec_helper'

describe 'nginx' do
  it { should be_installed }
  it { should be_running }
end

describe 'port 80' do
  it { should be_listening }
end
```

이런 형태로 실제 서버에 일어나는 동작을 RSpec으로 작성할 수 있다. 이 테스트를 실행해 보면 대상 서버에 ssh를 통해 다양한 서버 상태를 테스트에 작성된 대로 체크하고 결과를 보고해 준다. 지속적인 통합[5]으로 테스트를 돌린다면 언제나 셰프 레시피가 정상적인 상태로 관리된다고 보장할 수 있을 것이다.

가상화 서버에 의해 하드웨어가 추상적 개념이 되면서 소프트웨어로써 취급할 수 있게 됐다. "소프트웨어가 됐다면 코드로 관리하고 테스트를 작성하면 좋지 않을까?" 하는 것이 「Infrastructure as Code」의 개념이다.

셰프의 용도

셰프와 같은 프로비저닝 프레임워크는 인력만으로는 관리가 어려운 대규모 서버 환경에 적합한 도구가 아닐까 생각된다. 실제로 수십만 규모의 서버를 가지고 있다고 알려진 페이스북도 셰프로 서버의 구성 관리를 하고 있다고 한다.

필자도 한 대부터 수십 대의 서버 구성에 셰프를 사용하고 있으며, 최근에는 간단한 개발용 호스트도 셰프로 관리하고 있다.

개인적으로 사용하는 서버는 점검을 자주 하지 않기 때문에 "오랜만에 만져볼까?" 하고 살펴볼 때 기존의 구성을 잊어버리는 경우가 자주 있다. 이럴 때 셰프로 관리한다면 모든 것이 코드로 일괄 관리가 되므로 무엇을 어떻게 변경했는지 알 수 있다. 깃으로 코드를 관리하고 깃헙(GitHub)에 올려두면 보기 편하게 관리할 수 있다.

---

5   소프트웨어로서의 통합 관리를 의미한다.

팀으로 개발할 때 개발 환경의 표준화를 위해 셰프를 사용하는 사례도 늘고 있다고 한다. 루비나 루비 온 레일즈 또는 노드(Node.js)처럼 개발 속도가 빠른 플랫폼을 사용하면 어느새인가 팀원들끼리 다른 버전으로 개발하는 경우도 생긴다. 이럴 때는 개발 장비용 셰프 레시피를 공유함으로써 이런 실수를 줄일 수 있고, 신입사원이 들어왔을 때도 셰프를 한번 실행하는 것만으로 환경 구성을 할 수 있다. 이상적이지 않은가?

사용 환경

서론은 이 정도로 하고 실제로 테스트해 보자. 필자가 사용한 환경은 다음과 같다.

- **작업 환경**
  - 맥 OS X 10.9.4
  - 루비 2.1.2
  - knife—solo 0.4.2

- 서버
  - 버추얼박스 4.3.14
  - 베이그런트 1.6.3
  - CentOS 6.5
  - 셰프 11.14.6

베이그런트를 사용한 가상 서버 준비

셰프를 설명하기 전에 셰프 검증 환경을 구성하고 테스트 주도 서버를 구성할 때 편리한 베이그런트(Vagrant)라는 도구를 소개한다.

베이그런트는 버추얼박스[6] 같은 서버 가상화 소프트웨어의 프런트엔드가 되는 루비로 만들어진 OSS다(그림 1-1). 베이그런트를 사용하면 명령줄에서 vagrant 명령을 실행하는 것만으로 간단히 새로운 가상 서버를 구축할 수 있다.

---

6 https://www.virtualbox.org/

```
% vagrant init centos
% vagrant up
```

실제 이 두 가지 명령어만으로 내 PC에 새로운 가상 서버가 설치된다.

한번 만들고 지워도 상관없는 호스트를 구성하는 데 베이그런트는 매우 편리하다. 최근의 프로비저닝 프레임워크 쪽에서는 사실상 베이그런트를 같이 사용하는 건 정평이 나 있다.

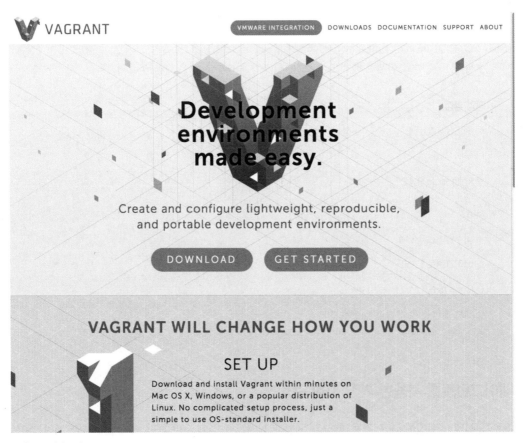

그림 1–1 베이그런트

버추얼박스 설치

베이그런트는 버추얼박스(VirtualBox) 이외에 가상화 도구나 클라우드 서비스에서도 사용할 수 있지만, 이번 사용 목적에는 버추얼박스가 적합하므로 우선 버추얼박스를 설치한다.

버추얼박스는 x86과 AMD6/intel64의 가상화 도구로 윈도나 맥 OS X에 리눅스나 다른 OS 서버를
설치하기 위한 OSS다.

그림 1-2 버추얼박스

설치 방법은 버추얼박스의 내려받기 페이지[7]에서 「VirtualBox platform packages」 중에 개인이 사용
하고 있는 OS와 맞는 패키지를 내려받고 설치 파일을 실행하면 된다. 버추얼박스만 쓸 일은 없으므로
설치가 끝났다면 베이그런트 설치에 대해 알아보자.

베이그런트 설치

베이그런트도 내려받기 페이지[8]에서 내려받아 설치하면 된다.

문제없이 설치가 끝났다면 셸에서 vagrant 명령을 사용할 수 있을 것이다.

---

7   https://www.virtualbox.org/wiki/Downloads

8   http://downloads.vagrantup.com/

```
$ vagrant -v
Vagrant 1.6.3
```

가상 이미지 받기 - vagrant box add

설치를 했으니 베이그런트를 사용할 수 있게 됐지만, 최초에 한번 베이그런트에서 사용할 OS 이미지를 받아야 한다. 이번 장에서는 CentOS 6.5를 사용하도록 하자[9].

베이그런트용 OS 이미지는 「box」라고 한다. Box를 얻는 방법은 여러 가지가 있지만 여기서는 Opscode를 관리하는 Bento라는 프로젝트 box를 가져오자.

목록에서 「opscode-centos-6.5」 URL을 복사하고 vagrant box add 명령으로 이미지를 가져온다.

```
% vagrant box add centos http://opscode-vm-bento.s3.amazonaws.com/vagrant/virtualbox/opscode_
centos-6.5_chef-provisionerless.box (명령어는 한 줄로)
```

OS 이미지 내려받기가 시작되고 ~/.vagrant.d에 메타데이터와 함께 이미지가 저장된다. 위에서는 「centos」라는 이름으로 이미지를 add하고 있다.

가상 서버 기동 - vagrant up

이걸로 준비가 끝났다. 다음과 같이 적당한 작업 폴더를 만든다.

```
% vagrant init centos
(생략)
% vagrant up
Bringing machine 'default' up with 'virtualbox' provider...
==> default: Importing base box 'centos'...
==> default: Matching MAC address for NAT networking...
==> default: Setting the name of the VM: webdb-chef_default_1408971563853_7882
(생략)
==> default: Machine booted and ready!
==> default: Checking for guest additions in VM...
==> default: Mounting shared folders...
    default: /vagrant => /Users/naoya/work/webdb-chef
```

---

9 집필 당시 CentOS 7이 최신 버전이었지만 CentOS 7에 새로운 기능이 늘어서 애매한 곳이 많기 때문에 여기서는 CentOS 6을 사용한다.

이때 「Failed to mount folders in Linux guest. This is usually because the "vboxsf" file system is not available.」이란 에러가 발생하면 다음 명령을 실행한다. 로컬 버추얼박스 버전이나 설정 상태 때문에 발생한 에러일 수 있다.

```
$ vagrant ssh -c 'sudo /etc/init.d/vboxadd setup'
$ vagrant reload
```

vagrant init에 Vagrantfile이란 설정 파일을 만들고 vagrant up을 실행하면 파일 내용대로 가상 서버가 시작된다.

시작됐으면 vagrant ssh 명령으로 ssh 로그인을 해보자.

```
% vagrant ssh
Last login: Fri Aug 1 09:45:51 2014 from 10.0.2.2
[vagrant@localhost ~]$ cat /etc/system-release
CentOS release 6.5 (Final)
```

문제없이 기동 됐나? 순식간에 검증 환경이 만들어졌다(정말 편해졌다).

나머지는 마음껏 만져 보자.

가상 서버의 정지와 삭제 - vagrant halt/destroy

가상 서버를 정지하거나 삭제하려면 다음 명령을 실행한다.

- **가상 서버의 정지:** vagrant halt
- **가상 서버의 삭제:** vagrant destroy

halt는 다시 vagrant up을 실행했을 때 이미지가 halt 한 시점으로 시작되지만, destroy는 새롭게 설치된 상태로 돌아간다.

ssh 설정

베이그런트에 올린 호스트는 vagrant ssh로 로그인할 수 있지만, 만일을 대비해서 ssh ⟨hostname⟩으로도 로그인할 수 있게 해 두자.

vagrant ssh-config 명령으로 ssh config 설정값이 출력되므로, 설정값을 ~/.ssh/config에 리다이렉트해 주자.

```
% vagrant ssh-config --host webdb >> ~/.ssh/config
```

이것으로 ssh webdb에서 가상 서버에 로그인할 수 있게 됐다.

셰프로 인프라의 코드화

베이그런트 설정이 끝났다면 셰프를 확인해 보자.

셰프에는 두 종류가 있다[10]. 하나는 어느 정도 이상의 서버 규모를 대상으로 하는 「셰프 서버(Chef Server)」이고, 하나는 스탠드 얼론을 대상으로 하는 「셰프 솔로(Chef Solo)」다.

셰프 서버는 셰프 서버를 설치하고 구성 관리 대상이 되는 각 호스트가 클라이언트 형태로 서버에서 명령을 받는 구조로 돼 있다. 셰프 솔로보다는 확장성이 좋지만 가볍게 사용하기에는 번거롭다. 간단하게 시작할 수 있는 셰프 솔로를 사용해 보자.

셰프 서버가 확장성이 좋다고 하지만, 셰프 솔로도 셰프의 기본적인 기능을 모두 지원하므로 단 몇 대의 서버라면 문제없이 구성하고 관리할 수 있다.

노드 - 구성 관리 대상의 호스트/서버

셰프에서는 구성 관리 대상의 호스트/서버를 「노드(node)」라고 한다. 앞으로 이어지는 장에서도 노드라고 하겠다.

chef-solo 다루기

앞서 준비한 Vagrant OS 이미지에는 셰프가 없다. 우선 수동으로 셰프를 설치하자.

셰프를 설치하려면 셰프 사가 제공하는 설치용 스크립트를 쓰는 게 빠르다. 다음 명령을 실행해 보자.

---

10 그 외에도 SaaS(Software as a Service) 버전 「Hosted Chef」가 있지만, 여기에서는 다루지 않는다.

```
% vagrant ssh
$ sudo bash -c "curl -L https://www.opscode.com/chef/install.sh | bash"
```

설치가 끝나면 chef-solo 명령을 실행해보자.

```
$ sudo chef-solo
```

레시피가 없다면 당연히 에러메시지가 나오고 종료되지만, 다음과 같이 셰프 솔로를 실행할 수 있다는
걸 알게 됐다.

- 해당 노드에 ssh 로그인
- sudo 권한으로 chef-solo 실행

레시피 작성

다음으로 노드에 httpd를 설치하고 레시피를 작성해 실행해 보자. 레시피 양식을 만드는 프런트엔드
작업에는 셰프와 함께 설치되는 knife 명령을 쓴다.

```
# 대상 노드 내
$ sudo knife cookbook create httpd
$ sudo vi /var/chef/cookbooks/httpd/recipes/default.rb
```

셰프에서는 레시피 파일이 있는 폴더를 「쿡북」이라 한다. knife cookbook create httpd 명령으로
httpd 쿡북 양식을 만든다. 기본값일 때는 /var/chef 아래에 만들어진다. 레시피 파일은 cookbooks/
httpd/recipes/default.rb다. 이 파일을 다음과 같이 편집한다.

```
package "httpd" do
  action :install
end
```

레시피가 만들어졌다면 실행해 보자. chef-solo 명령 인수에 -o 옵션을 붙여 미리 만들어 둔 httpd
쿡북이 적용되게 설정한다.

```
$ sudo chef-solo -o httpd
(생략)
Recipe: httpd::default
```

```
  * package[httpd] action install
    - install version 2.4.6-18.el7.centos of package httpd

Running handlers:
Running handlers complete
Chef Client finished, 1/1 resources updated in 16.6092188 seconds
(생략)
```

여러 가지 경고는 나왔지만 httpd가 설치됐다. rpm -qa | grep httpd 명령으로 실제로 설치됐는지 확인할 수 있다.

knife-solo에서 셰프 실행

지금까지는 셰프 솔로의 실행 흐름을 이해시키려고 일부러 ssh로 로그인해서 chef-solo를 직접 실행하는 방법을 소개했다. ssh는 번거롭고 레시피를 작성하는 데 sudo 권한이 필요하며 원격에서 편집할 때 사용하던 편집기를 사용할 수 없어서 꽤 번거롭다.

knife의 플러그인인 knife-solo를 사용하면 로컬 환경에서 편집한 쿡북을 rsync를 사용해 노드에 전송해서 chef-solo를 실행할 수 있다. chef-solo의 실행 도구는 여러 가지가 있지만, 필자가 추천하는 도구는 knife-solo다.

▣ knife-solo 설치

이후에는 게스트 OS(CentOS)가 아닌 호스트 OS(필자) 환경에서 작업한다.

knife-solo는 RubyGems.org에 공개된 루비로 만들어진 도구다. 따라서 실행하려면 루비가 필요하다. 루비 버전은 현재 지원되는 1.9 이후 버전이면 문제없다. 가능하면 새로운 버전(집필 시점 2014년 8월)인 2.1.2를 권장한다.

설치는 Bundler를 사용하면 편하다. Vagrantfile과 같은 폴더에 Gemfile을 만들고 다음과 같이 입력해 설치한다.

```
source 'https://rubygems.org'

gem 'knife-solo'

% bundle
```

이제 knife 명령의 하위 명령으로 knife solo를 사용할 수 있게 됐다.

▣ knife-solo로 셰프 리포지토리 생성

게스트 OS에서 knife를 실행하면 /var/chef 아래에 쿡북이 만들어지지만, knife-solo를 사용하면 작업 폴더 내에 초기화를 실행할 셰프용 폴더(셰프 리포지토리[11])를 만든다.

Gemfile이 있는 폴더에서 다음 명령을 실행하자. 셰프와 관련된 폴더가 생성된다.

```
% bundle exec knife solo init .

# 폴더 구성 확인
% tree
.
├── Gemfile
├── Gemfile.lock
├── Vagrantfile
├── cookbooks
├── data_bags
├── environments
├── nodes
├── roles
└── site-cookbooks
```

리포지토리를 만들었다면 깃에서 관리를 해보자. 이때 베이그런트가 사용하는 vagrant 폴더는 관리가 필요 없으므로 .gitignore를 추가한다.

```
% git init .
% echo ".vagrant/" > .gitignore
% git add .
% git commit -m 'First commit'
```

▣ knife-solo prepare로 노드에 셰프 솔로 설치

조금 전 베이그런트 박스에 로그인해서 셰프를 수동으로 설치했다. knife-solo의 prepare 명령을 사용하면 원격에서 대상 노드에 셰프 솔로를 한 번에 설치할 수 있다.

---

11 리포지토리는 쿡북 그룹을 비롯한 셰프를 실행하는 데 필요한 파일을 모아놓은 저장소를 말한다. 이 책에서는 리포지토리라고 하겠다.

만약 셰프가 미리 설치된 서버를 사용할 경우에도, 버전을 맞추는 데 knife solo prepare를 실행해 보자. 노드의 호스트명을 인수로 넣으면 knife가 ssh로 환경을 만들어 준다.

```
% bundle exec knife solo prepare webdb
```

knife solo prepare는 셰프 설치뿐 아니라 knife-solo용 rsync 설정과 그 외에 설정도 조정되므로 일단 한번 실행해 두자.

▣ 쿡북 작성과 적용

이제 준비가 끝났다. 조금 전과 같이 httpd 쿡북을 만들어 노드에 chef-solo를 실행하자. knife solo cook ⟨노드명⟩ 명령으로 대상 노드의 쿡북 rsync와 셰프 솔로가 적용된다[12].

```
# chef-repo 폴더에서 실행
# 직접 만든 것은 site-cookbooks에 만드는 것이 기본
% bundle exec knife cookbook create httpd -o site-cookbooks

# 자주 쓰는 편집기로 레시피 편집
% emacs site-cookbooks/httpd/recipes/default.rb

# 레시피를 webdb 노드에 적용
% bundle exec knife solo cook webdb -o httpd
(생략)
Converging 1 resources
Recipe: httpd::default
* package[httpd] action install (up to date)
Chef Client finished, 0 resources updated
```

문제가 없다면 작업이 실행되고 httpd가 설치된다. 여기서는 httpd를 이미 설치했으므로 실제로 실행되지 않고 넘어갔다는 메시지가 나온다.

레시피가 잘 실행됐다면 깃에 전송하자. 이렇게 레시피 만들기가 끝날 때마다 커밋하면 서버 구성 내역이 자연스럽게 깃에 모이게 된다.

그런데 knife solo를 실행할 때 「SSL validation of HTTPS requests is disabled.」라고 경고가 나올 수 있다. 경고가 귀찮다면 .chef/knife.rb 다음에 아래와 같이 한 줄을 추가하자.

---

12 쿡북을 만드는 건 knife 자체 명령으로, 셰프 솔로를 실행하는 건 knife-solo에 추가한 하위명령을 쓴다. 처음에는 헷갈리는 부분이므로 주의하자.

```
ssl_verify_mode :verify_peer
```

▣ 노드 객체 편집

쿡북을 하나 더 만들어 적용해보자. base_packages라는 이름으로 자주 쓰는 패키지를 모아 쿡북을
만들어 보자. 다음 명령으로 새로운 쿡북을 만든다.

```
% bundle exec knife cookbook create base_packages -o site-cookbooks
```

레시피 site-cookbooks/base_packages/recipes/default.rb의 내용은 다음과 같다.

```
%w{gcc make git readline readline-devel}.each do |pkg|
  package pkg do
    action :install
  end
end
```

이제 gcc와 make 그리고 깃 같은 필수 도구를 설치할 수 있다. 한 줄 한 줄 package 문에 적는 게 아
니고 루비 문법을 사용해 배열 형태로 정의하는 게 포인트다.

이 레시피를 knife solo cook 명령으로 노드에 다시 적용하려고 일일이 -o 옵션을 쿡북에 추가하는
건 번거롭다. 「webdb 노드에는 이런 쿡북을 적용하자」라는 명령이 「노드 객체」라는 설정 파일에 쓰여
있다.

chef-repo/nodes/webdb.json이라는 JSON(JavaScript Object Notation) 파일이 webdb 노드의
노드 객체다.

```
{
  "run_list": [
    "recipe[base_packages]",
    "recipe[httpd]"
  ],
  "automatic": {
    "ipaddress": "webdb"
  }
}
```

위와 같이 webdb 노드 상태를 노드 객체에 작성해서 다음과 같이 -o 옵션 없이 실행하면 실행될 쿡
북을 노드 객체가 판단하게 된다.

```
% bundle exec knife solo cook webdb
```

셰프 솔로로 httpd 프로비저닝

Chef Solo를 다루는 것도 꽤 익숙해졌을 것이다. 지금까지는 패키지를 설치만 해 보았다. 이번에는 구성 변경도 해보자.

다음 두 가지를 해보자.

- 설치한 httpd를 시작한다.
- httpd 설정 파일을 수정한다.

우선 작성해 둔 httpd 쿡북 레시피를 다음과 같이 편집한다.

```
package "httpd" do
  action :install
end

# httpd 시작
service "httpd" do
  action [ :enable, :start ]
end

# 설정 파일 설치
template "httpd.conf" do
  path "/etc/httpd/httpd.conf"
  owner "root"
  group "root"
  mode 0644

# 파일을 변경했으므로 서비스 재로딩
  notifies :reload, 'service[httpd]'
end
```

위에서 package 외에 service와 template이라는 구문을 사용했다. 이런 구문을「리소스」라고 한다.

▣ 「리소스」 호칭의 유래 - 셰프에서의 개념

셰프는 서버 구성을 자동화하는 도구이지만 더 정확하게는 「노드에 상태를 정의하고 해당 노드의 상태를 정리한 프레임워크」다. 노드 객체와 레시피에 쓰인 것은 「처리 단계」라기보다는 「노드 상태를 구성하는 요소」다.

package와 service가 「리소스」라고 불리는 건 이와 같은 셰프의 콘셉트에서 유래됐다. 각 리소스에 정의돼 있는 action, path, owner 같은 항목은 해당 리소스와 연관된 값이고 이를 「속성」이라 한다.

패키지와 서비스라는 각 리소스가 있고, 각 속성을 정의한다. 이렇게 정의된 리소스의 집합이 노드 상태를 표현하고 있고 셰프를 적용하면 노드는 그 상태로 설치된다. 셰프는 이러한 개념을 바탕으로 한 프레임워크다.

▣ service 리소스

앞서 이야기한 service 리소스는 레드햇 계열 리눅스에서 말하는 /etc/init.d 아래에 있는 init 스크립트의 상태를 말한다. 여기서는 다음과 같이 정의한다.

- :enable OS가 기동될 때 시작되도록
- :start 명령을 입력할 때 시작되도록

chkconfig 명령으로 OS 부팅 시 시작되게 하는 것과 /etc/init.d/httpd start 명령으로 시작하는 것과 같은 방식이다.

▣ template 리소스

다음으로 template 리소스는 httpd.conf 같은 설정 파일을 배포할 때 쓴다. 템플릿은 site-cookbooks/httpd/templates/default/httpd.conf.erb에 있는 파일이 사용된다.

httpd.conf.erb에는 다음과 같이 httpd의 최소한의 설정이 기록돼 있다. 이런 설정 템플릿 파일은 우선 기존의 파일을 통째로 복사해서 사용해 보는 것도 좋다.

```
ServerRoot "/etc/httpd"
Listen <%= node['httpd']['port'] %>
User apache
Group apache
```

```
ServerAdmin root@localhost
ErrorLog "logs/error_log"
TypesConfig /etc/mime.types
Include conf.modules.d/*.conf
DocumentRoot "/var/www/html"

<Directory "/var/www/html">
  Require all granted
</Directory>

IncludeOptional conf.d/*.conf
```

템플릿 파일 중 〈%= node['httpd']['port'] %〉라는 태그가 있다는 점을 주목하자. 템플릿 파일은 레일즈 같은 친숙한 템플릿 엔진의 ERB를 사용할 수도 있다. 템플릿이기 때문에 내용 중에 〈%= ⋯⋯ %〉에 설명된 태그 변수를 써서 그 값을 실행할 때 결정할 수 있다.

애트리뷰트(Attribute) 값을 정의하는 방법은 몇 가지 있지만 여기서는 노드 객체로 지정해 보자. chefrepo/nodes/webdb.json을 다음과 같이 편집해 보자.

```
{
  "httpd": {
    "port": 80
  },
  "run_list": [
    "recipe[base_packages]",
    "recipe[httpd]"
  ],
  "automatic": {
    "ipaddress": "webdb"
  }
}
```

셰프 관점에서 보면「webdb 노드에 httpd 포트는 80번으로 한다」라고 정의됐다는 의미다.

이제 다시 knife solo cook 명령으로 쿡북을 적용하고 싶지만, 이왕 httpd가 올라왔으니 브라우저로 액세스되게 해 보자.

▣ 베이그런트의 host-only 네트워크 유효화

베이그런트의 초기 상태에서는 호스트 OS에서 ssh 같은 통신은 가능하지만 IP 주소를 직접 지정해서 통신할 수는 없다. IP 통신이 가능하도록 호스트 OS와 게스트 OS 사이에서만 유효한 네트워크 인터페이스를 만들어보자.

Vagrantfile에 다음과 같이 네트워크 설정을 하자.

```
Vagrant.configure("2") do |config|
  config.vm.box = "centos"
  # 다음의 설정을 추가
  config.vm.network :private_network, ip: "192.168.33.10"
  ( 생략 )
```

IP 주소는 호스트 OS의 다른 IP와 겹치지 않는 사설 IP 주소라면 어떤 것이든지 상관없다.

파일을 갱신하고 vagrant halt/vagrant up 명령으로 게스트 OS를 재시작해 주자. 호스트 OS에 가상 인터페이스가 추가돼서 그 인터페이스를 통해 게스트 OS와 IP 주소의 통신이 가능해진다.

▣ 셰프로 구성 관리를 하려면 전부 셰프로[13]

CentOS 6.5는 기본 iptables에 의해서 모든 네트워크 호스트가 차단돼 있다. 편의상 여기서는 해제하자[14].

베이그런트에 ssh로 접속해 /etc/init.d/iptables stop 명령으로 정지해도 되지만 셰프 솔로로 구성 관리를 한다면 직접 ssh로 접속해서 셰프를 사용하지 않고 구성을 변경하는 건 금물이다. 중요한 점이 므로 다시 한 번 강조한다. 직접 노드의 구성을 변경하지 않는다.

셰프는 앞서 설명했듯이 「현재의 서버 상태를 정의하고 그 상태를 설명하는 프레임워크」다. 노드의 상태는 기본적으로 쿡북에 모두 정의돼 있어야만 한다.

예를 들어 httpd 설정 파일을 설치하는 레시피가 작성돼 있고 그 후에 셰프에서 배포한 설정 파일을 ssh로 로그인해서 직접 재작성했다고 하자. 그 후 다시 셰프를 적용하면 어떻게 될까? 셰프는 셰프에

---

13 사용하고 있는 셰프나 knife solo가 오래된 버전이라면 호스트 OS iptables 설정에 주의할 필요가 있으나 최신판일 때는 문제 없다. 다음은 iptables를 설정할 필 요가 있었을 때에 대한 설명으로 이해하면 된다.

14 단, 절대로 프로덕션 서버에 같은 설정을 하지 않기를 바란다.

정의된 상태로 설정 파일을 복원할 것이다. 즉, 직접 편집된 설정은 없어져 버린다.

셰프가 직접 편집한 설정을 원래대로 되돌린다. 어색하다고 생각할지도 모르겠지만 그렇지 않다. 셰프의 이러한 특성 때문에 셰프는 해당 노드가 쿡북에 쓰인 대로 구성되는 것을 보장해 준다.

인프라를 관리하는 데 있어 무엇보다 귀찮은 것은 「수작업한 내용을 잊어버리거나」 또는 「서버가 너무 많아서 어떤 호스트에 어떤 설정을 했는지 나중에 잊어버리거나」 하는 일이다. 혹은 서버 설정을 누군가의 머릿속에서만 기억하고 있는 경우도 있다. 모든 상태를 셰프에 기록해야 한다는 셰프의 정책을 지킨다면 노드 고유의 정보는 모두 레시피에 기록되고 깃을 통해 버전 관리를 할 수 있게 된다. 이렇게 함으로써 잊어버리거나 머릿속에 기억하고 있어서 생길 수 있는 운영상의 실수를 피할 수 있게 된다.

셰프를 실행하면 셰프는 레시피에 쓰인 상태로 노드에 반영한다. 몇 번을 수행해도 레시피에 적혀진 대로 반영되는 것을 셰프가 보장해 준다. 셰프 레시피만 있으면 대상 노드를 원래대로 설정할 수 있다.

반복해서 얘기하고 있지만, 셰프는 단순한 자동화 도구가 아닌 「형상관리 프레임워크」라는 것을 기억하라. 이 점이 셰프가 셸스크립트 자동화로는 구현할 수 없는 가치를 제공한다는 부분이다. 그 가치를 충분히 활용하기 위해서는 셰프 문법에 맞춰서 모든 구성 변경을 셰프 레시피로 만들어 두는 게 좋다.

그러면 iptables에 대해 쿡북을 만들어 보자. 지금까지 했던 것처럼 knife cookbook create 명령으로 iptables 쿡북을 만들고 레시피 site-cookbooks/iptables/recipes/default.rb에 다음과 같이 서비스 리소스를 정의하자.

```
service "iptables" do
  action [:disable, :stop]
end
```

노드 객체 webdb.json의 run_list에 추가하는 것도 잊지 말자[15].

이제 httpd를 시작할 준비가 됐다. knife solo cook 명령으로 쿡북을 적용해보자. 문제가 없다면 브라우저에서 http://192.168.33.10/으로 접근하면 httpd의 초기 화면이 나타날 것이다.

---

15 잘 잊어버린다……

리소스의 정의 방법

지금까지 사용한 리소스 외에도 유저나 그룹을 만들거나 cron 설정을 하거나 깃 리포지토리에서 코드를 받아서 배포하는 것처럼 셰프에는 다양한 리소스가 있다.

지면상 전부 소개할 수는 없지만, 목록과 사용법은 Opscode의 공식 문서[16]에서 확인할 수 있다.

공개된 쿡북 사용

지금까지는 쿡북을 직접 작성했지만, 제삼자가 공개한 커뮤니티 기반의 쿡북을 내려받아 사용할 수 있다. 셰프 슈퍼마켓(Chef Supermarket)[17]에는 루비의 RubyGems.org처럼 업계의 개발자가 등록한 여러 쿡북이 공개돼 있다.

knife에는 쿡북을 받아서 사용하기 위한 명령어가 있다. 예를 들어 yum 쿡북을 사용해 레드햇 리눅스용 애드온 패키지에 있는 EPEL을 유효화해보자.

```
# cookbooks 폴더에서 취득
% bundle exec knife cookbooks site vendor yum-epel
```

이제 쿡북을 받았으므로 대상 노드 객체에 다음과 같이 run_list에 실행 내용을 정의하면 OK다.

```
{
  "run_list": [
    "recipe[yum-epel]",
      (생략)
  ]
}
```

공개된 쿡북을 적극적으로 사용하는 것이 맞는지에 대해서 현재로써는 의견이 분분하다. 필자는 yum 쿡북처럼 개인이 만들려면 귀찮지만 있으면 편한 것 같은 것들만 공개 쿡북을 쓰고 있다. 그 외에 것은 지금까지 본 레시피처럼 매우 단순하므로 일부러 제삼자(다른 사람)가 만든 걸 쓸 필요는 없다고 생각한다.

---

16 http://docs.getchef.com/resource.html
17 https://supermarket.getchef.com

요약

지금까지 베이그런트와 셰프 솔로에 관해 설명했다.

이번 장에서는 몇 가지 패키지와 httpd를 설치하는 정도에 그쳤지만, 설명을 참고해 각자 평소에 사용하는 소프트웨어의 레시피를 작성해 활용해 보자. 레시피가 쌓여가면 점점 구성 관리가 편해지는 걸 느낄 수 있을 것이다.

이번에는 셰프 솔로에 관해서 노드의 역할별로 run_list와 애트리뷰트를 정의할 수 있는 Role 기능과 셰프에 넣고 싶은 데이터를 저장할 수 있는 Data Bags까지는 다루지 못했지만, 기본적인 것은 이번 장의 내용을 보고 해 볼 수 있다고 생각한다. 만약 리소스 사용법을 좀 더 자세히 알고 싶거나 고급 사용법을 알고 싶다면 공식 문서를 참고하자.

2장에서는 서버스펙을 사용한 테스트 작성법과 테스트 주도에서의 구성을 변경하는 법 그리고 지속적인 통합 방법에 관해 설명하겠다.

02

서버스펙으로
테스트 주도 인프라 구축

설정 변경의 반영을 보장한다

KAIZEN platform Inc. 이토 나오야

1장에서는 셰프 솔로와 베이그런트를 사용해 코드로 서버의 구축과 구성을 자동화하는 방법을 소개했다. 이번 장에서는 서버 환경과 관련된 테스트도 코드로 자동화하고 이른바 「테스트 주도 개발」에서 인프라 구축을 수행하는 방법에 관해 설명한다.

서버 구성 테스트 만들기

직접 확인하고 있습니까?

"여러분은 서버 구성을 변경한 후 어떻게 확인하고 있습니까? 웹 서버 설정을 갱신하고 제대로 작동하는지 직접 확인하고 있지는 않습니까?"

셰프 같은 프레임워크를 사용하면서도 실제 셰프를 적용한 후에는 제대로 변경 사항이 반영됐는지 매번 직접 확인하는 사람도 적지 않을 것이다.

그렇다. 이런 반복 작업은 자동화돼야 한다. 애플리케이션 개발 분야에서는 이미 당연시되고 있는 테스트 주도 개발을 서버에도 구현하는 것이다.

서버 테스트를 작성하려면 지원되는 프레임워크가 필요할 것이다. 서버 테스트 프레임워크로 주목되는 서버스펙[1]을 사용해 보자.

서버스펙

서버스펙(Serverspec)은 서버 구성 테스트를 수행하는 루비로 만들어진 프레임워크다. 테스트는 루비의 테스트 프레임워크인 RSpec으로 작성한다. 루비로 작성한다고 해도 셰프처럼 실제는 DSL(Domain Specific Language, 도메인특화 언어)이므로 어려운 건 없다.

서버스펙은 호스팅과 PaaS(Platform as a Service) 사업을 운영하던 미야시타 고우스케[2]가 개발한 OSS(Open Source Software)다. 셰프 같은 프로비저닝 프레임워크인 퍼펫(Puppet)의 마니아였던 어떤 사람이 퍼펫과 함께 쓸 수 있는 테스트 프레임워크가 필요해서 만들기 시작한 것이 개발하게 된 계기가 됐다고 한다.

서버스펙은 2013년 3월 처음으로 배포됐다. 쉽게 시작할 수 있고 테스트 편의성도 좋으며 특정 프로비저닝 프레임워크에 의존하지 않고 사용하기 쉽다는 이유로 급속도로 주목받고 있다. 최근에는 해외 콘퍼런스에서 소개되고 있으며, 『Test-Driven Infrastructure with Chef, 2nd Edition』[3]에도 소개되는 등 그 기세를 더해 가고 있다.

서버스펙에서의 테스트

앞서 언급했지만 서버스펙을 사용하면 서버 테스트를 RSpec으로 작성할 수 있다.

```
describe package('httpd') do
  it { should be_installed }
end

describe service('httpd') do
  it { should be_enabled }
  it { should be_running }
end
```

---

1 http://serverspec.org/

2 이 책의 3부인 「테스트 주도 인프라와 CI」를 집필했다.

3 Test-Driven Infrastructure with Chef, 2nd Edition: Bring Behavior-Driven Development to Infrastructure as Code, Stephen Nelson-Smith, O'Reilly Media, 2013(한국어판 미발매).

어떤 테스트인지 한눈에 볼 수 있다. 「httpd 패키지가 설치돼 있고 httpd를 유효화해서 실행한다.」는 동작 테스트다.

다음과 같이 rake 명령을 실행하면 서버스펙이 테스트 대상 호스트에 실제 ssh로 로그인해서 httpd 테스트를 한다.

```
% rake spec
```

매우 직관적이지 않은가.

서버스펙을 시작하며

서버스펙의 더 자세한 구조는 직접 다뤄보면서 설명하려고 한다. 우선 적용을 시작하자.

검증용 서버 준비

서버스펙을 적용하기 전에 검증용 서버를 만들어 두자. 앞서 소개했던 베이그런트를 사용하겠다. 임의의 작업 폴더로 이동해 초기화한 뒤 vagrant up 명령을 실행한다.

```
% vagrant init centos
% vagrant up
```

이렇게 새로 vagrantfile을 생성하고 CentOS VM을 만든다. 호스트명은 1장에서와 마찬가지로 「webdb」라고 하자. ssh webdb 명령으로 로그인이 가능하도록 해두자(이미 실행한 경우는 ~/.ssh/config의 해당 항목을 삭제하고 다시 실행한다).

서버스펙의 적용

▣ 설치

서버스펙은 루비 gem에 공개돼 있으므로 보통은 gem으로 설치한다. 서버스펙은 ssh를 통해 대상 호스트에 로그인해 테스트를 수행하는 도구이므로 설치는 테스트 대상의 호스트가 아니고 테스트 자체를 실행하는 쪽 호스트에 한다. 즉 조금 전에 베이그런트를 설치한 VM이 아니고 작업하고 있는 환경(필자의 경우 앞에 놓인 맥 OS X)이다.

gem install serverspec 명령으로 직접 설치해도 되지만 여기서는 Bundler를 이용하자.

Vagrantfile을 생성하고 작업 폴더와 같은 폴더에 Gemfile을 다음과 같이 작성해 서버스펙을 설치하자. Rake도 필요하므로 같이 설치해 두자.

```
source 'https://rubygems.org'

gem 'serverspec'
gem 'rake'
```

bundle 명령을 실행하면 설치가 완료된다.

```
% bundle
```

▣ 테스트 초기화

설치가 끝났다면 serverspec-init 명령으로 테스트 초기화를 수행하자. 명령을 실행하면 대화창이 나타나고 결과에 따라 폴더에 Rakefile과 테스트 샘플 파일이 생성된다.

```
bundle exec serverspec-init
Select OS type:

  1) UN*X
  2) Windows

Select number: 1

Select a backend type:

  1) SSH
  2) Exec (local)

Select number: 1

Vagrant instance y/n: y
Auto-configure Vagrant from Vagrantfile? y/n: y
  + spec/
  + spec/default/
```

```
+ spec/default/httpd_spec.rb
+ spec/spec_helper.rb
+ Rakefile
```

프롬프트의 선택은 다음과 같이 한다.

- 이번에는 리눅스에서 테스트하므로 「1) UN*X」 선택

- 베이그런트에서 시작한 VM에 ssh로 로그인해서 테스트하므로 「1) SSH」 선택

- 「Vagrant instance y/n:」「Auto-configure Vagrant from Vagrantfile?」은 모두 「y」 선택

이것으로 준비는 끝났다.

서버스펙에서 출력하는 테스트

서버스펙을 초기화하고 출력된 테스트를 보자. spec/default/httpd_spec.rb가 그 파일이다. 경로명에서 기본 호스트용 httpd 패키지(Apache)의 테스트인 것을 알 수 있다.

```
require 'spec_helper'

describe package('httpd') do
  it { should be_installed }
end

describe service('httpd') do
  it { should be_enabled }
  it { should be_running }
end

describe port(80) do
  it { should be_listening }
end

describe file('/etc/httpd/conf/httpd.conf') do
  it { should be_file }
  its(:content) { should match /ServerName default/ }
end
```

테스트 내용은 모두 직관적이다. 「httpd가 설치돼 동작하고 있고 80 포트를 listen하고 있으며 httpd.conf에 "ServerName default"라는 문자열이 포함돼 있다.」라는 테스트다. 즉, 웹 서버가 생각한 대로 설정돼 움직이고 있는지 테스트한다.

테스트 수행

바로 테스트 실행에 들어가자. 테스트는 rake spec 명령으로 실행할 수 있다. 이때 서버스펙이 테스트 대상 호스트와 같은 폴더에서 시작되게 베이그런트 VM을 설정해 준다.

이 시점에서는 베이그런트 VM이 막 시작됐기 때문에 아파치는 설치되지 않는다. 당연히 테스트는 실패할 것이다.

```
% bundle exec rake spec
/Users/naoya/.rbenv/versions/2.1.2/bin/ruby -S rspec spec/default/httpd_spec.rb
FFFFFF

Failures:
1) Package "httpd" should be installed
   On host `default`
   Failure/Error: it { should be_installed }
     sudo rpm -q httpd
     패키지 httpd는 설치되지 않았습니다.
     expected Package "httpd" to be installed
   # ./spec/default/httpd_spec.rb:4:in `block (2 levels) in <top (required)>'
```

테스트가 실패했지만, 테스트 자체는 실행할 수 있다.

실패 보고서에 주목하자. it { should_ be_installed }를 검증하려고 rpm -q httpd를 실행했지만 httpd를 찾을 수 없었다. 즉, '테스트가 실패했다'는 것을 알 수 있다.

서버스펙의 내부 흐름

이 보고서에서 알 수 있듯이 서버스펙은 실제 대상 호스트에 ssh로 접속해서 각종 셸 명령어를 실행하고 그 결과에서 테스트의 성공과 실패를 판단하고 있다[4].

---

4   기본적으로 ssh에 로그인 유저 권한은 sudo로 명령을 실행한다. 이번에는 vagrant 유저다.

예를 들어 패키지가 설치돼 있는지는 rpm 명령으로, 서비스가 유효한지는 chkconfig로, 서비스가 시작됐는지는 service로, 파일의 유무는 stat 등의 명령어가 사용된다.

실제 서버 구성을 직접 확인할 때에도 마찬가지의 도구를 이용해 확인하는 경우가 많다고 생각한다. yum install을 실행할 때 rpm -q 명령으로 바르게 설치됐는지 확인한다. 파일의 유무는 ls로 확인한다. 즉, stat 명령과 마찬가지로 stat(2) 시스템 콜을 발생시켜 확인한다. 이렇게 사람이 하던 반복 작업을 자동화해서 RSpec의 알기 쉬운 문법으로 작성할 수 있는 도구가 서버스펙이다.

서버스펙은 각종 셸 명령을 RSpec으로 형상화하지만, 형상화는 레드햇 계열뿐 아니라 데비안, GNU/리눅스, OS X, 솔라리스, 젠투 같은 여러 OS/배포판을 지원하고 있다.

테스트 성공하기

서버스펙의 구조도 알게 됐으니 실제로 httpd를 사용해 테스트를 성공시켜 보자.

CentOS처럼 일부 레드햇 계열의 배포판에서는 서버스펙이 테스트 시 실행하는 명령어의 경로를 못 찾는 경우가 있다. spec/spec_helper.rb 파일에 경로 설정을 추가해 주자.

```
RSpec.configure do |c|
    c.path = '/sbin:/usr/sbin' # 이 부분을 추가
```

계속해서 게스트 OS(베이그런트가 시작된 VM쪽에)에 httpd를 설치하자. 여기서는 우선 vagrant ssh를 이용해 직접 수작업으로 설치한다.

```
# 아파치를 설치
$ sudo yum install httpd

# 설치한 아파치를 유효화
$ sudo /sbin/chkconfig --level 345 httpd on

# httpd.conf의 ServerName을 재작성
$ sudo vi /etc/httpd/conf/httpd.conf
ServerName default

# httpd를 시작
$ sudo /etc/init.d/httpd start
```

구성 변경이 끝났다면 호스트 OS로 돌아가서 다시 테스트를 실행해보자.

```
% bundle exec rake spec
/Users/naoya/.rbenv/versions/2.1.2/bin/ruby -S rspec spec/default/httpd_spec.rb
......

Finished in 3.59 seconds
6 examples, 0 failures
```

모든 테스트에 성공했다. 어떤 작업에 문제가 있어 테스트에 실패했다면 잘못된 작업을 찾을 수 있을 것이다. 테스트는 다양하다.

TIPS : RSpec 설정

여기서는 RSpec에 대한 팁을 하나 소개한다.

초기 상태에서 RSpec의 결과 화면은 흑백으로 밋밋하다. Rakefile과 같은 폴더에 .rspec이라는 파일을 만들고 다음과 같이 작성하자.

```
--color
--format d
```

테스트 결과가 녹색과 빨간색으로 보일 것이다. 또한, 각 테스트의 결과가 보기 편한 문서 형식으로 바뀌어 있을 것이다.

서버스펙의 이점

서버스펙을 사용해 테스트에 성공하기까지 아직 셰프를 한 번도 사용하지 않았다. 웹 서버의 설정은 수동으로 실시했다.

즉, 서버스펙이 셰프나 다른 프로비저닝 프레임워크와 독립돼 있다는 의미다.

셰프로 작성된 레시피를 테스트하는 도구나 프레임워크는 많이 있지만 서버스펙처럼 셰프로부터 독립된 도구는 거의 없다. 서버스펙은 프로비저닝 프레임워크로부터 독립돼 있으므로 이번 테스트처럼 셰프를 사용하지 않는 환경의 테스트에도 사용할 수 있고 셰프로 구성된 환경에서도 사용할 수 있다.

이 말은 셰프로 구성한 서버를 나중에 다른 프레임워크로 구성하고 싶을 때 테스트를 그대로 사용할 수 있다는 의미다. 이는 큰 장점이 아닐 수 없다. 테스트는 테스트 단위로 실행하는 것이 바람직하고 그러려면 테스트가 대상이 되는 프레임워크에 대한 의존도가 높아서는 안 된다. 서버스펙은 이러한 것들을 실현하고 있다.

지면상 셰프를 위한 다른 테스트 도구를 소개할 수는 없지만, 필자가 여러 가지 도구로 테스트해 본 결과 다른 도구는 셰프에 의존하고 있어서 더욱 특화된 각종 테스트를 실행할 수 있지만 「솔직히 거기까지 필요 없다.」라고 느꼈고 사용하지 않는 기능들이 많았다. 한편 서버스펙은 간단한 만큼 「셰프 등으로 구성한 서버를 직접 확인하고 있는 경우」만을 틀림없이 보완해 준다. 결과적으로 서버스펙은 자유사상가(자유롭게 조합할 수 있다)[5]이기 때문에 사용하기 쉽다고 평가했다.

서버스펙과 셰프 솔로를 이용한 테스트 주도 개발

그러면 이제 수작업으로 서버를 설치하는 건 그만하고 셰프 솔로와 서버스펙을 사용해서 「테스트 주도 Infrastructure as Code」를 구성해 보자.

사전준비

우선은 사전준비를 하자.

조금 전 수작업으로 설치한 VM은 삭제하고 새로운 상태로 복원해 두자.

```
% vagrant destroy
% vagrant up
```

다음으로 셰프 솔로의 필수 도구인 knife-solo와 나중에 설명하게 될 가드(Guard)를 설치하고 Gemfile에 추가한다.

```
source 'https://rubygems.org'

gem 'serverspec'
```

5　영어로 agnostic을 말하며 여기서는 서버스펙의 호환성을 표현하고 있다.

```
gem 'rake'
## 다음을 추가
gem "knife-solo"
gem 'guard'
gem 'guard-rspec'
```

Bundler로 설치한 후 현재 폴더를 셰프 리포지토리로써 초기화한다.

```
% bundle
% bundle exec knife solo init .
```

그리고 knife solo prepare로 서버를 Chef Ready 상태로 해둔다.

```
% bundle exec knife solo prepare webdb
```

예제 1: 엔진엑스 레시피의 테스트

시작하기에 앞서 여기서는 일부러 셰프로 아파치 대신 엔진엑스(nginx)를 설치하고 서버스펙을 테스트해보자.

조금 전의 httpd_spec.rb는 더는 필요 없으므로 삭제하고 새로 spec/default/nginx_spec.rb 파일을 준비한다.

```
require 'spec_helper'

describe package('nginx') do
  it { should be_installed }
end

describe service('nginx') do
  it { should be_enabled }
  it { should be_running }
end

describe port(80) do
  it { should be_listening }
end
```

```
describe file('/etc/nginx/nginx.conf') do
  it { should be_file }
  it { should contain('nginx').after(/^user/) }
end
```

아파치와 엔진엑스는 같은 웹 서버이므로 테스트 내용은 거의 같다. 패키지 이름이 httpd 대신 nginx 가 되고 확인하는 설정 파일이 nginx.conf가 된 정도다.

설정 파일의 내용 확인은 다음과 같다.

```
it { should contain('nginx').after(/^user/) }
```

이 파일은 정규 표현에 /^user/와 일치하는 부분 뒤에 nginx라는 문자열이 있는지 확인한다. 즉 설정 파일에 user nginx가 설정돼 있는지 테스트하고 있다.

이 테스트가 성공하도록 레시피를 작성해 보자.

▣ 쿡북 생성

우선 knife cookbook create 명령으로 엔진엑스 쿡북을 만든다.

```
% bundle exec knife cookbook create nginx -o site-cookbooks
```

▣ 레시피 작성

그리고 site-cookbooks/nginx/recipe/default.rb에 레시피를 작성했다.

```
package "nginx" do
  action :install
end

service "nginx" do
  action [ :enable, :start ]
end
```

이번 설정 파일은 패키지 설치 시에 넣을 것을 그대로 사용한다.

▣ yum-epel 유효화

CentOS 6.5에 엔진엑스를 설치하기 위해 yum 저장소에 EPEL을 유효화할 필요가 있다. 지난번과 마찬가지로 yum-epel 명령을 실행해 유효화한다. 그러기 위해서 커뮤니티 쿡북을 받자[6].

```
% git init
% git add .
% git commit -m 'First commit'
% bundle exec knife cookbook site vendor yum-epel
```

▣ 노드 객체에 추가

레시피 작성을 끝냈다면 노드 객체(nodes/ webdb.json)에 해당 레시피가 실행되도록 추가하는 것을 잊지 말자.

```
{
  "run_list": [
    "recipe[yum-epel]",
    "recipe[nginx]"
  ],
  "automatic": {
    "ipaddress": "webdb"
  }
}
```

▣ 레시피 적용

셰프를 적용하고 서버 상태를 적용한다.

```
% bundle exec knife solo cook webdb
```

▣ 테스트 수행

레시피를 적용했다면 테스트를 실행한다. 이것으로 테스트가 성공할 것이다.

---

6 또한 knife cookbook site 명령을 실행할 때는 저장소를 미리 깃 저장소로 초기화 해야 한다.

```
% bundle exec rake spec
```

어떤가? 응용프로그램 개발에서만 하던 「테스트의 작성부터 구현까지 코드로 작성한다.」라는 일련의 흐름이 인프라에서도 실현됐다. Vagrantfile, 셰프 레시피, 서버스펙의 테스트를 모두 깃에 전송하고 공유하면 다른 개발자와 코드화된 인프라를 공유할 수 있다. 훌륭하지 않은가?

예제 2: 깃 추가

다른 예도 살펴보자.

서버스펙에서는 한번에 여러 종류의 테스트를 돌릴 수 있다. 시험 삼아 깃 설치 테스트를 추가해 보자. spec/default/git_spec.rb 파일을 새로 만들어 다음과 같이 작성한다.

```
require 'spec_helper'

describe package('git') do
  it { should be_installed }
end
```

이번에는 패키지가 포함돼 있는지 확인하는 테스트를 하자. rake spec 명령을 실행하면 조금 전 준비한 엔진엑스 테스트와 깃 테스트 두 개의 테스트가 실행되고 깃 쪽만 실패할 것이다.

이 테스트를 통과하는 레시피도 간단하다. 깃 쿡북을 만들고 레시피에는 패키지를 설치하는 게 전부다.

```
package "git" do
  action :install
end
```

예제 3: ntp 추가와 설정 테스트

다음으로 ntp(Network Time Protocol) 테스트를 설치해 보자.

```
require 'spec_helper'

describe package('ntp') do
  it { should be_installed }
```

```
  end

  describe package('ntpdate') do
    it { should be_installed }
  end

  describe service('ntpd') do
    it { should be_enabled }
    it { should be_running }
  end

  describe command('ntpq -p') do
    it { should return_exit_status 0 }
    it { should return_stdout /\.nict\./ }
  end
```

ntp 패키지와 ntpdate 패키지가 포함돼 있는지 확인하고 ntpd 서비스가 시작돼 있는지도 테스트해보자. 거기다 ntp 서버를 CentOS 기본 패키지가 아닌 ntp.nict.jp[7,8]로 바꾸고 싶어서 이 테스트를 추가했다.

◼ 리소스 유형

서버스펙 테스트에서 describe 인수는 package, service, command 등 여러 가지가 있다. 이러한 지정자를 「리소스 유형」이라고 한다. 이름 그대로 테스트 대상 리소스의 종류를 지정한다.

지금까지는 패키지와 서비스 상태를 테스트했기 때문에 package와 service를 사용했지만 ntp 테스트에서는 「ntpq -p 명령을 실행한 결과에 nict 도메인이 포함됐는지」 테스트하기 위해 명령 결과 출력 리소스인 command를 사용하고 있다. 리소스 유형을 command로 했을 때 테스트 문에서 상태 코드를 확인하는 return_exit_status나 표준 결과를 캡처해서 그 내용을 확인하는 return_stdout 등을 이용할 수 있다.

ntpq -p의 실행결과는 일반적으로 그림 2-1과 같다. 이 결과에 .nict.이라는 문자열이 포함돼 있는지 테스트하는 것이 조금 전의 코드다.

---

7 독립행정법인 정보통신 연구기구운영(일본) 공식 ntp 서버다.

8 한국 공용 ntp 서버는 ntp.kornet.net(KT), time.bora.net(LG유플러스), time.kriss.re.kr(한국표준과학연구원(KRISS)), time.nuri.net(아이네트호스팅), time.nist.gov(NIST), time.windows.com(마이크로소프트) 등을 사용하고 있다.

```
$ ntpq -p
remote refid st t when poll reach delay offset jitter
==============================================================================
ntp-b2.nict.go. .NICT. 1 u 7 64 3 12.929 38.854 36.509
```

그림 2-1 ntpq -p 실행 결과

▣ 레시피 작성

위 테스트에 성공하려면 ntp를 설치하고 서버에 ntp.nict.jp를 지정한 ntp.conf를 설치하는 레시피를 적용하면 된다.

```
package 'ntp' do
  action :install
end

service 'ntpd' do
  action [ :enable, :start ]
end

template "/etc/ntp.conf" do
  owner 'root'
  group 'root'
  mode 0644
  notifies :restart, 'service[ntpd]'
end
```

ntp.conf는 템플릿으로 준비해 두자. ntp/templates/default/ntp.conf.erb에 ntp 초기 파일을 복사하고 server 설정 부분을 다음과 같이 변경한다.

```
# 변경해야 할 부분
server 0.centos.pool.ntp.org
server 1.centos.pool.ntp.org
server 2.centos.pool.ntp.org

# 다음으로 변경
server ntp.nict.jp
```

위와 같이 준비하고 셰프를 적용하면 테스트는 성공한다.

예제 4 : 사용자 추가

또 하나 다른 형태의 리소스 유형을 사용하는 예도 설명해 보겠다. 사용자를 추가하는 테스트다. 리소스 유형은 user를 사용한다.

```ruby
require 'spec_helper'

describe user('naoya') do
  it { should exist }
  it { should belong_to_group 'naoya' }
  it { should have_home_directory '/home/naoya' }
  it { should have_login_shell '/bin/bash' }
end
```

테스트 내용은 명확하다. 사용자 naoya가 있고, naoya 그룹에 속해 있으며 홈 폴더가 있는 셸은 bash 다라는 테스트다.

셰프 레시피는 다음과 같다.

```ruby
group 'naoya' do
  action :create
end

user 'naoya' do
  group "naoya"
  home "/home/naoya"
  shell "/bin/bash"
  password nil
  supports :manage_home => true
end
```

그 외의 리소스 유형

서버스펙이 지원하는 리소스 유형은 공식 문서[9]에 기록돼 있다. 여러 리소스 유형이 있고 날마다 새로운 유형이 늘어나고 있다. 아마도 테스트해보고 싶은 대부분은 이미 있을 것이다. 다만 기존의 리소스 유형으로 테스트할 수 없을 때는 서버스펙을 직접 확장해 보자. 정확하게는 구현 내용의 풀 리퀘스트를 날려보자.

서버스펙의 응용

베이그런트, 셰프, 서버스펙의 조합으로 인프라 구성과 테스트를 전부 코드로 구현할 수 있게 됐다. 여기까지 왔다면 테스트 실행 자체도 자동화해 지속해서 테스트가 실행되게 만들어 보고 싶을 것이다.

서버스펙과 가드

서버스펙으로 테스트를 작성한 후 매번 rake spec을 실행하는 건 번거롭다. 테스트 파일을 변경하고 저장했을 때 테스트가 자동으로 실행되서 리포트 된다면 좋지 않을까?

그래서 파일 변경을 감지해 원하는 작업을 실행할 수 있는 도구인 가드(Guard)[10]를 사용해 보자. 가드에는 RSpec 플러그인이 있고, 이를 사용하면 설정이 필요 없이 원하는 동작을 수행할 수 있다. 가드와 guard-rspec은 조금 전 Bundler에 들어있다.

다음 명령을 실행하자.

```
# 가드 초기화 Guardfile 생성
% bundle exec guard init rspec

# 가드 시작
% bundle exec guard start
```

가드 프로세스를 기동해 테스트 파일의 감시를 시작하자.

---

9 http://serverspec.org/resource_types.html
10 https://github.com/guard/guard

이 상태에서 테스트를 재작성하면 재작성된 테스트 파일의 테스트만 자동으로 실행돼 결과가 보고된다. 가드는 이외에도 다양한 응용 방법이 있으므로 관심 있는 사람은 문서를 참조하기 바란다.

서버스펙과 젠킨스로 CI

지속적인 테스트라면 역시 CI(Continuous Integration, 지속적 통합) 젠킨스(Jenkins)가 대표적이다. 지금까지 소개한 도구를 잘 조합해보면 '베이그런트로 서버를 구축하고 셰프로 서버를 구성해서 서버스펙으로 테스트를 실행하고 서버를 파기한다.'와 같은 일련의 테스트를 CI라고 할 수 있다.

중요한 것은 테스트마다 베이그런트 VM을 삭제하고 다음 테스트에 새로운 VM을 만드는 점이다.

서버 구성을 해보면 기존의 환경에 추가로 어떤 변경을 가하는 테스트는 잘 되지만, 처음부터 새로 구축하는 테스트는 잊어버리는 경향이 있다. 실제로 새로운 설치를 할 때 테스트가 잘 통과되지 않는 경우가 많다. CI라면 VM을 시작하고 삭제하는 데 걸리는 시간을 신경 쓰지 않고 삭제와 구축을 반복하는 테스트를 할 수 있다.

▣ 젠킨스 셋업

젠킨스의 셋업은 이 책에서는 다루지 않겠다. 젠킨스의 인스톨에 관해서는 다음의 사이트를 참조한다.
https://wiki.jenkins-ci.org/display/JENKINS/Installing+Jenkins

▣ ci_reporter 설치

RSpec 테스트 결과를 젠킨스에 포함하는 데에는 ci_reporter라는 gem이 사용된다. RSpec 출력 형식에 젠킨스로 원하는 JUnit 형식의 XML로 출력되는 기능을 추가하면 된다.

Gemfile에 ci_reporter를 추가로 설치하자. 그리고 서버스펙의 Rakefile에 다음과 같이 ci_reporter 로드를 추가하자.

```
require 'ci/reporter/rake/rspec'
```

이로써 rake ci:spec:rspec spec 명령으로 XML에서 보고서가 spec/reports/ 폴더에 저장되게 된다.

▣ 젠킨스 설정

젠킨스로 새로운 프로젝트를 만들고 현재 사용하고 있는 소스코드 세트를 빌드 대상으로 하자.

또한, 이후 젠킨스 설정은 필자의 블로그 기사「베이그런트, 셰프 솔로, 서버스펙, 젠킨스로 서버 구성을 CI」[11]에 스크린샷을 게재하고 있으므로 필요하다면 참고하기 바란다.

필자는 코드를 전부 깃에서 관리해서 깃헙에 푸시(push)했다. 젠킨스의 깃헙 플러그인을 사용하면 깃헙의 URL을 지정하는 것만으로 빌드마다 깃헙에서 최신 코드를 프로젝트 작업 폴더에 풀(pull) 해 준다.

프로젝트 설정에 앞서 깃헙쪽 설정을 해 두자.

다음으로「빌드」의「셸 실행」에 vagrant up 테스트 실행에서 vagrant destroy까지 일련의 명령어를 실행하는 셸 스크립트를 작성한다. 이때 ssh쪽 연동을 위해 vagrant ssh-config로 ssh 설정을 파일로 저장하고 knife-solo에 -F 옵션을 이용해 파일을 읽게 하는 등의 약간의 요령이 필요하다.

```
# 가상 서버 시작
vagrant up

# ssh 설정 저장
vagrant ssh-config --host=webdb > vagrant-ssh.conf

# gem을 설치
bundle

# bootstrap = prepare + cook : 셰프에 넣어 쿡북 적용
bundle exec knife solo bootstrap webdb -F vagrant-ssh.conf

# 서버스펙으로 테스트 실행
bundle exec rake ci:setup:rspec spec

# 설정 파일 삭제
rm -f vagrant-ssh.conf

# 가상 서버 삭제
vagrant destroy -f
```

---

11 http://d.hatena.ne.jp/naoya/20130520/1369054828

다음은 「빌드 후 처리」의 「Junit 테스트 결과 요약」을 「spec/reports/*/.xml」로 지정하고 조금 전의 ci_reporter로 결과를 읽도록 하자.

이제 젠킨스 프로젝트의 빌드를 실행하고 베이그런트, 셰프, 서버스펙 등을 차례로 실행하면 테스트 결과가 보고된다(그림 2-2). 이 보고서를 어떻게 받을지는 젠킨스 플러그인을 사용해서 취향에 맞게 바꾼다. 서버 구성 테스트가 CI로 돌게 되어 언제든지 서버 구성 코드를 셰프 레시피로 바르게 보정할 수 있다.

인프라도 지속해서 통합되고 있는 것이 요즘의 추세다.

그림 2-2 젠킨스 테스트 결과

서버스펙으로 어디까지 해야 할까?

마지막으로 서버스펙에 대해 「현실적인 부분」을 조금 이야기하려고 한다.

어디까지 테스트를 적용해야 좋을까?

우선은 테스트에 항상 따라다니는 「어디까지 테스트를 적용해야 좋을까?」라는 질문이다. 하려고 한다면 RPM 패키지에 포함된 각종 파일이 제대로 설치되는지 하나하나 확인하고 간단한 테스트조차 작성할 수 있다. 도대체 어디까지 테스트할 것인가?

명확한 기준은 없지만 '최소한 셰프 레시피로 변경하려는 부분은 테스트로 작성하자' 정도로 너무 빡빡하지 않은 게 좋다고 생각한다. OS 초기 상태나 각종 패키지는 이미 각각의 개발 커뮤니티에서 기본적으로 테스트하고 있으므로 다시 한 번 테스트하는 것은 불필요하다. 서버에 새로 패키지를 추가했다면 「패키지를 넣은」 부분만 테스트하면 되고 서버를 시작했다면 「서버를 시작했다」라는 부분만 테스트하면 된다. 그 이상을 테스트하는 건 무의미하다.

CI까지 하는 것은 지나치다?

CI로 일반 테스트를 돌리는 건 지나치다라는 의견이 있을지 모른다.

이에 대해서는 앞에서도 언급한 바와 같이 서버의 삭제와 구축을 정기적으로 반복하는 테스트인 경우에는 매우 중요하다고 말하고 싶다. 셰프로 서버를 구축하는 이유는 언제 어떤 경우라도 원하는 상태로 서버를 구성할 수 있도록 하기 위해서다. 새로 서버를 구축할 때, 서버를 교체할 때, 장애로 하드웨어가 고장 났을 때 등 이럴 때 신규 서버를 구축해서 셰프를 적용해 보면 오류가 발생할 일은 없다.

테스트를 먼저 작성?

마지막으로 「테스트 주도」에 대해 이번에는 「테스트 위주로 서버를 구축할 수 있다.」라는 것을 강조하기 위해 「테스트 주도」를 강조했다. 하지만 개인적으로 (필자는 테스트 주도 개발 신봉자도 아니다) 테스트를 반드시 미리 해야만 하는 것은 아니고 나중에 하는 것도 괜찮다고 생각한다.

테스트를 먼저 하는 것보다 어떤 내용이 테스트에 작성돼 있는지가 훨씬 중요하다. 특히 잘 만져보지 않은 서버 소프트웨어의 경우 어떤 테스트 조건이 적합할지 사전엔 판단하기 어려운 경우도 있다. 이런 경우 셰프 프로비저닝을 먼저 한 다음 추가된 파일 및 설정을 보고 알맞게 테스트 조건을 찾아본다. 즉 테스트를 나중에 하는 경우가 결과적으로 올바른 테스트가 될 수 있을 것이다. 다시 한 번 말하지만, 테스트가 먼저인지 나중인지보다 테스트의 내용에 중점을 두자.

요약

1장과 2장을 통해 「Infrastructure as Code」를 실천해 봤다. 최근의 서버 운영 동향을 엿볼 기회였다고 생각한다.

인프라도 코드로 구현할 수 있게 되면서 응용프로그램 개발과 인프라 운영의 경계가 점점 모호해지고 있다는 생각도 든다. 인프라 엔지니어는 물론 응용프로그램 개발자도 이러한 DevOps의 노하우를 습득한다면 능력을 향상할 수 있다. 기회가 된다면 개발 환경의 코드화에 대해서 도전해 보기를 바란다.

아마존 웹 서비스
최신 활용

레이어별 비교, 구축의 정석, 구성 관리의 자동화

기업을 중심으로 클라우드의 사용이 급속도로 증가하고 있다. 2부에서는 클라우드 중에서 가장 많이 이용되고 있는 아마존 웹 서비스(AWS, Amazon Web Services)의 최신 기능을 소개하고 주요 서비스의 사용법에 관해 설명한다. 3장에서는 30개가 넘는 AWS 서비스 중 특히 중요한 서비스를 소개하고 레이어별로 비교를 한다. 4장에서는 EC2, VPC의 인프라에 관해 설명하고 5장에서는 RDS의 데이터베이스 설정에 관해 설명하며 6장에서는 클라우드포메이션을 이용한 구성의 자동화를 설명한다.

아마존 웹 서비스
레이어별 비교

각 서비스의 특징을 이해하고 적절하게 사용하자

아마존데이터서비스재팬㈜, 카타야마 아키오
아마존데이터서비스재팬㈜, 히라야마 츠요시

시작하며

2006년에 서비스를 시작한 아마존 웹 서비스(이하 AWS)는 2014년 9월 현재 30종류 이상의 서비스를 제공하는 수준까지 성장했다. 2011년 3월 도쿄 지역(region)에 개설한 이후로 일본 내의 이용자도 증가해 2013년 6월을 기준으로 사용자는 2만 명을 넘어서게 됐다. 2014년 7월에 개최된 AWS 서밋 도쿄 2014에는 8,000명 이상이 참가했고 일본에서도 주목을 받게 됐다.

이렇게 주목도가 높아진 이유는 클라우드 컴퓨팅에 대한 인지도가 높아졌으며 AWS 서비스의 품질 향상 또한 한몫하고 있다고 생각한다. 2부의 첫 번째 장인 3장에서는 AWS의 각종 서비스에 관해 설명하고 다음 장에서는 각 서비스를 사용해 AWS에 시스템을 구축하는 노하우를 설명한다[1].

이번 장에서는 AWS의 서비스를 레이어별/카테고리별로 분류하고 각 레이어별 서비스의 기능과 특징에 대한 설명 그리고 동일한 카테고리의 다른 서비스의 기능을 비교한다.

AWS 서비스의 개요

AWS 서비스는 다양한 영역을 포괄하고 있으며 크게 다음과 같이 3개의 레이어로 나누어진다(그림 3-1).

---

[1] 2014년 9월 현재의 정보를 전제로 하고 있다.

- 인프라스트럭처 서비스
- 애플리케이션 서비스
- 배포/관리

그림 3-1 AWS 서비스군

인프라스트럭처 서비스

이번 레이어는 네트워크와 컴퓨팅[2] 그리고 스토리지 등으로 AWS의 서비스 중에서도 기본적인 서비스 범주가 포함돼 있다.

▣ 네트워크

이 범주에는 가상 사설 클라우드를 구축할 수 있는 「Amazon Virtual Private Cloud」(이하 VPC), SLA(Service Level Agreement)[3] 100%의 DNS(Domain Name System) 서비스인 「Amazon Route53」, 로드 밸런싱 「Elastic Load Balancing」(이하 ELB)등이 있다.

---

2 AWS에서는 서버를 나타내는 용어이다.

3 서비스의 품질을 보장하는 계약이다.

▣ 컴퓨팅

이 범주에서는 가상 서버를 제공하는 「Amazon Elastic Compute Cloud」(이하 EC2)와 자동으로 스케일아웃/스케일인이 가능한 「Auto Scaling」으로 나뉜다. 많은 사람이 이용하고 있는 EC2는 다양한 종류의 인스턴스 유형이 있으며 각 인스턴스 유형의 차이와 특징을 파악해두면 보다 AWS를 효과적으로 활용할 수 있다.

최근에는 HPC(High Performance Computing) 형태의 인스턴스 종류가 늘어나 2013년 6월 도쿄 지역에서도 이용할 수 있다[4].

▣ 스토리지/데이터베이스

스토리지 범주에는 「Amazon Simple Storage Service」(이하 S3), 「Elastic Block Store」(이하 EBS), 「AWS Storage Gateway」(이하 스토리지 게이트웨이)가 있고 데이터베이스(이하 DB) 범주에는 「Amazon Relational Database Service」(이하 RDS)와 2013년 6월부터 도쿄 지역에서 이용할 수 있게 된 데이터웨어 하우스인 「Amazon Redshift」(이하 Redshift)로 나뉘어 있다.

스토리지와 DB는 AWS의 데이터를 처리하기 위해 중요하다. 필요에 따라서 특성과 성능이 크게 다르므로 그에 맞게 서비스도 다양하다. 이 장 뒤쪽에서 각각 비교해 보고 용도에 따라 나누어서 설명한다.

애플리케이션 서비스

이 레이어는 메일 전송이나 검색 등 애플리케이션에서 호출해 사용할 수 있게 목적별로 기능에 특화된 서비스가 포함돼 있다.

메시지 대기열 서비스인 「Amazon Simple Queue Service」(SQS), 모바일에 푸시할 수 있는 메시지 전송 서비스인 「Amazon Simple Notification Service」(이하 SNS), 메일 전송 서비스인 「Amazon Simple Email Service」(SES), 임의의 문서에 대한 검색 기능을 제공하는 「Amazon CloudSearch」 등이 있다. 또한, 최근에는 동영상 같은 미디어 콘텐츠를 변환해주는 「Amazon Elastic Transcoder」 도 제공하고 있다.

---

4   HPC는 물론 한국 지역에서도 이용할 수 있다.

이 책에서는 지면상 애플리케이션 서비스는 다루지 않지만 이러한 서비스를 사용해 본다면 개발과 도입이 편해질 뿐 아니라 운영 관리를 위한 작업이나 비용도 크게 줄일 수 있다.

배포/관리

이 레이어는 AWS의 각 서비스를 관리하고 운영하기 위한 기능과 AWS 시스템 구축 및 운영을 자동화하기 위해 편리한 서비스를 제공한다.

AWS의 각종 서비스를 조작하기 위한 웹 UI 기반인 「AWS Management Console」(이하 관리 콘솔) 프로그램이나 스크립트에서 AWS를 조작하기 위한 각종 SDK(Software Development Kit)나 명령줄 도구, EC2 인스턴스를 포함한 AWS의 각종 리소스를 감시하는 「Amazon CloudWatch」(이하 클라우드워치), 사용자의 인증 및 접근 권한을 관리하는 「AWS Identity and Access Management」(이하 IAM) 등이 있다.

또한, 배포의 범주에 포함된 「AWS Cloud Formation」(이하 클라우드포메이션), 「AWS OpsWorks」(이하 OpsWorks), 「AWS Elastic Beanstalk」(이하 Beanstalk) 등은 AWS 인프라스트럭처의 구축과 관리 그리고 애플리케이션의 배포를 자동화하기 위한 서비스다. 어떤 서비스도 단 몇 단계만으로 AWS에 시스템을 구축하거나 애플리케이션을 관리할 수 있다.

이후에는 AWS 서비스 중에서 중요한 서비스에 대한 개요를 설명하고 비교한다.

컴퓨팅 서비스

여기서는 컴퓨팅 서비스 중에 가장 많이 사용되고 있는 EC2에 관해 설명한다.

EC2

EC2는 가상 컴퓨팅 자원을 제공하는 AWS의 대표적인 서비스로 다음과 같은 특징이 있다.

- CPU(ECU[5])와 메모리의 크기는 인스턴스 유형별로 정의돼 있다.

---

5 EC2 Compute Unit의 약자로 EC2의 CPU 처리 능력의 지표다.

- 디스크는 휘발성[6] 임시 디스크[7]와 비휘발성 EBS 디스크 두 가지가 있으며, 인스턴스 유형에 따라 크기와 선택 여부를 결정한다.
- 큰 인스턴스 유형을 선택하면 사용할 수 있는 네트워크 대역폭이 증가한다.

표 3-1 인스턴스 유형별 목록

유형	메모리※	CPU 코어 수	CPU	클록 속도	로컬 스토리지	네트워크
제2세대 마이크로						
t2.micro	1GiB	1	Interl Xeon	2.5GHz	–	Low
t2.small	2GiB	1	Interl Xeon	2.5GHz	–	Low
t2.medium	4GiB	2	Interl Xeon	2.5GHz	–	Low
제2세대 표준 인스턴스						
m3.Medium	3.75GiB	1	Interl Xeon E5-2670	2.5GHz	4GB(SSD)	moderate
m3.large	7.5GiB	2	Interl Xeon E5-2670	2.5GHz	32GB(SSD)	moderate
m3.xlarge	15GiB	4	Interl Xeon E5-2670	2.5GHz	80GB(SSD)	High
m3.2xlarge	30GiB	8	Interl Xeon E5-2670	2.5GHz	160GB(SSD)	High
제2세대 메모리 최적화 인스턴스						
r3.large	15GiB	2	Interl Xeon E5-2670v2	2.5GHz	32GB(SSD)	moderate
r3.xlarge	30.5GiB	4	Interl Xeon E5-2670v2	2.5GHz	80GB(SSD)	moderate
r3.2xlarge	61GiB	8	Interl Xeon E5-2670v2	2.5GHz	160GB(SSD)	High
r3.4xlarge	122GiB	16	Interl Xeon E5-2670v2	2.5GHz	320GB(SSD)	High
r3.8xlarge	244GiB	32	Interl Xeon E5-2670v2	2.5GHz	640GB(SSD)	10G
컴퓨팅 최적화 인스턴스						
C3.large	3.75GiB	2	Interl Xeon E5-2680V2	2.8GHz	32GB(SSD)	moderate
C3.xlarge	7GiB	4	Interl Xeon E5-2680V2	2.8GHz	80GB(SSD)	moderate
C3.2xlarge	15GiB	8	Interl Xeon E5-2680V2	2.8GHz	160GB(SSD)	High
C3.4xlarge	30GiB	16	Interl Xeon E5-2680V2	2.8GHz	320GB(SSD)	High
C3.8xlarge	60GiB	32	Interl Xeon E5-2680V2	2.8GHz	640GB(SSD)	10G

---

6 전원을 끄면 데이터가 사라지는 특징을 말한다.

7 Ephemeral disk(이하 휘발성 임시 디스크). EC2 인스턴스는 호스트 컴퓨터에 물리적으로 연결된 스토리지를 사용할 수 있으며 블록 단위로 스토리지를 제공한다. 이를 휘발성 임시 디스크라고 한다. 자세한 내용은 뒤에서 설명한다.

스토리지 최적화 인스턴스

i2.xlarge	30.5GiB	4	Interl Xeon E5-2670v2	2.5GHz	800GB(SSD)	moderate
i2.2xlarge	61GiB	8	Interl Xeon E5-2670v2	2.5GHz	1.6TB(SSD)	High
i2.4xlarge	122GiB	16	Interl Xeon E5-2670v2	2.5GHz	3.2TB(SSD)	High
i2.8xlarge	244GiB	32	Interl Xeon E5-2670v2	2.5GHz	6.4TB(SSD)	10G
hs1.8xlarge	117GiB	16	Interl Xeon E5-2670v2	2GHz	48TB(SSD)	10G

GPU 인스턴스

g2.2xlarge	15GiB	8	Interl Xeon E5-2670NVIDIA GRIDTM(GK1004 "Kepler")	2.6GHz	60GB(SSD)	High

※ GiB(Gibibyte,기비바이트)는 2^{30}바이트를 나타낸다.

■ EC2 인스턴스 유형

EC2는 다양한 인스턴스 유형을 제공한다. 2014년 9월 현재 주로 이용되고 있는 인스턴스 목록은 표 3-1과 같다. 각 인스턴스 유형은 제품군으로 구분돼 있다. 각 인스턴스 제품군에 따라서 vCPU(가상 CPU) / 메모리 비율이 정해져 있고 애플리케이션 특성을 고려해 인스턴스를 선택할 수 있으므로 효율적이고 저렴하게 EC2를 사용할 수 있다.

휘발성 임시 디스크를 활용한 대규모 스토리지 인스턴스의 제품군은 데이터양이나 I/O양이 많은 애플리케이션에 최적화된 인스턴스 유형이다. 예전에는 m1.small과 m2.large 등의 인스턴스 유형이 사용됐지만 2014년 9월 현재는 표와 같이 c3와 r3로 인스턴스 유형이 바뀌었다. 새로운 인스턴스 유형은 기존의 인스턴스에 비해 성능이 높아졌고 비용이 저렴해졌으므로 기존 인스턴스를 사용하고 있다면 인스턴스 유형을 바꾸기를 권장한다.

또한, 새로운 인스턴스 유형은 가상화 방식의 HVM을 지원하고 있으며 특히 t2 시리즈는 HVM만 지원하고 있으므로 새로운 인스턴스를 시작하려면 HVM 기반의 AMI를 사용할 것을 권장한다.

네트워크 서비스

VPC

VPC는 가상 네트워킹 서비스로써 미리 구축된 「Default VPC」와 사용자가 직접 구성하는 「VPC」의 2종류가 있다.

「Default VPC」는 172.31.0.0/16으로 구성돼 비VPC 환경의 EC2와 마찬가지로 기본적으로 퍼블릭 DNS가 부여돼 있고, 글로벌로 통신을 할 수 있다.

또한, VPC를 개인이 정의해 임의의 IP 주소 체계의 네트워크를 구축할 수도 있다. EC2에도 명시적으로 사설 IP를 할당하기 때문에 직접 운영하는 것처럼 시스템을 관리할 수 있다.

스토리지 서비스

스토리지 서비스에는 EBS, S3, Glacier, 스토리지 게이트웨이 4가지 서비스가 있다. 이번에는 4가지 서비스에 관해 설명한다(그림 3-2).

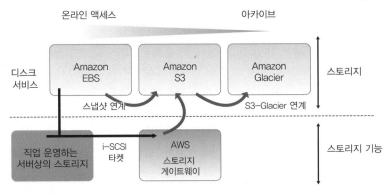

그림 3-2 스토리지 서비스의 특성

EBS

EBS는 EC2 인스턴스에 연결해 사용하는 가상 블록 디바이스다. 비휘발성 EBS를 EC2 디스크로 사용하기 때문에 EC2 인스턴스가 멈춰도 데이터는 유지된다. 또한, EC2 인스턴스와 호환성이 좋아서 다른 EC2 인스턴스에 EBS를 붙이거나 뗄 수 있으며 EC2 간의 데이터 이동도 쉽다.

가상 장치이므로 생성할 때 GB 단위로 크기를 지정할 수 있다. 기본적으로 선택된 EBS는 SSD를 기반으로 하지만 더 높은 성능과 안정성을 필요로 할 때는 뒤에서 설명할 IOPS(Input/Output Per Second)를 지정할 수도 있다.

▣ 스냅샷 기능

스냅샷 기능은 EBS를 S3에 백업하는 기능이다. 스냅샷으로 취득하기 때문에 블록 단위의 차분(差分) 데이터가 S3에 백업돼 세대 관리[8]를 쉽게 할 수 있다. 또한, 데이터 복원은 스냅샷을 가지고 EBS를 신규로 생성하는 형태이므로 스냅샷을 취득한 시점의 전체 데이터가 복원된다.

게다가 스냅샷은 지역 간의 복사나 지정된 AWS 계정과도 공유할 수 있으므로 백업뿐만 아니라 DR(Disaster Recovery)[9]이나 데이터 이관 솔루션으로서도 활용할 수 있다.

▣ Provisioned IOPS

Provisioned IOPS는 고성능의 I/O 요청을 안정적으로 처리해야 하는 DB 등에 매우 효과적인 기능으로 EBS를 생성할 때에 IOPS를 지정할 수 있는 디스크 유형이다. 2014년 9월 현재, 1개의 EBS 당 4,000(16K 블록까지)IOPS를 지정할 수 있다[10]. 주의할 점은 1GB당 30IOPS까지밖에 지정할 수 없다. 예를 들어 1,000IOPS를 지정하려면 34GB 이상의 용량을 지정해야 한다.

S3

S3는 클라우드의 객체 스토리지로 AWS 각 서비스의 기반이 되는 중요한 서비스다.

EBS는 한 군데의 데이터센터에 있어 EC2에 직접 붙어있는 블록 레벨의 가상디스크이므로 I/O 성능은 우수하지만, 고장 날 가능성도 있어 스냅샷과 같은 백업이 필요하다. 이에 비해 S3는 세 군데 이상의 가

---

8 S3는 용량 제한이 없으므로 모든 세대를 보존할 수 있다.
9 DR은 자연재해나 재난으로 인한 피해에 대비하기 위해 지역적으로 시스템이나 데이터를 분리하거나 이중화하는 것을 말한다.
10 통상 EBS 볼륨은 평균 약 100IOPS 수준의 성능을 발휘한다. 7,200rpm인 디스크가 약 75~100IOPS 수준이므로 EBS는 상당히 높은 IOPS까지 설정이 가능하다.

용존(이하 AZ)에 데이터를 복제하는 방식이므로 설계상 99.999999999%의 높은 내구성을 자랑한다.

S3는 객체 스토리지이며 「버킷」과 「객체」의 두 가지 개념으로 구성돼 있다. 버킷에 임의의 이름의 상자를 생성하고 그 속에 들어가는 파일은 객체로 정의된다.

S3는 다음과 같은 특징이 있으며 데이터 백업이나 대규모 데이터 저장 등에도 이용된다[11].

- 높은 내구성, 용량 무제한, 종량제 과금으로 사용하므로 사이징이 필요 없다.
- 세부 접근 설정, 로깅, 암호화 같은 보안 기능도 사용할 수 있다.
- HTTPS로 접근한다.

이러한 특징이 있으며 S3 버킷은 설정에 따라 인터넷에 게시할 수 있고 가격과 편리성, 내구성과 같은 이점 때문에 정적인 웹 사이트의 배포에 사용하는 경우도 많다.

Glacier

Glacier는 장기간 데이터 보존을 목적으로 하는 아카이브 전용 스토리지 서비스다[12].

S3의 버킷에 해당하는 것이 「볼트」이고 객체에 해당하는 것이 「아카이브」로 정의된다. 생성된 볼트에 아카이브를 추가하는 형태로 파일을 저장할 수 있다.

Glacier를 이용하는 방법은 API를 사용하는 방법과 S3를 사용하는 방법이 있다. API를 사용하면 직접 Glacier에 파일을 아카이브할 수 있다. 하지만 Glacier는 파일을 아카이브할 때 그 파일은 삭제하고 ArchiveID라는 임의로 생성된 ID를 부여한다. 그러므로 아카이브한 파일의 정보과 ArchiveID를 매칭해서 잘 관리해야 한다.

S3를 사용할 경우 S3 라이프사이클 기능을 사용한다. 이 기능을 사용하면 S3에 저장된 후 일정 기간이 지난 파일은 자동으로 Glacier에 아카이브 할 수 있다.

S3를 통해 Glacier를 사용하면 메타 정보 관리를 할 필요가 없고 S3 API를 지금까지처럼 조작할 수 있으므로 S3와 Glacier를 연동해 사용하는 경우가 주류를 이루고 있다.

---

11 도쿄 지역은 1GB당 월간 $0.033에 사용할 수 있지만, 더 저렴하게 사용할 수 있는 축소된 복제 구성(Reduced Redundancy Storage) 옵션도 선택할 수 있다. 세 군데 이상의 복제를 두 군데로 한정하는 옵션으로 내구성은 99.99%가 되지만, 비용을 줄일 수 있다(도쿄 지역은 1GB당 월간 $0.0264).

12 도쿄 지역은 1GB당 월간 $0.0114라는 굉장히 저렴한 가격에 이용할 수 있다.

스토리지 게이트웨이

스토리지 게이트웨이는 내부 서버의 스토리지나 EBS 데이터를 원활하게 S3에 연동하는 기능이다.

스토리지 게이트웨이는 가상 어플라이언스 형식으로 제공된다. Hyper-V, VM웨어의 가상화 환경의 시스템 이미지 및 EC2용 AMI (Amazon Machine Image)로 제공된다.

이 가상 어플라이언스는 기동된 후에 iSCSI 디스크 장치로 움직이므로 다른 서버에서 iSCSI에 접속해 디스크로써 이용할 수 있다. 이 디스크에 데이터를 쓰면 데이터가 자동으로 S3에 저장된다.

스토리지 게이트웨이는 특성이 다른 「Stored Volume」과 「Cached Volume」 두 개의 볼륨을 정의할 수 있다[13].

▣ Stored Volume

스토리지 게이트웨이에 장착된 디스크 용량과 스토리지 게이트웨이를 장착한 서버에서 보이는 디스크 용량이 같은 볼륨이다. 모든 데이터는 스토리지 게이트웨이에 장착된 디스크에 기록되므로 액세스 속도가 빠르다. 주로 직접 운영하는 서버의 백업 용도로 활용한다.

▣ Cached Volume

스토리지 게이트웨이에 장착된 디스크 용량보다 스토리지 게이트웨이를 장착한 서버에서 보이는 디스크 용량이 크게 보이는 볼륨이다. 1개 볼륨에 최대 32TB의 디스크로 파일 서버 등에 장착할 수 있다.

이 볼륨의 경우 데이터는 기본적으로 S3에 기록되지만, 최근에 사용된 데이터는 로컬 캐시에도 기록된다. 파일 서버나 백업 데이터의 보관 장소로 활용할 수 있다.

서비스 비교

지금까지 네 개의 스토리지 서비스를 설명했다.

EBS는 EC2에 장착해서 사용하는 스토리지이며 EC2를 사용하는 경우는 일반 스토리지를 이용한다.

S3는 용량이 무제한이고 높은 내구성을 가진 스토리지 서비스이지만 일반적인 EC2에 S3를 직접 장착할 수 없다. 하지만 시스템이나 데이터 백업 장소로 이용할 수 있다.

---

13 이 두 가지 외에 게이트웨이 가상 테이프 라이브러리(게이트웨이 VTL)도 있지만, 이 책에서는 다루지 않는다.

Glacier도 마찬가지로 EC2에 직접 장착할 수 없으므로 S3를 통해 장기간 보존하는 파일을 자동으로 Glacier 들어가게 연동하는 기능을 잘 활용하는 것이 좋다.

스토리지 게이트웨이는 직접 운영하는 서버에서 AWS로 데이터를 백업하는 경우나 S3를 파일 서버로서 이용하는 경우에 적합하다. 특히 Cached Volume을 사용하면 32TB의 디스크로 장착할 수 있고 스냅샷도 취득할 수 있으므로 여러 개의 EBS를 관리하는 것보다는 좀 더 편하게 운영할 수 있는 경우도 있다.

스토리지에 대해서는 직접 운영하는 서버부터 아카이브까지 다양한 서비스와 기능이 있지만 중요한 것은 스토리지의 특징을 파악하고 이용하는 애플리케이션의 특성과 보관하는 데이터의 특성에 잘 맞는 서비스를 선택하는 것이다.

데이터베이스 서비스

데이터베이스 서비스는 4가지 서비스인 데이터 웨어하우스, 관계형 데이터베이스(이하 RDB), 키-값 (key-value) 스토어, 오브젝트 캐시가 있고 용도에 맞는 서비스를 선택할 수 있다(그림 3-3). 또한, EC2와 같이 예약된 인스턴스 요금 모델도 준비돼 있다[14].

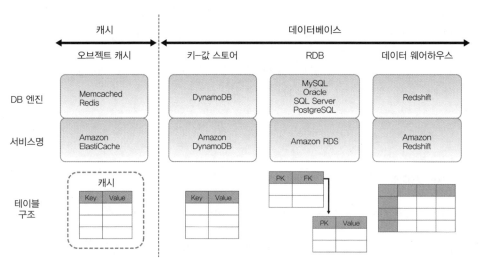

그림 3-3 데이터베이스 서비스의 특징

---

14 예약금을 내면 시간당 이용료가 저렴해지는 옵션이다.

RDS

RDS는 RDB를 관리 형태로 제공하는 서비스다. DB 엔진은 MySQL, 오라클, 마이크로소프트 SQL 서버, PostgreSQL 중에서 선택할 수 있다. DB 엔진 기능은 그대로 이용할 수 있고 더불어 RDS 서비스로서 다음과 같은 기능도 사용할 수 있다.

- 자동 백업 기능으로 최대 31일분을 보존할 수 있고 최단 5분 이전의 임의의 시점으로 복원 가능
- 임의의 시점에 스냅샷 취득 가능
- 점검 중에 자동으로 패치 적용
- Multi-AZ(Multi-Availability Zone) 구성을 유효화해 AZ 사이의 복제와 자동 페일오버를 구현할 수 있다.

고급 DBA(DataBase Administrator, 데이터베이스 관리자)가 수행했던 작업을 서비스로 제공하므로 운영 비용을 줄일 수 있다. 또한, 사용자의 요구를 반영해 준다. 예를 들어 엔드포인트 FQDN(Fully Qualified Domain Name, 정규화된 도메인명)을 변경하는 기능, DB 로그를 취득하는 기능, 태그를 붙이는 기능, 복제 DB에서 마스터로 승격하는 기능, 또한 IAM을 사용한 DB 단위 액세스 제한 기능도 추가돼 있다.

읽기에 대한 성능 향상을 위해 리드 레플리카[15]도 제공되고 있다. MySQL 5.6 엔진이라면 마스터 아래에 5개의 복제 DB를, 그리고 각 복제 DB에 5개의 복제 DB를 추가할 수 있고 최대 30개의 복제 DB를 만들 수 있다.

2013년 6월에는 베타판이 종료되고 SLA가 정의됐다[16]. 또한, EC2와 같이 예약된 인스턴스[17]의 도입도 가능하다.

DynamoDB

DynamoDB는 키-값 스토어 DB 엔진이다. DB 엔진으로 제공돼 S3와 마찬가지로 AZ에서 분리, 분산 배치돼 있는 특징이 있다. 따라서 무한 확장이 가능하고 백업 운용도 필요 없으므로 운영 관리가 필요 없다. 또한, SSD를 탑재해 처리량도 지정할 수 있어서 I/O 요구가 높은 경우에도 대응할 수 있다.

---

15 읽기전용 DB를 작성하는 기능이다.

16 Multi-AZ 구성의 경우 월간 99.95% 가동 SLA로 돼 있다.

17 인스턴스를 예약해 할인을 받을 수 있는 옵션이다.

DynamoDB는 RDS와는 다르게 AWS가 제공하는 KVS가 있어서 아마존 API나 관리 콘솔에서 DynamoDB의 키-값 스토어 부분을 조작할 수 있다는 점도 큰 특징이고 API 조작 외에 AWS 서비스의 메타데이터를 관리하는 용도로 적합하다.

DynamoDB의 논리 구성 요소는 키-값 스토어라는 이름에서 알 수 있듯이 테이블이 키 항목과 속성 항목으로 구성돼 있다.

키 항목은 ❶과 같이 해시키만 있는 형태와 ❷와 같이 해시키와 범위키가 있는 형태, 두 가지 형태로 구성할 수 있다(그림 3-4). ❷는 쿼리(Query)로 키 검색을 할 때 레코드 수가 많은 테이블에 대한 검색 범위를 지정하여 고속화하는 경우에 효과적이다. 또한, 로컬 보조 인덱스 기능으로 속성을 쿼리 키 검색 대상으로 지정하는 것도 가능하므로 다양한 검색 패턴의 고속화에도 대응할 수 있다.

❶			❷	↓ 쿼리 지정			↓ 쿼리 지정	
해쉬 키	값		해쉬 키	범위 키	값	해쉬 키	범위 키	값(Secondary PK)
1	Suzuki		1	1	Suzuki	1	1	Suzuki
2	Sato		1	2	Sato	1	2	Sato
3	Suzuki		2	1	Suzuki	2	1	Suzuki

그림 3-4 DynamoDB 테이블 구성

엘라스티캐시

엘라스티캐시(ElastiCache)는 웹 시스템 캐시에 자주 이용되는 멤캐시드(memcached)와 레디스(Redis)를 포함하는 서비스다. 엘라스티캐시는 클러스터화된 노드로 제공되고 있다는 점이 큰 특징이다.

멤캐시드는 키-값 스토어 데이터를 메모리에 올려서 백엔드 DB로의 액세스를 제한하여 전체 처리를 고속화하는 메모리 캐시 서버로 주로 웹 사이트의 DB 처리 고속화에 이용되고 있다.

레디스는 데이터 영속화, 리스트나 세트를 비롯한 고급 데이터에 이용할 수 있다. 또한, 데이터 원자 조작이나 트랜잭션, pub/sub 메시징 등에 이용할 수 있다.

레드시프트

레드시프트(Redshift)는 PB(페타바이트)급 데이터 웨어하우스 서비스다. 열 방향으로 데이터를 저장하는 대형 데이터 세트에 대한 집계 처리에 최적화돼 있다. SQL 엔드포인트로서 리더 노드가 처리 요청을 받고 10Gbps로 연결된 백엔드 컴퓨터 노드가 병렬 연산 처리를 한다. RDS와 마찬가지로 자동 백업이나 스냅샷 기능도 이용할 수 있고 아마존이 제공하는 DB 엔진이므로 실행 쿼리 확인이나 실행 큐 제한도 관리 콘솔로 제어할 수 있다. 또한, S3 버킷에 있는 객체나 Dynamo DB 아이템에서 데이터를 레드시프트에 직접 넣는 것도 가능하다.

레드시프트로의 접속은 업계 표준 JDBC와 ODBC를 지원하고 있고 최근에는 다양한 상업용 BI(Business Intelligence) 도구도 정식적으로 지원하고 있으므로 다양한 요구에 충족하는 BI 도구를 선택할 수 있다.

배포

이 카테고리에는 클라우드포메이션, OpsWorks, Beanstalk의 3가지 서비스가 포함돼 있다.

클라우드포메이션

클라우드포메이션(CloudFormation)은 AWS 시스템을 기록한 템플릿으로 같은 시스템을 일괄로 자동 구성하기 위한 서비스다.

템플릿은 JSON(JavaScript Object Notation) 형식이며 각종 AWS 서비스 리소스의 정의를 기록한 파일이다. 이 파일을 읽어 들여서 정의에 맞게 각종 리소스의 구성 작업이 클라우드포메이션에 의해 수행된다. 예를 들면 ELB, 웹 서버의 오토 스케일링 그룹, RDS 인스턴스로 구성된 자주 사용되는 웹 시스템을 클라우드포메이션 템플릿으로 기록해두면 같은 시스템을 별다른 수고 없이 언제든지 반복해 구성할 수 있다.

또한, 클라우드포메이션에는 템플릿에 따라 시스템이 기동될 때 정의된 각 리소스 사이의 의존 관계[18]를 감지해 리소스 구성 순서를 조정해 준다.

---

18 어떤 AWS 리소스는 다른 AWS가 존재한다는 것을 가정으로 구성되는 것을 말한다.

이처럼 클라우드포메이션은 템플릿을 해석해 적절한 순서대로 시스템을 자동으로 구성해준다. 자세한 사항은 6장에서 설명한다.

OpsWorks

OpsWorks는 개발자나 시스템 관리자를 대상으로 통합적 애플리케이션 관리 솔루션을 제공하는 서비스다.

OpsWorks는 우선 스택이라고 불리는 논리 영역을 생성하고 스택에 여러 레이어[19]를 정의한다. 레이어를 정의한 후 EC2 인스턴스 같은 리소스를 설치한다.

OpsWorks의 큰 특징 중 하나는 설치된 EC2 인스턴스의 초기화나 설정 변경, 애플리케이션 배포 구성 관리 도구인 셰프를 이용한다는 점이다.

OpsWorks를 사용해 레이어를 정의할 때 중요한 설정 항목을 적용할 셰프 레시피를 선택한다. OpsWorks를 사용해서 시작하는 EC2 인스턴스에는 모두 셰프 솔로가 설치돼 있다. 각 인스턴스는 구축할 때 소속된 레이어에 맞는 레시피가 실행돼 초기화가 수행된다.

예를 들면 애플리케이션 서버의 레이어에 레일즈 레시피를 지정해 두면 그에 맞는 인스턴스는 모두 같은 레시피가 적용되어 레일즈 코드를 실행할 수 있게 된다.

레시피는 빌트인도 준비돼 있지만 직접 만든 것도 사용할 수 있으므로 특정 기능이 있는 레이어를 정의할 수 있다.

또한, OpsWorks에는 인스턴스 구축 외에도 스택 내의 리소스가 변경될 때 실행돼야 하는 레시피, 애플리케이션을 배포할 때 실행돼야 하는 레시피를 레이어로 정의해서 적절한 시점에 실행할 수 있다.

그리고 OpsWorks에는 특정 시간 혹은 시스템 부하에 따라서 레이어에 인스턴스를 추가하는 기능이나 레이어별로 각종 메트릭스를 확인할 수 있는 화면도 있어 운영할 때 편리하게 사용할 수 있다.

---

19 「로드밸런서」「응용프로그램서버」「DB서버」같은 시스템을 구성하는 컴포넌트의 논리적인 집합을 의미한다.

Beanstalk

Beanstalk는 웹 애플리케이션 배포 환경을 구축, 관리할 수 있는 서비스다.

ELB나 오토 스케일링 등을 자동으로 설정해서 배포하며 애플리케이션을 시작할 수 있는 환경을 제공하는 것이 Beanstalk의 큰 특징이다. 또한, Beanstalk는 환경 구성뿐만 아니라 애플리케이션 배포나 버전 관리 기능도 제공하고 있다.

Beanstalk에서 시작된 인스턴스에는 애플리케이션을 컨테이너에 배포하기 위한 구성이 포함돼 있으므로 관리 콘솔이나 깃(Git)을 사용해서 여러 개의 인스턴스 애플리케이션 배포를 인스턴스별 로그인 없이 수행할 수 있다.

서비스 비교

지금까지 배포에 관한 세 가지 서비스를 소개했다. 모든 서비스가 AWS의 시스템을 자동으로 구성해주는 점이 공통적이다. 이용 편의성은 「Beanstalk 〉 OpsWorks 〉 클라우드포메이션 〉 EC2」 순이지만 유연성은 반대다.

Beanstalk는 애플리케이션 컨테이너를 선택하는 것만으로 전체 세트 환경이 자동으로 구성되므로 사용하기가 상당히 편리하다. GUI(Graphical User Interface)도 잘 돼 있고 애플리케이션 배포나 오토 스케일링에 대해서도 GUI로 조작할 수 있다.

하지만 제공된 컨테이너 외의 것을 이용하고 싶을 때는 AMI를 커스터마이즈하거나 스크립트를 수정해야 한다.

OpsWorks는 Beanstalk와 같은 환경 세트를 제공하지 않고 스택을 자신이 구성해야 하지만 사전에 준비된 셰프 레시피를 이용하면 GUI만으로 유연하게 시스템을 구성할 수 있다. 사용하거나 커스터마이즈하려면 셰프 지식이 필요하지만 공개된 다양한 레시피를 사용할 수 있는 점은 매력적이다.

클라우드포메이션의 큰 장점은 템플릿을 재사용할 수 있다는 점이다. 일단 템플릿을 작성하면 이를 이용해 같은 구성의 시스템을 복제할 수 있지만 템플릿 자체는 사용자 자신이 작성해야 한다. 따라서 다른 두 가지 서비스와 비교했을 때 유연하지만, 난이도가 높다.

템플릿을 작성하는 수고는 있지만 템플릿은 JSON 형식의 텍스트 파일이므로 깃 등의 버전 관리 시스템으로 버전 관리를 할 경우 인프라스트럭처 자체의 버전 관리도 된다. 이것이 클라우드포메이션만의 큰 장점이다.

요약

이번 장에서는 AWS의 각 서비스에 대해서 레이어와 카테고리별로 정리해서 소개했다. 다음 장에서는 이러한 서비스 중 실제 시스템을 구성할 때 자주 사용하는 서비스나 기능의 노하우를 소개한다.

EC2와 VPC를 이용한 시스템 구축

안전하고 가용성이 높은 인프라 구축 방법

아마존데이터서비스제팬㈜. 후나자키 켄지
아마존데이터서비스제팬㈜. 요시아라 유이치

이후의 장에 대해서

2부의 4장~6장에서는 까다로운 웹 애플리케이션에 대해 가용성과 확장성이 뛰어나고 보안성이 높은 고성능 인프라를 쉽고 최적의 IT 비용을 실현할 수 있는 AWS 모범 사례를 소개한다.

이번 장에서는 네트워크와 컴퓨팅의 구성, 5장에서는 DB 서버 구성과 운영의 노하우, 6장에서는 클라우드포메이션을 사용한 구성의 자동화에 관해 설명한다. 각 구성 작업은 기본적으로 관리 콘솔을 이용한 절차를 중심으로 설명한다. 또한, AWS는 API를 사용한 구성 작업을 수행하는 것도 가능하다.

2부의 시스템 구성

웹 시스템은 웹 서버, 애플리케이션 서버, DB 서버라는 서버 형태를 취하고 있고 동시에 각 서버를 다중으로 구성하는 경우를 많이 볼 수 있다. 2부에서는 웹 서버와 애플리케이션 서버(이하 「웹 서버」)와 DB 서버 구성을 준비해 각각 이중화한다.

고가용성을 위해서는 여러 개의 AZ에 서비스를 구축하는 것이 중요하다. 그러기 위해서 이번 장에서는 2개의 AZ에 분산해서 서비스를 구축한다. 인터넷으로부터 웹 서버 접속은 ELB를 사용해 이중화한다.

DB 서버는 2개의 AZ에 분산해 액티브와 스탠바이로 이중화 구성한다. AWS에서는 가용성과 확장성을 지원하는 아키텍처를 쉽게 구현할 수 있다.

또한, AWS 내에 유저의 사설 네트워크를 구성해 보안성이 높은 VPC를 사용한 서비스 아키텍처를 구축한다. VPC는 AWS 내의 논리적으로 독립된 가상 네트워크를 말한다. 인터넷에 공개할 웹 시스템의 VPC를 설계할 때 일반적으로 웹 서버를 포함해서 인터넷과 연결할 수 있는 퍼블릭 네트워크와 DB 서버를 포함해서 인터넷으로부터 연결할 수 없는 사설 네트워크 2종류로 구성한다.

2개의 AZ에 각 2개의 서브넷을 작성해서 총 4개의 서브넷을 가진 네트워크를 구성해 VPC에 대해 알아보자. 2부의 시스템 최종 완성도는 그림 4-1과 같다.

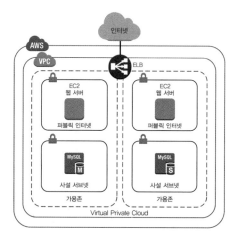

그림 4-1 2부에서 구성한 시스템 최종 구성

네트워크 구성

2013년 5월부터 도쿄 지역에 새로 AWS에 등록된 사용자(기존 사용자도 처음 이용하는 지역)의 인스턴스가 EC2-VPC 플랫폼 내에 기동되게 됐다. 이를 「Default VPC」라고 한다. 의도적으로 VPC를 구성하지 않아도 자동으로 VPC 내의 인스턴스가 만들어진다. 이는 모든 사용자가 아마존 VPC의 높은 수준의 네트워킹과 보안을 사용할 수 있게 하기 위함이다.

이번 장에서는 관리 콘솔을 이용해서 VPC를 구축하지만, 실제 VPC를 작성하지 않고 Default VPC를 사용해도 상관없다. Default VPC를 사용해도 절차는 동일하므로 VPC의 기본은 이해할 수 있을 것이다.

관리 콘솔을 사용한 VPC 작성에는 크게 두 가지 방법이 있다. VPC 마법사를 사용해서 작성하는 방법과 1개씩 VPC 요소를 작성하는 방법이다. 이번에는 우선 단일 AZ에 2개의 서브넷을 가진 구성을 VPC 마법사로 작성하고 다른 1개의 AZ에는 각 요소를 개별적으로 작성하는 방법으로 진행한다.

VPC 마법사를 이용한 VPC 작성

관리 콘솔 서비스에서 VPC를 선택하면 VPC 대시보드[1]가 표시된다. 계정이 속한 VPC가 없으면 화면 중앙에 「Get Started creating a VPC」가 표시되므로 클릭하자[2]. 「Create an Amazon Virtual Private Cloud」에서 「VPC with Public and Private Subnets」를 선택한다.

퍼블릭 서브넷과 사설 서브넷

이 옵션은 1개의 VPC에 인터넷에서 서브넷으로 직접 연결할 수 있는 퍼블릭 서브넷과 인터넷에서 직접 연결할 수 없는 사설 서브넷을 만들 수 있다.

퍼블릭 서브넷의 인스턴스에는 인터넷에서 접속할 수 있는 고정 퍼블릭 IP주소인 EIP(ElasticIP, 고정 글로벌 IP 주소)를 지정할 수 있다. 또한, 인바운드/아웃바운드 트래픽은 「네트워크 액세스 컨트롤 리스트」(이하 NACL)와 「보안 그룹」(이하 SG)에서 제어한다.

사설 서브넷의 인스턴스는 NAT(Network Address Translation)를 사용해 아웃바운드 연결을 구현한다. 퍼블릭 서비스에 NAT 인스턴스가 만들어지고 사설 서브넷 인스턴스는 NAT 인스턴스를 거쳐서 인터넷에 접근한다.

옵션 편집

다음으로 「VPC with Public and Private Subnets」를 선택해 「Continue」를 클릭하면 옵션 편집 화면이 표시된다.

---

1 이 화면에는 4개의 옵션을 선택하면 대표적인 VPC 구성 예가 표시되므로 참고하자.

2 표시되지 않을 경우는 화면의 오른쪽 위의 「Start VPC Wizard」를 클릭한다.

▣ CIDR 범위 설정

VPC와 서브넷의 CIDR(Classless Inter-Domain Routing) 범위를 확인하고 변경한다.

「Two Subnets」의 섹션에 2개의 서브넷 CIDR 범위를 확인하고 변경한다. 「Availability Zone」은 퍼블릭 서브넷과 사설 서브넷 모두 같은 것을 선택한다.

▣ NAT 인스턴스 설정

「One NAT Instance with an Elastic IP Address」섹션을 보자. NAT 인스턴스는 퍼블릭 서브넷에 생성되어 EC2 인스턴스에 EIP가 부여되지 않은 인스턴스가 게이트웨이를 거쳐 인터넷에 접근하기위해서 필요하다. 이 섹션에서는 인스턴스 유형과 키 페어를 선택한다. 「Create VPC」버튼을 누르면 VPC 생성이 완료된다.

VPC 구성요소

VPC 마법사에 의해 필요한 구성 요소가 생성됐다. VPC 대시보드를 보면 생성된 요소를 확인할 수 있다.

SG 작성과 사용

여기까지는 표준 SG밖에 생성되지 않았기 때문에 모든 인스턴스에 표준 SG가 연결됐다. 인스턴스 용도나 기능별로 필요한 트래픽이 통과되게 SG를 만들고 개별로 연결해보자.

VPC에 생성된 인스턴스를 분류하면 다음과 같이 세 종류로 분류할 수 있다.

- NAT 인스턴스
- 웹 서버 인스턴스
- DB 서버 인스턴스

▣ NAT 인스턴스용 SG 생성

NAT 인스턴스용 SG를 생성해 NAT 인스턴스에 연결과 동시에 두 개의 다른 SG를 만들고 이후 인스턴스를 생성할 때 연결되게 준비해 두자.

우선 NAT 인스턴스 SG를 생성한다. 관리 콘솔 VPC 대시보드에서 「Security Groups」를 선택하고 「Create Security Group」을 클릭한다. 이름, 설명, VPC를 선택하는 화면이 나오면 적절하게 입력하자. 「Create」를 클릭하면 신규로 SG가 생성되므로 인바운드, 아웃바운드 규칙을 추가한다. 구체적으로는 다음 절차를 수행한다.

❶ 임의의 그룹명으로 Security Group을 생성한다(예: natsg).

❷ 생성된 Security Group을 선택한다.

❸ 표 4-1에 있는 규칙을 추가한다.

❹ 「Apply Rule Changes」를 눌러 설정을 확정한다.

생성 후 EC2 인스턴스 화면에서 NAT 인스턴스를 선택하고 「Actions」 드롭다운 메뉴에서 「Change Security Group」을 실행해 생성된 SG(예를 들어 natsg)를 사용하도록 변경한다.

표 4-1 NAT용 규칙

인바운드

source(송신처)	프로토콜	포트	설명
사설 서브넷	TCP	80	사설 서브넷 서버에서 인바운드 HTTP 트래픽 허용
사설 서브넷	TCP	443	사설 서브넷 서버에서 인바운드 HTTPS 트래픽 허용
사용자 네트워크의 퍼블릭 IP 주소 범위	TCP	22	인터넷 게이트웨이를 통해서 사용자가 SSH를 사용할 수 있게 설정

아웃바운드

source(송신처)	프로토콜	포트	설명
0.0.0.0/0	TCP	80	인터넷으로 아웃바운드 HTTP 트래픽 허용
0.0.0.0/0	TCP	443	인터넷으로 아웃바운드 HTTPS 트래픽 허용

▣ 웹 서버 인스턴스용 SG 생성

웹 서버 인스턴스용 SG를 다음 순서대로 생성한다.

❶ 임의의 그룹명으로 Security Group을 생성한다(예: websg).

❷ 생성된 Security Group을 선택한다.

❸ 인바운드 22(SSH)와 80(HTTP), 443(HTTPS)을 규칙으로 추가한다.

❹ 아웃바운드에는 DB 서버에 접속하기 위한 VPC 네트워크 블록에 대해 3306(MySQL)을 허용한다.

❺ 반드시 「Apply Rule Changes」를 실행한다.

▣ DB 서버 인스턴스용 SG 생성

DB 서버 인스턴스용 SG는 인바운드에서는 NAT 인스턴스에서 SSH 접속을 허용하기 위해 「Source」 란에 「natsg」를 지정하고 22(SSH)를 허용한다. 다음 웹 인스턴스에서 DB 접속을 허용하기 위해 「Source」란에 「websg」를 지정하고 3306(MySQL)을 허용한다.

허용되는 「Source」는 IP 주소나 주소 범위가 아닌 NAT 인스턴스나 웹 서버용으로 만든 SG의 SG ID 를 지정하면 SG를 가지고 있는 서버에서만 접근할 수 있는 구성을 쉽게 만들 수 있다.

❶ 임의의 그룹명으로 Security Group을 생성한다(예: dbsg).

❷ 생성된 Security Group을 선택한다.

❸ 인바운드에 Source가 「natsg」, Port Range가 22(SSH)인 규칙을 추가한다.

❹ 인바운드에 Source가 「websg」, Port Range가 3306(MySQL)인 규칙을 추가한다.

❺ 반드시 「Apply Rule Changes」를 선택한다.

자신의 VPC 만들기

두 번째로 AZ에 필요한 구성 요소를 생성한다. 여기서는 자신의 VPC를 생성하는 방법을 설명한다. 생성 대상은 퍼블릭 서브넷, 사설 서브넷, NAT 인스턴스, 라우팅 테이블이다.

서브넷 생성

관리 콘솔에서 「Subnets」를 선택하고 「Create Subnet」을 클릭해서 AZ와 CIDR 블록을 지정한다. 이는 VPC 마법사에서 지정하는 것과 같다. AZ은 VPC 마법사에서 지정한 AZ이 아닌 것을 지정한다. 여기에서 퍼블릭 서브넷은 10.0.11.0/24, 사설 서브넷은 10.0.12.0/24 CIDR 블록을 지정한다.

다음은 라우팅 테이블을 퍼블릭 서브넷과 사설 서브넷에 할당한다. 사설 서브넷에는 Main 속성을 가진 라우팅 테이블이 자동으로 연결돼 있으므로 작업이 필요 없다. 이 라우팅 테이블에는 기본 게이트웨이가 NAT 인스턴스가 된다.

퍼블릭 서브넷에는 인터넷 게이트웨이를 기본 게이트웨이로 라우팅 테이블을 연결한다. 여기에는 관리 콘솔에서 「Subnets」를 선택하고 퍼블릭 서브넷 항목에 체크한다. 「Route Table:xxxx (replace)」라는 항목이 있으므로 「replace」를 클릭하고 적용하려는 라우팅 테이블을 선택해서 적용한다.

NAT 인스턴스 생성

NAT 인스턴스용 AMI에서 EC2 인스턴스를 시작한다. NAT 인스턴스용 AMI는 AMI 이름에 「ami-vpc-nat」이라는 문자열이 포함되므로 검색해서 사용한다.

❶ EC2 대시보드에서 「Launch Instance」 버튼을 클릭한다.

❷ 「Create a New Instance」 화면에서 「Quick Launch Wizard」를 실행한다.

❸ NAT 인스턴스 이름을 지정한다.

❹ 키 페어를 생성하거나 기존 키 페어를 지정한다.

❺ 「Choose a Launch Configuration」에서 「More Amazon Machine Images」를 선택하고 「Continue」를 실행한다.

❻ 「Public AMIs」에서 문자열 「ami-vpc-nat」을 검색한다. 검색 결과에서 NAT AMI를 선택하고 「Continue」를 실행한다.

❼ 「Edit Details」를 선택한다.

❽ 「Instance Details」에서 「Launch into a VPC」를 선택하고 두 번째 AZ 퍼블릭 서브넷을 지정한다.

❾ 「Security Settings」에서 조금 전에 만든 NAT 인스턴스용 SG를 지정하고 「Launch」를 실행한다.

EIP와 NAT 인스턴스의 연결

NAT 인스턴스를 생성한 후에 EIP 주소를 연결한다. VPC 콘솔 왼쪽에 있는 「Elastic IPs」를 선택하고 「Allocate New Address button」을 클릭해서 리스트 중에 생성된 EIP를 선택하고 생성돼 있는 NAT 인스턴스에 할당해 주자.

소스/대상 확인의 무효화

기본 설정에서 EC2 인스턴스는 소스/대상 확인을 실행하고 소스 또는 대상이 되는 인스턴스가 존재할 때만 트래픽을 송신한다. 하지만 NAT 인스턴스는 소스 또는 대상이 되는 인스턴스가 없을 때도 트래픽을 송신할 수 있어야 한다. 그러므로 NAT 인스턴스에는 소스/대상 확인을 무효화 한다. 「EC2 콘솔」

의 「Instances」에서 NAT 인스턴스를 선택하고 마우스 오른쪽 버튼을 클릭한다. 「Change Source / Dest Check」를 선택하고 「Disable」로 변경한다.

라우팅 테이블 생성

생성된 사설 서브넷에는 동일한 AZ 내의 NAT 인스턴스를 기본 게이트웨이로 하는 라우팅 테이블을 생성하고 연결해야 할 필요가 있다.

❶ 라우팅 테이블을 생성한다. VPC 콘솔에서 「Route Tables」를 클릭하고 「Create Route Table」 버튼을 눌러 작성한다. 「VPC」 드롭다운 리스트에서 작업 중인 VPC를 선택한다.

❷ 경로를 라우팅 테이블에 추가한다. 콘솔에서 라우팅 테이블을 선택하고 「Routes」 탭에서 목적지와 대상을 입력한 뒤 「Add」를 클릭한다. 목적지는 「0.0.0.0/0」, 대상은 방금 생성한 NAT 인스턴스를 선택한다.

❸ 라우팅 테이블을 서브넷에 연결한다. 콘솔에서 라우팅 테이블을 선택하고 「Associations」 탭에서 테이블에 연결할 서브넷을 선택한다. 「Associate」를 클릭한다.

이걸로 두 번째 AZ에도 필요한 요소가 생성된 VPC가 완성됐다. 완성된 네트워크는 앞쪽의 그림 4-1 과 같다.

EC2의 설정

EC2의 배포

다음은 생성된 VPC 환경에 EC2 인스턴스를 기동해서 워드프레스와 그에 필요한 소프트웨어를 설치한다. 이 번에는 그림 4-2와 같은 구성을 구축한다.

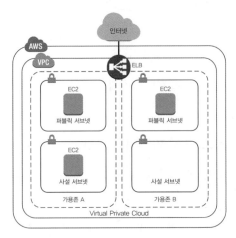

그림 4-2 구축할 시스템 구성

EC2 기동 준비

기동된 EC2 인스턴스에 로그인하는 데 필요한 키 페어를 생성한다. 「Create Key Pair」를 클릭하여 임의의 이름을 지정해 생성한다. 생성 직후 내려받은 〈키 페어 이름〉.pem이 사설키용 파일이다. 이는 EC2 인스턴스에 기동하고 리눅스 인스턴스에 로그인할 때 사용한다. 이 사설키용 파일은 생성 직후 시점 외에는 취득할 수 없으므로 소중하게 보관하자.

EC2 인스턴스 기동과 로그인

▣ EC2 인스턴스의 기동

생성 후에 EC2 인스턴스를 기동한다. 메뉴의 「Instances」를 선택하고 「Launch」를 클릭한 뒤 「Amazon Linux AMI」를 선택한다. 다음으로 「Number of Instances」를 「1」로, 「Instance Type」을 「t2.micro」로, 서브넷은 생성된 퍼블릭 서브넷을 선택한다. 그다음 화면에서 eth0 네트워크 설정에서 「Auto-assign Public IP」에 체크한다. 이렇게 설정하면 기동할 때 자동으로 인터넷에서 접근할 수 있는 IP 주소가 할당된다. 그 외에는 설정을 변경하지 않고 「Continue」를 클릭한다.

태그 설정 화면에서는 Name의 Value 부분에 임의의 이름을 입력한다. 다음 화면에서 생성된 키 페어를 선택하고 생성된 보안 그룹을 선택한다. 마지막으로 인스턴스 시작 설정을 확인하고 Launch를 클릭한다.

시작한 다음에 인스턴스 State가 pending 상태에서 running으로 바뀌고 Status Check가 2/2 checks passed로 바뀐 것을 확인한다. 이 Status Check는 다음과 같이 두 종류가 있다.

- **System Reachability check**: 인스턴스가 네트워크 패킷을 받는지 확인한다.
- **Instance Status Checks**: 인스턴스 OS에 네트워크 패킷이 들어오는지 확인한다.

▣ EC2에 로그인

아마존 리눅스 인스턴스에 SSH로 로그인한다. 유저명은 「ec2-user」를 입력하고 패스워드는 입력하지 않은 상태로 비밀키 파일을 지정한다. 로그인 후에 배너나 프롬프트가 표시되면 로그인 성공이다.

로그인 성공 후에 또 다른 아마존 리눅스 인스턴스를 동일하게 시작한다. 이 서버는 MySQL 서버용 인 스턴스다. MySQL 서버는 사설 서브넷에 구축하고 생성된 DB용 보안 그룹을 선택한다. 이후는 워드 프레스 인스턴스와 같다.

워드프레스 설치와 설정

다음으로 워드프레스를 설치하고 설정하는 방법을 살펴본다. 우선 워드프레스 설치에 필요한 아파치, PHP를 워드프레스용 인스턴스에 설치한다.

```
$ sudo yum -y install httpd php php-mysql php-mbstring
```

다음으로 아파치를 시작한다. 재시작해도 항상 실행되게 설정한다.

```
$ sudo /sbin/chkconfig httpd on
$ sudo /etc/init.d/httpd start
```

워드프레스를 설치한다.

```
$ wget http://ja.wordpress.org/latest-ja.tar.gz ~/
$ tar zxvf ~/latest-ja.tar.gz
$ sudo cp -r ~/wordpress/* /var/www/html
$ sudo chown apache:apache -R /var/www/html
```

워드프레스용 인스턴스와 다른 인스턴스에는 MySQL 서버를 설치한다. 단, MySQL 서버는 사설 서브 넷에 구축하므로 인터넷에서 접속되지 않는다. 이번에는 워드프레스 인스턴스를 통해서 MySQL 인스 턴스에 로그인한다. 접속을 위해서 개인키 파일을 워드프레스 인스턴스에 업로드한다. 업로드할 때는 SCP(Secure Copy)를 사용한다. SCP로 비밀키를 워드프레스 인스턴스에 업로드하고 워드프레스 인 스턴스에서 다음과 같이 실행해 MySQL 인스턴스에 로그인한다.

```
$ chmod 600 wordpress.pem
$ ssh -i wordpress.pem ec2-user@<MySQL 인스턴스의 IP 주소>
```

MySQL 인스턴스에 로그인한 후 mysql-server를 설치하고 설정한다.

```
$ sudo yum -y install mysql-server
$ sudo /sbin/chkconfig mysqld on
$ sudo /etc/init.d/mysqld start
```

워드프레스에 필요한 DB를 MySQL에 생성한다.

```
$ mysql -uroot
mysql> CREATE DATABASE wordpress;
mysql> GRANT ALL PRIVILEGES ON wordpress.* TO
-> "wpuser"@"%"
-> IDENTIFIED BY "wppassword";
mysql> FLUSH PRIVILEGES;
mysql> quit;
```

워드프레스 인스턴스에 브라우저로 접속한다. http://〈WordPress 인스턴스 IP 주소 혹은 Public DNS Name〉/wp-admin/setup-config.php를 입력하고 워드프레스 화면이 표시되면 워드프레스 설치는 성공이다.

다음은 워드프레스 DB 설정을 한다. 조금 전 설정한 mysql 유저명, 패스워드를 지정한다. 그리고 MySQL 인스턴스의 사설 IP 주소를 지정한다.

워드프레스 설정 작업이 끝나면 워드프레스에 게시물을 작성하거나 이미지를 업로드할 수 있다. 현시점에서는 워드프레스 서버가 1대, MySQL DB 서버가 1대로 구성돼 있다. 이번에는 워드프레스 서버를 확장할 수 있게 ELB를 앞 단에 구성해 보자.

ELB 생성

ELB를 구축하려면 「Load Balancer」를 선택하고 「Create Load Balancer」를 클릭한다. 「Load Balancer Name」에 임의의 이름을 입력하고 「Create LB Inside」 항목에서 생성된 VPC를 선택한다. Protocol은 「Load Balancer」, 「Instance」 모두 HTTP(80)를 선택한다.

다음 화면에서 「Ping Protocol」은 「HTTP」, 「Port」는 「80」, 「Path」는 「/」로 지정한다. 그리고 다음 화면에서 생성해둔 두 개의 퍼블릭 서브넷을 선택한다. ELB용 보안 그룹을 만든다. HTTP(80)만 허용한다. 그 후에 ELB 백엔드에 워드프레스 인스턴스를 선택한다. 설정을 확인하고 「Create」를 클릭한다(그림 4-3).

생성된 ELB를 클릭하면 Description의 「DNS Name」에 ELB 엔드포인트가 표시된다. ELB 생성 과정이 시작되고 나서 실제로 접근이 가능할 때까지 대략 몇 분이 걸린다. 헬스 체크는 각 인스턴스가 In Service로 표시된다면 성공했다는 의미다.

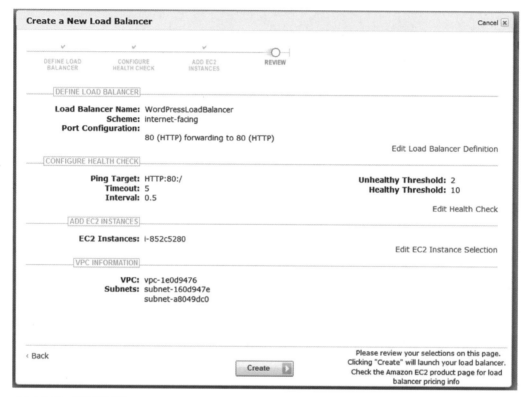

그림 4-3 ELB 생성 확인 화면

ELB 엔드포인트에 접속

ELB 엔드포인트에 접속해 보고 올바르게 워드프레스 사이트가 표시되는 것을 확인하자. 여기에서 ELB를 거쳐서 워드프레스 페이지를 표시해보면 워드프레스 콘텐츠에 포함된 일부 링크가 백엔드의 IP 주소를 바라보고 있으므로 ELB 엔드포인트가 표시되지 않는다.

이 링크가 ELB 엔드포인트를 표시하게 하려면 http://codex.wordpress.org/Changing_The_Site_URL에 있는 Work Around를 사용한다. wp-config.php 파일에 다음 줄을 추가하면 워드프레스 쪽에서 이 값을 사용해 링크를 표시하게 된다.

```
define('WP_HOME', 'http://<ELB엔드포인트>');
define('WP_SITEURL','http://<ELB엔드포인트>');
```

위 두 줄을 추가한 다음 다시 ELB에 접속해 올바르게 ELB 링크가 표시되는지 확인한다. 하지만 매번 인스턴스에 로그인해서 수작업으로 이 값을 변경하는 것은 번거로운 일이다. 그래서 자동으로 설정되는 방법을 설명하려고 한다. 자동화하는 방법은 몇 가지 있지만 여기서는 인스턴스에 태그를 붙이고 그 값을 인스턴스를 시작할 때 취득해 wp-config.php가 자동으로 수정되게 하겠다. 자동으로 변경되게 wp-config.php에서 다음 줄을 수정한다.

```
$ sudo cp /var/www/html/wp-config.php /var/www/html/wp-config.php.org
$ sudo vi /var/www/html/wp-config.php.org
(변경전) define('DB_HOST', '<DB IP 주소>');
(변경후) define('DB_HOST', 'DB_HOST_VALUE');
```

또한 wp-config.php.org의 MySQL DB_NAME 설정이 적혀있는 행 위쪽에 다음 내용을 추가한다.

```
define('WP_HOME','WP_HOME_VALUE');
define('WP_SITEURL','WP_SITEURL_VALUE');
```

AWS CLI에 태그값을 취득해 설정 파일 변경

우선 해당하는 워드프레스 인스턴스에 태그를 붙인다. 태그 정보를 취득하기 위해서 AWS CLI(Command Line Interface)와 jq를 사용한다. AWS CLI를 사용하면 AWS 서비스 관리를 명령줄로 실행할 수 있다. AWS CLI를 실행하려면 액세스 키와 비밀 액세스 키가 필요하다. 이 키는 관리 콘솔 오른쪽 위에 있는 Security Credentials를 클릭해서 나온 화면에서 생성하고 취득한다.

취득한 키를 /opt/aws/credential-file에 다음과 같이 입력한다.

```
AWSAccessKeyId=XXXX
AWSSecretKey=XXXXXX
```

아마존 리눅스 2014.03.2에서는 AWS CLI 버전 1.3.16이 설치돼 있으므로 이 버전을 사용한다.

다음은 jq를 설치한다. jq는 JSON 형식으로 출력되는 값을 보다 알기 쉽게 추출해준다.

```
$ sudo yum install -y jq
```

AMI 저장

워드프레스가 동작하는 EC2 인스턴스의 AMI를 저장한다. AMI를 저장하기 전에 관리 콘솔에서 인스턴스를 정지한다. 꼭 필요하지는 않지만, 인스턴스를 정지함으로써 영속화되지 않은 파일이 올바르게 저장되므로 데이터의 불일치가 발생하는 것을 방지할 수 있다. 저장하려면 인스턴스에서 마우스 오른쪽 버튼을 클릭해「Create Image(EBS AMI)」를 클릭한다.

저장된 AMI를 시작

저장된 워드프레스의 AMI Status가 Available이 되면 시작한다. 시작 방법은 앞에서 설명한「EC2 인스턴스의 기동」과 비슷하지만 다른 점은 User Data에 코드 4–1과 같이 코드를 입력하는 것이다. 이로 인해 아마존 리눅스에서 실행하는 cloud-init이 코드 4–1을 실행한다.

그림 4–4와 같이 코드 4–1을 인스턴스 시작 시 User Data에 입력한다.

인스턴스가 시작되면 태그를 붙인 LB_HOST와 DB_HOST 값이 wp-config.php에 쓰이는 것을 알 수 있다. 시작 후 인스턴스를 ELB에 붙여서 ELB를 통해 워드프레스가 표시된다면 작업 완료다.

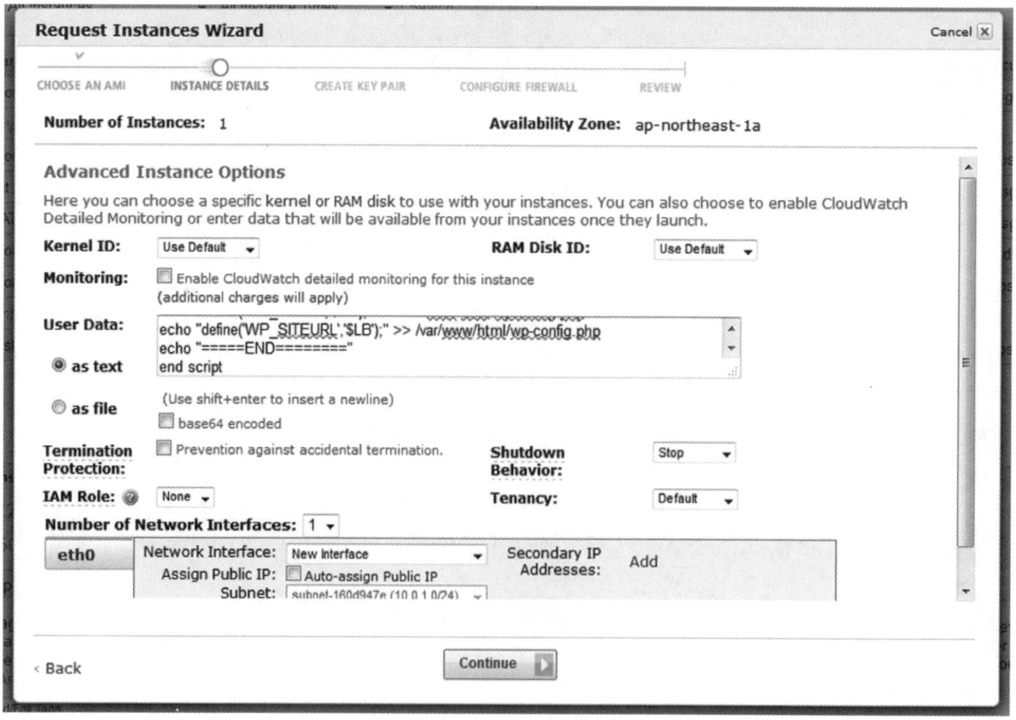

그림 4–4 User Data 입력화면

▼ 코드 4-1 AMI 시작 스크립트

```
#upstart-job
description "My wordpress job"

start on cloud-config
console output
task

script
echo "====BEGIN======="
#!/bin/bash
export AWS_CREDENTIAL_FILE=/opt/aws/credential-file
export AWS_DEFAULT_REGION=ap-northeast-1
export INSTANCE_ID=`curl -s http://169.254.169.254/latest/meta-data/instance-id`
export LB=`aws ec2 describe-tags --filter \{\"Name\":\"resource-id\",\"Values\":\[\"$INSTANCE_
ID\"\]\} | jq '.
Tags[] | select(.Key == "LB_HOST") | .Value' | sed -e "s/\"//g"`
export DB=`aws ec2 describe-tags --filter \{\"Name\":\"resource-id\",\"Values\":\[\"$INSTANCE_
ID\"\]\} | jq '.
Tags[] | select(.Key == "DB_HOST") | .Value' | sed -e "s/\"//g"`
sed -e "s/WP_HOME_VALUE/$LB/g" /var/www/html/wp-config.php.org | sed -e "s/WP_SITEURL_
VALUE/$LB/g" | sed -e "s/
DB_HOST_VALUE/$DB/g" > /var/www/html/wp-config.php
echo "====END======="
end script
```

요약

이번 장에서는 VPC를 만들고 EC2 인스턴스의 시작, ELB의 생성 등에 관해 언급했다. 5장에서는 RDS를 사용해 DB를 만든다. 매우 유용한 기능이므로 꼭 활용하기를 바란다.

RDS를 이용한
데이터베이스 활용

생성, 배포, 백업

아마존데이터서비스제팬㈜, 이마이 유타
아마존데이터서비스제팬㈜, 야기하시 텝페이

시작하며

RDS는 RDB 운영 관리에 따른 비용을 크게 절감하고 AWS 환경을 최대한 활용해 높은 가용성과 높은 성능을 제공한다. 이번 장에서는 4장에서 구축한 워드프레스 환경을 RDS로 옮기는 방법과 가용성에 관해 소개한다.

RDS의 개요

RDS를 사용해 RDBMS 운영을 편하게 하고 DB 생성이나 백업, 패치 적용 등의 운영 관리 비용을 절감할 수 있다. RDS로 구성할 수 있는 DB는 MySQL, 오라클, 마이크로소프트 SQL 서버, PostgreSQL 이다.

RDS의 특징

RDS는 여러 가지 어렵고 복잡한 관리 작업을 대신해 준다(그림 5-1).

- RDS는 백업, 패치 적용, 자동 장애 감지, 복구를 수행한다.
- 필요에 따라 자동 백업이나 수동 스냅샷을 구성할 수 있다. 이 백업은 DB 복구에 사용된다.

- 주 인스턴스와 동기되는 보조 인스턴스에 의해서 장애가 발생하면 페일오버되며 고가용성을 구현할 수 있다. 또한, MySQL의 복제를 사용해 읽기 처리를 확장할 수도 있다.

- DB에 제공되는 보안 기능과 더불어 IAM 기능을 이용해 유저와 접근 권한을 정의할 수 있다.

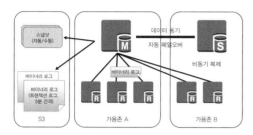

그림 5-1 RDS의 아키텍처

RDS 관련 컴포넌트

▣ DB 인스턴스

DB 인스턴스는 RDS의 기본 구성 요소가 되고 클라우드 내에 독립된 DB 환경을 제공한다. 여러 사용자가 생성한 DB를 포함할 수 있으며 직접 운영하는 환경에서 사용하는 도구나 애플리케이션을 이용할 수 있다. 또한, 명령줄 인터페이스, API 및 관리 콘솔로 생성하고 관리할 수 있다.

▣ 지역과 가용존

각 지역은 지리적으로 다른 여러 AZ으로 구성돼 있다. DB 인스턴스를 다른 여러 AZ에 설치하고 보조 DB와 동기화시키는 구성을 Multi-AZ이라고 한다.

주 DB는 보조 DB에 대해 AZ 전체에 동기화 복제되어 데이터의 이중화, 페일오버, I/O 정지나 시스템 백업에 의한 응답 속도 스파이크(지연)를 줄일 수 있다.

▣ 보안그룹

보안그룹(이하SG)은 DB 인스턴스에 대한 접근을 제한한다. IP 주소의 범위나 지정된 Amazon EC2(이하 EC2) 인스턴스 군에 적용된다. RDS는 DB 보안그룹, VPC 보안그룹 그리고 EC2 보안그룹을 사용한다.

▣ DB 매개변수 그룹

DB 매개변수 그룹을 사용해 DB 엔진 설정을 관리한다. DB 매개변수 그룹은 한 개 이상의 DB 인스턴스에 적용할 수 있는 설정 정보를 포함한다. DB 매개변수 그룹을 지정하지 않으면 RDS는 DB 인스턴스를 생성할 때 기본 DB 매개변수 그룹을 적용한다.

▣ DB 옵션 그룹

RDS는 옵션 그룹을 통해서 DB 관리의 간소화나 데이터를 최대한 활용하는 도구를 사용할 수 있게 한다. 이번 장에서는 그림 5-2와 같이 RDS를 단일 인스턴스로 구성한다.

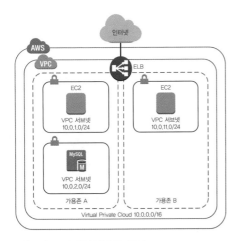

그림 5-2 RDS 단일 인스턴스 구성

DB 생성

RDS를 이용한 DB 생성은 간단하다[1].

---

1 RDS는 관리 서비스이므로 DB 인스턴스에 셸 접근을 제공하지 않는다. 또한, 특정 시스템 프로시저나 테이블 접근도 제한된다.

사전 준비

▣ 보안그룹 만들기

클라이언트 애플리케이션에서 DB에 대한 접근 권한 설정을 보안그룹에 정의한다. 「VPC Dashboard」에서 「Security Groups」를 선택하고 새로 보안그룹을 생성한다(그림 5-3). 그림 5-3은 MySQL 포트에 대해 클라이언트 애플리케이션을 시작하는 다른 보안그룹에서의 접근 허가 설정을 하고 있다.

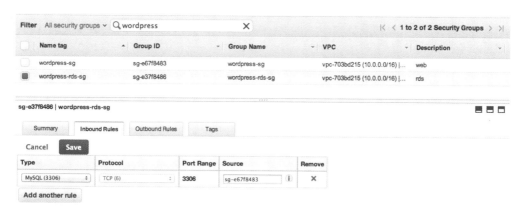

그림 5-3 보안그룹 설정

▣ DB 인스턴스 마법사 실행

다음으로 RDS 대시보드의 「Instances」에서 「Launch DB Instance」를 클릭해 마법사를 시작한다. MySQL을 선택하고 「Continue」를 클릭한다. 이 시점에서 Multi-AZ 배포는 「No」를 선택한다.

DB Instance Identifier는 AWS 계정에서 지역마다 고유해야 한다. 다음으로 DB명과 네트워크, 보안 환경 설정을 한다.

VPC Security Group에는 사전에 준비한 보안그룹, VPC는 「Default VPC」를 선택하고 「Continue」를 클릭한다.

마법사의 마지막 화면은 자동 백업과 유지보수에 관한 설정이다. Backup Retention Period에 의해 지정된 날짜부터 Latest Restorable Time 사이에 임의의 시점으로 DB를 복원할 수 있다.

설정된 Backup Window[2] 시간 내에 DB 인스턴스 백업이 생성된다. 또한, Maintenance Window 설정 시간 내에 필요에 따라서 시스템 유지보수가 실행된다. 「Continue」를 클릭하고 Review 화면에서 「Launch DB Instance」를 클릭하면 데이터베이스 생성이 시작된다.

DB 내보내기와 가져오기

DB 인스턴스 마법사를 실행한 후에 인스턴스 목록에서 서버 상태가 available이면 정상적으로 DB가 시작된 것이다. 대상 DB 인스턴스 세부사항을 표시하면 클라이언트 애플리케이션에서 접속 대상이 되는 엔드포인트를 확인할 수 있다(그림 5-4).

워드프레스가 사용하는 MySQL에서 데이터를 내보내기하고 RDS에서 시작된 MySQL에 가져온다. 그리고 워드프레스 서버의 구성 정보를 변경하고 접속 대상 데이터베이스를 변경한다.

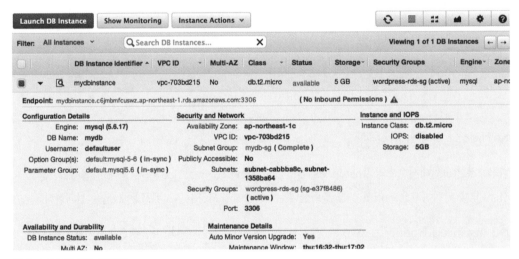

그림 5-4 DB 인스턴스 상세사항

---

2   Backup Window 및 Maintenance Window 모두 UTC 기준으로 시간대를 지정해야 한다.

DB 내보내기

mysqldump 명령으로 DB 데이터를 텍스트 파일로 추출(내보내기)할 수 있다. 워드프레스 서버에 로그인하고 그림 5-5의 명령을 실행하면 OS 파일 시스템에 backup.sql 파일이 저장된다[3].

```
$ mysqldump mydb -u root -p<패스워드> --host=<ec2호스트> > backup.sql
```

그림 5-5 mysqldump 명령을 이용한 내보내기

DB 가져오기

RDS에서 만든 MySQL로 그림 5-6과 같이 가져온다.

```
$ mysql -u awsuser -pmypassword --database=mydb --host=mydbinstance.cpesvha0fqiy.ap-northeast-1.
rds.amazonaws.com < backup.sql    (한 줄로 실행)
```

그림 5-6 mysql 명령을 이용한 가져오기

워드프레스 구성 정보의 변경

코드 5-1의 변경 사항을 적용해 워드프레스 접속 대상 DB를 RDS에서 생성한 DB 인스턴스로 변경한다. 변경 사항을 저장하고 워드프레스에 접근 가능한지 확인한다.

▼ **코드 5-1** 워드프레스 구성정보(/var/www/html/wp-config.php)

```
생략
define('DB_NAME', 'mydb');

/** MySQL 데이터베이스 유저명 */
define('DB_USER', 'awsuser');

/** MySQL 데이터베이스 패스워드 */
define('DB_PASSWORD', 'mypassword');
```

---

3 데이터베이스가 MySQL 5.6인 경우 mysqldump 명령 버전에 따라 에러가 발생하는 경우가 있어 버전업이 필요할 수도 있다.

```
/** MySQL 호스트명 */
define('DB_HOST', 'mydbinstance.cpesvha0fqiy.ap-northeast-1.rds.amazonaws.com');
생략
```

Provisioned IOPS(PIOPS) 구성

RDS에서 생성된 DB 인스턴스의 DB 파일은 EBS에 저장된다. EBS에 대한 I/O의 안정성을 높이기 위해 RDS에도 Provisioned IOPS(이하 PIOPS)를 활용할 수 있다.

RDS에서의 PIOPS

일관된 성능 요구와 데이터베이스 워크 로드가 대량의 랜덤 I/O를 발생시키는 경우 RDS의 PIOPS 스토리지를 통해서 성능을 향상시킬 수 있다. DB 인스턴스[4]를 생성할 때 IOPS[5] 속도와 스토리지 용량을 지정한다. PIOPS 스토리지는 I/O가 집중되는 OLTP(Online Transaction Processing, 온라인 트랜잭션 처리)에 최적화돼 있다.

표 5-1은 각 DB 엔진에서 지정할 수 있는 PIOPS와 스토리지 용량의 범위를 나타낸다. 엔진 종류에 따라 PIOPS와 스토리지 공간 비율이 다르다는 점에 주의하자. 예를 들어 MySQL과 오라클의 경우 3 대 1에서 10 대 1이지만 SQL 서버는 10 대 1이 된다.

표 5-1 DB 엔진 PIOPS와 스토리지 용량 범위

DB명	PIPOPS	스토리지
MySQL	1,000~30,000 IOPS	100GB~3TB
PostgreSQL	1,000~30,000 IOPS	100GB~3TB
오라클	1,000~30,000 IOPS	100GB~3TB
SQL Server Express Edition and Web	1,000~30,000 IOPS	100GB~1TB
SQL Server Standard and Enterprise	2,000~10,000 IOPS	200GB~1TB

---

4 DB 인스턴스에 할당된 Standard 및 PIOPS 스토리지 용량을 줄일 수 없다.

5 실제 IOPS는 DB 부하, DB 인스턴스의 크기, 사용할 수 있는 네트워크 대역폭 등 다양한 변수에 따라 달라진다.
   http://docs.aws.amazon.com/AmazonRDS/latest/UserGuide/USER_PIOPS.html#USER_PIOPS.Realized

PIOPS 지정

RDS 인스턴스 목록에서 해당 RDS를 선택하고 「Instance Actions」의 「Modify」를 클릭한다. 인스턴스 변경 화면에서 「Use Provisioned IOPS」에 체크하고 PIOPS 필터에 필요한 값을 입력한다. 이때 PIOPS 범위와 스토리지 용량의 범위 비율을 표 5-1에 맞게 설정한다.

또한, PIOPS에 최적화된 m1.large 이상의 인스턴스 클래스를 사용할 것을 권장한다.

Multi-AZ 배포

Multi-AZ 배포란

Multi-AZ 배포는 MySQL 및 오라클 인스턴스의 가용성과 데이터 내구성을 높이는 기능이다. 구체적으로는 RDS 인스턴스에 대한 보조 복제 DB를 다른 가용존에 구성하는 것이다.

액티브 RDS 인스턴스가 서비스를 제공할 수 없는 상태가 되면 자동으로 보조 복제 DB로 페일오버가 일어나고 관리자 조작 없이 DB 운영을 재개할 수 있다. 데이터는 항상 동기화되어 있다는 것을 보장하므로 쉽게 이중화 구성의 구축과 운영을 할 수 있다.

설정 방법

그림 5-7과 같이 RDS 인스턴스 설정 변경 마법사에서 Multi-AZ Deployment를 「Yes」로 하고 설정을 적용하면 된다[6]. 물론 RDS 인스턴스를 생성할 때 설정할 수도 있다. 지금까지 생성했던 RDS에 이 설정을 적용해 그림 5-8의 구성을 완성한다. RDS 엔드포인트를 변경할 필요도 없으므로 그대로 이용할 수 있다.

6　이때 「Apply Immediately」 체크박스를 선택하지 않으면 다음 점검 창에서 적용되지 않으므로 주의하기 바란다.

Modify DB Instance: mydbinstance

Instance Specifications

DB Engine Version	MySQL 5.6.17 (default)
DB Instance Class	db.t2.micro
Multi-AZ Deployment	Yes

그림 5-7 Multi-AZ Deployment

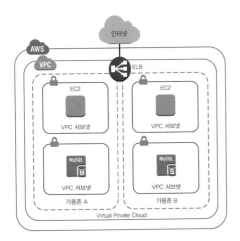

그림 5-8 Multi-AZ 배포 설정 후 구성

페일오버의 동작

페일오버의 메커니즘은 RDS 엔드포인트의 CNAME 참조 대상이 보조 인스턴스로 전환되는 형태로 구현된다. Multi-AZ 배포에서는 주 DB와 보조 DB 두 개의 데이터베이스가 병행으로 동작하고 있지 않고 디스크 레벨에서 동기화되고 있다는 점을 주의해야 한다.

주 인스턴스가 서비스를 제공할 수 없는 상태가 되면 페일오버가 작동하고 그 시점의 보조 인스턴스쪽 DB 소프트웨어가 작동하기 시작한다. 소요 시간은 환경과 서버 상태에 따라 다르지만, MySQL의 경우 약 1분 30초~3분 정도 소요된다고 예상하면 된다.

성능

Multi-AZ 배포를 사용할 경우는 사용하지 않을 때와 비교해서 DB 응답 시간이 증가할 수 있으므로 주의하자. 이는 보조 DB 쪽과의 동기화를 위한 데이터 복제 때문이다. 또한, RDS가 페일오버되면 다른 가용존의 보조 DB의 작동에도 영향을 끼치기 때문에 지금까지의 응답 속도에 변화가 생길 수 있으므로 주의가 필요하다.

수동 페일오버

일단 페일오버된 RDS를 다시 원래의 AZ으로 되돌리고 싶을 때도 있을 수 있다. 이럴 경우에는 수동으로 RDS를 페일오버할 수도 있다. 수동 페일오버를 실행하려면 Reboot with failover 체크 박스를 선택하고 RDS를 재기동하면 실행할 수 있다.

리드 레플리카

리드 레플리카란

읽기전용 복제 DB는 RDS의 기능 중 하나로 DB에 대한 참조 트래픽을 분산하기 위해서 비동기 방식으로 복제 DB를 구축하고 관리한다. 메커니즘은 MySQL 복제를 이용하며 사용의 편의성이나 특성과 관련된 부분은 MySQL 복제와 같다고 생각하면 된다.

리드 레플리카는 RDS가 구축된 지역 내에 임의의 AZ에 구축할 수 있다. 물론 앞서 설명한 Multi-AZ 배포와 함께 사용할 수도 있다. 또한, 리드 레플리카는 1개의 마스터 DB에 대해서 5개까지 구성할 수 있고 최신 버전으로 업데이트된 MySQL 5.6에서는 2단계의 리드 레플리카를 구성할 수 있으며 1개의 마스터 DB에 2단계까지 총 30개의 리드 레플리카를 구성할 수 있다.

설정 방법

설정은 매우 간단하다. 관리 콘솔에서 리드 레플리카를 만들고 싶은 RDS 인스턴스를 선택하고 마우스 오른쪽 버튼을 클릭한 뒤「Create Read Replica」를 열어 마법사를 진행한다(그림 5-9).

생성된 리드 레플리카 인스턴스 이름과 인스턴스 유형, 배치할 AZ을 임의로 설정할 수 있다. 스토리지는 주 DB 서버와 같은 용량이 적용된다. 리드 레플리카를 생성하려면 RDS 자동 백업(자세히는 뒤에서 설명)이 활성화돼 있어야 하므로 주의해야 한다. 이 구성은 복제 DB의 백업으로부터 생성하는 구조로 돼 있기 때문이다.

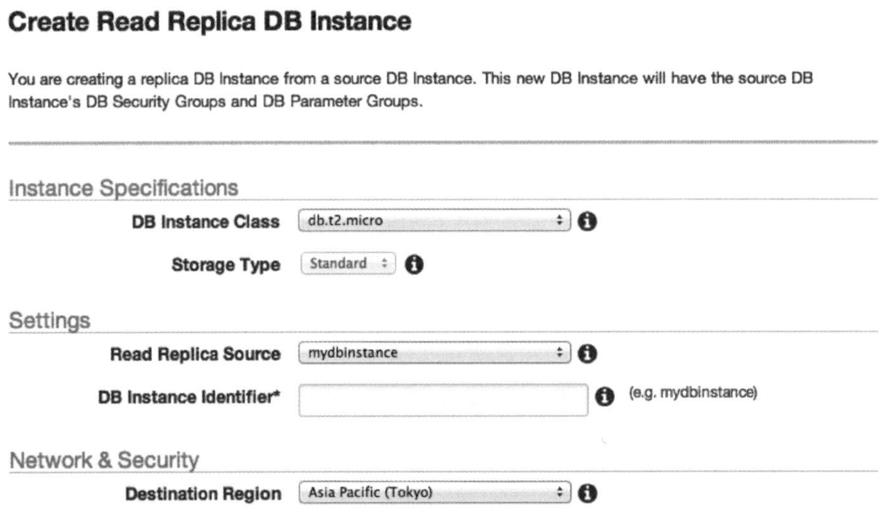

Create Read Replica DB Instance

You are creating a replica DB Instance from a source DB Instance. This new DB Instance will have the source DB Instance's DB Security Groups and DB Parameter Groups.

Instance Specifications

DB Instance Class   db.t2.micro

Storage Type   Standard

Settings

Read Replica Source   mydbinstance

DB Instance Identifier*   [   ]   (e.g. mydbinstance)

Network & Security

Destination Region   Asia Pacific (Tokyo)

그림 5-9 리드 레플리카 설정

리드 레플리카의 상태 확인

리드 레플리카는 일반적으로 RDS와 마찬가지로 1개의 인스턴스로 관리되고 관리 콘솔이나 클라우드워치(CloudWatch)에서 상태를 확인할 수 있다. 이 도구로 감시할 수 있는 항목에는 복제 상태나 레플리카 로그도 포함돼 있다. 또한, 복제 상태에 에러가 발생했을 때 이벤트 알림 기능을 사용해 메일 등으로 알림을 받을 수 있다. 감시와 관련된 내용은 뒤에서 설명한다.

복제가 정지됐을 때의 대처

RDS의 리드 레플리카도 일반적인 MySQL과 마찬가지로 복제가 잘되지 않을 경우가 생길 수도 있다. 이럴 때는 다음과 같은 두 가지 해결 방법이 있다.

- 일반적인 MySQL과 마찬가지로 에러를 건너뛴다.
- 슬레이브를 개별적으로 복구한다.

전자는 「mysql.rds_skip_repl_error」라는 명령이 준비돼 있으며 API를 통해서 호출한다. 후자는 「mysqldump를 취득해서 복구한다」는 기존 방법을 RDS에서는 사용할 수 없으므로 복제가 정지된 리드 레플리카를 버리고 새로 구축하는 방법으로 해결한다.

리드 레플리카의 마스터 승격

리드 레플리카에 「Promote Read Replica」 명령을 실행해 복제 구성의 마스터로 승격시킬 수 있다. 같은 마스터를 참조하고 있던 다른 리드 레플리카는 변경되지 않으므로 새로운 마스터를 바라보도록 리드 레플리카를 변경해야 한다.

또한, 기존의 마스터도 손대지 않고 그대로 남아있다. 주의해야 할 점은 마스터의 엔드포인트는 자동으로 넘어가지 않으므로 애플리케이션에서 새로운 마스터를 참조하도록 수정해야 한다.

백업과 복원

RDS 백업과 복원 방법

백업이나 복원을 위한 운영 절차 구축이나 상태 모니터링은 DB 운영 중에서도 가장 중요한 작업 중에 하나라고 할 수 있다. RDS는 이런 작업의 많은 부분에 대응하므로 이를 활용한다면 운영이 매우 편해질 것이다.

자동 백업과 복원

RDS에서는 1일 1회 자동 백업 기능을 제공한다. 이 기능을 선택하고 백업 윈도에서 실제 백업 처리를 할 시간대를 지정하면 매일 DB 백업이 생성돼 S3에 저장된다. 백업 보존 기간은 최대 35일까지 1일 단위로 조정할 수 있다.

이 백업을 기반으로 5분 이전의 임의의 시점으로 DB를 복구할 수 있다. 시점 복구라는 이 기능은 S3에 저장된 백업 파일과 RDS가 관리하는 MySQL 바이너리 로그를 이용해서 구현되고 있다.

DB 스냅샷

DB의 스냅샷은 당연히 수동으로 만들 수 있다. 앞서 말한 자동 백업과는 별도로 관리되며 콘솔의 「Snapshots」 화면에서 확인할 수 있다(그림 5-10).

임의의 스냅샷을 선택하고 「Restore Snapshot」을 실행해 새로운 RDS 인스턴스를 스냅샷을 통해 생성할 수 있다. 이 스냅샷은 자동 백업과는 다르게 35일이라는 보존 기간이 없으므로 이를 사용해 유연하게 백업 및 복원 절차를 구현할 수 있다.

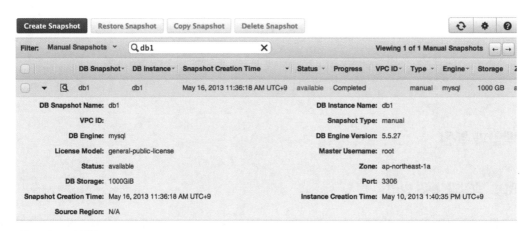

그림 5-10 DB 스냅샷

운영상 주의점

자동 백업과 수동 스냅샷 모두 공통된 주의점은 취득 작업 중에 DB 응답 속도가 늦어진다는 것이다. Multi-AZ 배포의 RDS는 보조 복제 DB 쪽에서 취득하게 돼 있지만 앞서 이야기한 것처럼 디스크 수준에서 동기화돼 있으므로 이 역시 응답 속도가 늦어지게 된다.

RDS 모니터링하기

클라우드워치로 리소스 모니터링

AWS의 각종 리소스를 모니터링하는 서비스인 클라우드워치(CloudWatch)는 RDS 리소스 모니터링도 수행한다. 표 5-2의 항목이 기본 모니터링 대상이며 1분마다 값을 취득해 그래프로 표시한다. MySQL 운영에 필요한 감시 항목을 여러 개 포함하고 있다.

또한, 표 5-2에 없는 항목도 직접 값을 취득해서 클라우드워치에 커스텀 매트릭스로 추가하면 동일하게 모니터링할 수 있다. 다만 클라우드워치의 사양으로 수집된 값은 2주일분만 유지되므로 주의하자[7].

표 5-2 클라우드워치의 RDS 감시 항목

항목명	감시 내용
CPU Utilization	CPU 사용률
DB Connections	DB에 접속된 클라이언트 커넥션 수
Freeable Space	저장 공간 용량
Freeable Memory	RAM 공간 용량
Write IOPS	1초당 디스크 쓰기 I/O 평균값. 단위는 I/O수/초
Read IOPS	1초당 디스크 읽기 I/O 평균값. 단위는 I/O수/초
Queue Depth	디스크 I/O 대기 큐
Replica Lag	복제 마스터에 대한 레플리카 지연. 리드 레플리카 인스턴스만 취득 가능
Binary Log Disk usage	바이너리 로그 저장에 사용되는 디스크 용량
Write Throughput	디스크 데이터 쓰기 평균 처리량
Read Throughput	디스크 데이터 읽기 평균 처리량
Swap Usage	인스턴스 스와프 사용량
Write Latency	I/O당 평균 쓰기 시간
Read Latency	I/O당 평균 읽기 시간

7　2주 전의 그래프가 필요한 경우 서드파티 감시 도구를 이용하자

이벤트 알림 기능 사용

RDS에는 Multi-AZ에 배포한 인스턴스에서 발생하는 페일오버나 백업 시작과 종료 이벤트를 모니터링하고 이벤트가 발생했을 때 메일이나 SMS로 알림을 주는 기능이 있다. DB 인스턴스에 발생한 다양한 이벤트를 감지해 Amazon SNS라는 알림 서비스로 감시할 수 있다. 이 기능을 이용해 RDS 인스턴스 장애나 장애로 인한 페일오버가 발생한 경우, 스토리지 공간이 부족한 경우, 백업이 일어난 경우에 메일 등으로 알림을 받을 수 있다. 감지할 수 있는 이벤트 일부를 표 5-3에 정리했다. 더 상세한 정보는 문서[8]를 참조하기 바란다.

표 5-3 감지할 수 있는 이벤트

이벤트	설명
availability	인스턴스나 MySQL의 재기동과 셧다운
backup	수동 스냅샷 시작과 종료
configuration change	RDS의 모든 설정 변경
failover	페일오버 시작이나 종료, 실패 등
failure	RDS 서비스 제공 불가 상태
lowstorage	스토리지에 이용할 수 있는 용량 부족

외부 모니터링 도구 사용하기

이렇게 클라우드워치와 이벤트 알림을 조합해 감시 작업의 많은 부분을 해결할 수 있다. 그러나 클라우드워치로 취득한 값은 2주밖에 보존할 수 없는 점과 기본적으로 취득할 수 없는 항목은 에이전트로 구현해야 하는 등 이것만으로는 모든 요구사항을 충족할 수 없을 것이다.

또한, 기존에 다른 감시 도구를 운영하고 있고 계속해서 이용하고 싶은 경우도 많을 것이다. 물론 EC2 위에 해당 도구를 설치하고 이용하거나 AWS 외부에서부터 감시하는 것도 가능하다.

한편 클라우드워치나 RDS 이벤트 알림은 AWS의 각 기능이나 서비스와 통합돼 있어서 사용하기 편리하므로 이러한 장점을 살리면서 자신의 방식에 맞추는 운영 방식을 만드는 것이 효율적인 운영의 지름길이라고 생각한다.

---

8 http://docs.aws.amazon.com/AmazonRDS/latest/UserGuide/USER_Events.html#USER_Events.ListSubscription

06

클라우드포메이션을 이용한 구축 자동화

템플릿 작성부터 미들웨어 구축 설정까지

아마존데이터서비스제팬㈜, 야스가와 켄타

시스템 구성 자동화의 이점

지금까지 AWS에 전형적인 웹 시스템을 구축하는 방법을 설명했다.

이번 장에서는 지금까지 수동으로 했던 시스템 구축을 자동화하는 방법을 설명한다. 이번 장의 앞부분에서는 3장에서 소개한 AWS에서 구축 자동화를 위한 웹 서비스인 클라우드포메이션을 이용해 지금까지 만든 구성을 템플릿화하고 같은 구성을 재설치하는 방법을 소개한다. 이번 장의 뒷부분에서는 미들웨어 구축을 자동화하는 방법을 포함한 시스템 전체를 자동 구축하는 예를 설명한다.

인프라 구축 자동화

클라우드포메이션 템플릿 만들기

클라우드포메이션은 구축 자동화를 위한 웹 서비스다. AWS 리소스 및 애플리케이션을 실행하는 데 필요한 모든 의존 관계나 실행 시의 매개변수를 기술하고 있는 템플릿을 작성해 놓으면 작성한 내용대로 자동으로 구축할 수 있다. 구축된 리소스 그룹은 스택이라고 하며 개별로 리소스를 작성하거나 삭제하지 않고 스택 단위로 생성하거나 삭제, 변경을 관리할 수 있다. 클라우드포메이션에 대해서는 3장을 참조하자.

클라우드포메이션 템플릿은 구축하려는 서버에 맞춰서 작성할 수도 있지만, 가동 중이던 시스템이 있다면 시스템의 구성을 분석해서 클라우드포메이션 템플릿을 추출해주는 클라우드포머(CloudFormer)라는 도구를 사용할 수 있다. 이번 단락에서는 클라우드포머를 이용해 4장과 5장에서 구축한 시스템의 템플릿을 만들어 본다.

클라우드포머 기동과 템플릿 추출

클라우드포메이션과 클라우드포머를 사용하려면 AWS 관리 콘솔에서 클라우드포메이션 페이지[1]를 열자[2].

▣ 클라우드포머의 기동

클라우드포머는 웹 UI로 되어 있어 브라우저로 접속해서 이용하는 도구로 EC2 인스턴스에서 동작한다. 클라우드포머를 기동하기 위한 클라우드포메이션 템플릿이 준비돼 있으므로 이를 이용해서 클라우드포머 스택을 기동하자. 다음 순서로 실행할 수 있다.

❶ 클라우드포메이션 관리 콘솔에서 왼쪽 위에 있는 「Create Stack」을 클릭한다.

❷ 클라우드포머 스택에 이름을 지정한다(여기서는 webdbpress-cloudformer로 한다).

❸ 「Use a sample template」을 선택하고 풀다운 메뉴에서 「CloudFormer」를 선택한 뒤 「Continue」를 클릭한다.

❹ 접근 제어를 위해서 접근 대상 IP 주소를 지정하고 「I acknowledge that this template may create IAM resources」에 체크한 후 「Continue」를 클릭한다.

❺ 필요한 태그 정보를 입력하고(임의로, 여기서는 비워둔다) 「Continue」를 클릭한다.

❻ 설정 내용을 검토하고 「Continue」를 클릭한다.

스택의 상태가 「CREATE_COMPLETE」로 바뀌면 클라우드포머를 사용할 수 있다. 이 상태로 바뀌면 스택을 선택하고 화면 아래쪽에 있는 「Outputs」 탭을 참조하자. 클라우드포머가 설치된 EC2 인스턴스의 DNS 명이 표시돼 있다. 브라우저로 열면 클라우드포머의 웹 UI에 접속할 수 있다. 그러면 기존 구성에 대해 템플릿을 만들어보자.

---

[1] https://console.aws.amazon.com/cloudformation/

[2] 이용 대상 지역이 선택돼 있는지 확인하자. 이 장에서는 도쿄 지역을 전제로 한다.

❶ webdbpress-cloudformer 스택의 Outputs 탭에 표시된 EC2 인스턴스의 DNS 명을 클릭한다.

❷ 대상 시스템이 존재하는 지역(여기서는 도쿄 지역)을 선택하고 「Create Template」을 클릭한다.

❸ 분석 종료 후에 표시되는 마법사에 따라서 템플릿에 포함돼야 하는 리소스를 선택한다.

❹ 완성된 템플릿을 확인하고 「Save Template」을 클릭해서 S3 버킷에 저장한다.

❸에서는 시스템 구성 요소를 빠짐없이 포함하는 것이 중요하다. VPC와 VPC Subnet, Security Group, ELB 등도 잊지 말고 포함하자[3].

❸에서 완성된 템플릿은 S3 버킷에 저장된다. JSON 텍스트 파일이므로 내려받아서 텍스트 편집기로 수정할 수 있으며 URL을 클라우드포메이션에 보내면 언제든지 템플릿을 이용해서 신규 스택을 기동할 수 있다.

▣ 스택의 기동

기동하려면 「Launch Stack」을 클릭한다. Launch Stack을 클릭하면 클라우드포메이션 스택 기동 마법사가 시작되고 생성된 템플릿 URL이 지정된 상태로 돼 있을 것이다. 그대로 마법사를 진행하면 생성된 템플릿과 같은 구성의 시스템이 스택으로 기동된다.

기동에 실패했을 때에는 스택을 선택하고 관리 콘솔 아래쪽에 있는 「Events」 탭에서 실패한 부분과 이유를 확인할 수 있으므로 템플릿을 내려받아 잘못된 부분을 수정한 후에 다시 시도해 보자[4].

템플릿의 세부 조정

▣ 템플릿 사용 시 문제점

클라우드포머에서 작성한 템플릿으로 기존 시스템과 동일한 구성의 스택을 시작할 수 있지만, 대부분은 시스템이 작동하지 않는다. 이는 클라우드포메이션에서 시작된 스택에 리소스가 새롭게 프로비저닝되기 때문에 고유의 이름과 값, 엔드포인트를 갖기 때문이다.

예를 들어 스택에서 시작하는 RDS 인스턴스는 다른 리소스와 이름이 충돌하지 않게 난수를 포함한 이름이 부여된다. 기존 시스템에서는 웹 서버 인스턴스에 기존의 RDS 엔드포인트가 설정돼 있다. 따라

---

3 여기서 작성하는 것은 어디까지나 템플릿으로 사용하는 JSON 문서다. 만약 불필요한 리소스가 포함됐다고 해도 마법사를 다시 시작해서 수정하거나 나중에 파일 편집은 언제든지 할 수 있다.

4 매번 S3에 업로드하지 않아도 클라우드포메이션 스택 시작 마법사에서 로컬 파일을 지정할 수 있다.

서 올바르게 설정을 변경하지 않으면 웹 서버는 DB에 접속되지 않고 시스템이 동작하지 않는다. 하지만 기동할 때마다 설정을 수작업으로 변경해야 한다면 템플릿을 사용하는 이점도 반감돼 버린다.

▣ 참조 기능

이런 문제를 해결하기 위해 클라우드포메이션에서는 템플릿에 정의된 리소스를 템플릿에서 참조하는 기능을 제공하고 있다. Ref라는 연산자를 사용해 참조 대상 리소스명을 지정한 JSON 객체를 정의하면 같은 JSON 객체는 참조 대상의 리소스 값으로 대체된다.

```
{ "Ref": "Resource name"}
```

RDS를 예를 들어 이 기능의 사용 방법을 살펴보자. 클라우드포머에서 템플릿을 만들 때 RDS를 스택 일부로 선택하면 Resources라는 섹션에 이 RDS를 리소스로 기록한 JSON 객체가 있을 것이다. 이 객체 키가 되는 문자열이 템플릿 RDS 리소스명이다. 즉, 다음과 같이 RDS 리소스가 정의돼 있다고 하자.

```
생략
"Resources": {
  "rds": {
  },
  생략
}
```

JSON 객체는 템플릿으로 스택을 시작할 때, 작성된 RDS 인스턴스 엔드포인트명을 대체한다.

```
{
  "Ref": "rds"
}
```

이 방법으로 시작할 때 실행되는 스크립트가 클라우드포메이션에서 작성된 RDS에 인스턴스의 엔드포인트명을 참조하고 접속 대상 DB로 설정되는 로직을 수행하면 앞서 말한 것처럼 수동으로 설정을 변경할 필요 없이 템플릿을 작성할 수 있다.

또한, 리소스명 외에도 나중에 이야기할 매개변수나 미리 정의된 예약어도 마찬가지로 Ref 연산자를 사용해서 참조할 수 있다. 예를 들어 예약어의 하나인 「AWS::Region」을 Ref 연산자로 다음과 같이 참조하면 템플릿 스택이 시작된 지역명을 취득할 수 있다.

```
{
  "Ref": "AWS::Region"
}
```

템플릿의 다양성 및 편리성 향상

지금까지 시작할 때 동작하는 템플릿을 만들었다. 하지만 현재 템플릿에서는 꼭 써야 하는 인스턴스 유형이나 서버 개수 등 시스템 성능을 결정하는 요소가 하드 코딩돼 있어서 항상 같은 규모의 시스템에서밖에 사용할 수 없다.

사실 같은 구성의 시스템이 있다고 해도 용도(예를 들면 개발 검증 환경 등)에 따라 필요한 시스템의 성능(인스턴스 유형이나 인스턴스 수)이 다르거나 키 페어 이름이나 사용해야 할 스냅샷, AMI의 ID가 배포 대상 지역에 따라 다를 수도 있다.

클라우드포메이션에서는 템플릿 중에서도 시작하는 스택별로 설정해야 할 변수에 대해서는 Parameters라는 섹션에서 정의할 수 있어서 스택 기동 시에 입력해 템플릿에서 참조할 수 있다. 다음 예는 웹 서버 인스턴스 유형 및 오토 스케일링 그룹의 최소·최대 인스턴스 수, 로그인 시 페어 키명을 입력할 수 있다.

```
"Parameters": {
  "KeyName": {
    "Description": "Name of an existing EC2 KeyPair to enable SSH access to the instances",
    "Type": "String"
  },
  "InstanceType": {
    "Description": "WebServer EC2 instance type",
    "Type": "String",
    "Default": "t2.micro",
    "AllowedValues": [
      "t2.micro",
      "t2.small",
      "t2.medium",
      "c3.large",
      "c3.xlarge",
      "c3.2xlarge",
      "c3.4xlarge",
```

```
      "c3.8xlarge"
    ],
    "ConstraintDescription": "must be a valid EC2 instance type."
  },
  "MinNumberOfInstances": {
    "Description": "Minimum size of Web Server Auto Scaling Group",
    "Type": "Number",
    "Default": "1"
  },
  "MaxNumberOfInstances": {
    "Description": "Maximum size of Web Server Auto Scaling Group",
    "Type": "Number",
    "Default": "4"
  }
}
```

각 매개변수는 리소스명과 마찬가지로 Ref 연산자로 참조할 수 있어서 각 리소스 정의를 참조하므로 요건과 환경에 맞게 설정을 조정할 수 있는 템플릿을 만들 수 있다. 이 밖에도 Mappings, Output 등의 섹션도 준비돼 있으므로 간단하게 소개한다.

▣ Mappings 섹션

Mappings 섹션에서는 템플릿에서 참조할 수 있는 Map 구조를 정의할 수 있다. 다음 예에서 지역명과 각 지역에서 사용해야 하는 AMI의 대응 관계를 나타내는 Map 구조를 정의한다.

```
"AWSRegionArch2AMI": {
  "ap-northeast-1": {
    "AMI": "ami-29dc9228"
  },
  "sa-east-1": {
  "AMI": "ami-c9e649d4"
  },
  "us-east-1": {
  "AMI": "ami-76817c1e"
  },
}
```

위와 같은 Map 구조를 정의한 뒤 Map 구조의 값을 참조하는 연산자인 「Fn::FindInMap」과 예약어로 정의된 「AWS::Region」을 다음과 같이 이용하면 다른 지역의 스택을 시작할 때마다 편집하거나 매개 변수를 입력해야 할 필요가 없는 템플릿을 만들 수 있다.

```
"Fn::FindInMap": [
  "AWSRegion2AMI",
  {
    "Ref": "AWS::Region"
  },
  "AMI"
]
```

▣ Outputs 섹션

Outputs 섹션에서는 스택을 시작한 후에 출력돼야 할 매개변수를 정의하고 스택 리소스명을 외부에서 참조해야 할 경우 필요한 정보를 정리해서 출력할 수 있다.

예를 들어 이번에 작성한 템플릿에서 스택의 ELB 엔드포인트를 출력해 스택을 기동한 후에 그 정보를 참조하는 것만으로 웹 사이트에 접근할 수 있다. 또한, 클라우드포머를 시작할 때에 Outputs 탭에 엔드포인트를 확인하는 것도 이 기능을 이용해 사용할 수 있다.

다음 예는 ELB 리소스에서 DNSName이라는 속성값을 「Fn::GetAtt」 연산자로 취득하고 「Fn::Join」 연산자로 앞뒤의 문자열을 연결해 HTTP URL을 출력한다. 이것으로 스택을 시작한 후에 클릭하는 것만으로 웹 사이트에 접속할 수 있다.

```
"Outputs": {
  "WebsiteURL": {
    "Value": {
      "Fn::Join": [
        "",
        [
          "http://",
          {
            "Fn::GetAtt": [
              "ElasticLoadBalancer",
              "DNSName"
            ]
```

```
            },
          "/wordpress/"
        ]
      ]
    },
    "Description": "WordPress Website"
    }
  }
}
생략
```

또한, 클라우드포메이션에서는 템플릿을 중첩해 템플릿에서 다른 템플릿을 시작할 수 있다. 이때 Outputs 섹션은 템플릿에서 시작된 리소스 정보를 다른 템플릿의 입력 매개변수로 사용할 수 있고 복잡한 시스템도 몇 개의 템플릿을 조합해서 작성할 수 있다.

미들웨어 구축 설정 자동화와의 조합

미들웨어 구축 설정 자동화

이로써 범용성이 높은 템플릿이 완성됐다. 그러나 미들웨어 설치나 환경 설정은 수작업으로 하고 있고 이미 설정된 AMI에서 시작해 구축 단계를 생략하고 있다. 이 방법만으로도 시스템은 충분히 가동할 수 있지만 AMI 유지보수나 환경 구성을 위한 지침서 작성 등 번거로운 부분이 많다.

이번 절에서는 이러한 부분을 자동화하고 스택 기동부터 미들웨어 구축 설정까지 일련의 단계를 자동화하는 방법을 관리 구성 도구인 셰프를 예로 들어 설명한다.

셰프

셰프(Chef)는 시스템 구성 요소의 설치 절차를 기록한 레시피로 이를 정리한 쿡북을 참조해 해당 구성 요소를 설치하거나 설정을 자동으로 수행한다.

쿡북 및 레시피는 루비를 기반으로 한 DSL로 작성하며 시스템 구축 지침으로 이해하기 쉬운 내용으로 돼 있다. 셰프는 원래 서버/클라이언트 모델에서 동작하는 구조이지만, 단순하게 로컬에서 쿡북을 실행하기 위한 셰프 솔로(Chef Solo)라는 도구도 제공하고 있어서 단일 노드의 환경 구축이라면 독립적으로 실행할 수 있다.

템플릿 만들기

EC2 인스턴스를 시작할 때 User Data 값으로 스크립트를 보내서 Cloud-init을 통해 기동할 때 그 스크립트를 실행할 수 있다는 것은 4장에서 언급했다.

클라우드포메이션 템플릿에서도 EC2 인스턴스를 시작할 때 인자로 User Data를 보낼 수 있다. 즉, 셰프 솔로를 호출해 실행하는 스크립트를 User Data로 넘겨 Cloud-init에서 실행하면 스택 기동부터 미들웨어 구축 설정까지의 일련의 흐름을 자동화하는 템플릿을 만들 수 있다.

여기서는 셰프 쿡북 작성 과정은 생략하고[5] Opscode[6]의 리포지토리에 공개된 커뮤니티에서 제공되는 워드프레스 쿡북[7]을 약간 수정한 것과 이와 관련된 다른 쿡북을 정리한 아카이브를 사용한다.

스크립트의 작성

우선 Cloud-init에서 실행해야 할 스크립트를 준비한다. 다음 스크립트에서 셰프 실행 환경을 설치하고 워드프레스와 관련된 쿡북을 포함한 아카이브를 내려받아 압축을 해제한 뒤 워드프레스 쿡북의 default라는 레시피를 실행한다.

```bash
#!/bin/bash

# Install chef-solo
curl -L https://www.opscode.com/chef/install.sh | bash

# Fetch WordPress cookbook
chef-solo -r http://web-db-press.s3.amazonaws.com/WebDBPress/downloads/chef-wordpress.tgz

# Cook WordPress
chef-solo -o wordpress::default
```

이 스크립트 자체는 단독으로 실행할 수 있다. EC2 인스턴스나 다른 샌드박스 환경이라면 실행될 것이다. 다만 이것만으로는 아무것도 없는 환경에서 셰프 솔로를 설치한 후 워드프레스 설치부터 설정까지 구현할 수 없다.

---

5   자세한 내용은 1장 「셰프와 베이그런트로 인프라의 코드화」를 참조하기 바란다.

6   http://www.opscode.com/

7   https://github.com/opscode-cookbooks/wordpress

위 스크립트를 그대로 사용하면 설정 파일은 쿡북에 정의된 기본값으로 설정돼 있으므로 환경에 맞게
설정해야 한다. 방법은 덮어 써야 할 매개변수를 JSON 형식으로 작성된 파일로 만들고 셰프 솔로를 실
행할 때 인수로 넘기면 된다. 예를 들어 다음은 DB 엔드포인트를 덮어쓰는 예다.

```
{
  wordpress: {
    db: {
      host: "<DB엔드포인트>"
    }
  }
}
```

이러한 JSON 파일을 인스턴스에 생성하고 셰프 솔로를 실행할 때 -j 옵션을 지정하면 설정이 커스터
마이즈되면서 쿡북을 실행할 수 있다. 그러면 클라우드포메이션에서 시작한 인스턴스에 위와 같은 파
일을 생성하려면 어떻게 해야 할까?

클라우드포메이션 Init

물론 User Data로 넘기는 스크립트에 파일로 내보내는 명령을 넣는 것도 가능하지만 유지 보수하기에
그다지 좋지 않다. 이런 경우 클라우드포메이션 Init이라는 기능을 사용한다. 이 기능을 사용하면 클라
우드포메이션에서 인스턴스를 시작할 때 인스턴스에 설치해야 하는 파일이나 필요한 소프트웨어 설치
를 수행할 수 있다.

클라우드포메이션 Init을 사용하려면 EC2 인스턴스 리소스 정의 중에 「AWS::CloudFormation::
Init」라는 메타 데이터를 설정한다. 다음은 /var/chef/node.json을 만드는 설정의 예다.

```
"WordPressInstance": {
  "Type": "AWS::EC2::Instance",
  "Metadata": {
    "AWS::CloudFormation::Init": {
      "files": {
        "/var/chef/node.json": {
          "content": {
            "Fn::Join": [
              "",
              [
```

```
              "{",
              "\"wordpress\": {",
              " \"db\": {",
              "  \"host\": \"",
              {
                "Ref": "rds"
              },
              "\"",
              " }",
              "}"
            ]
          ]
        },
        "mode": "000644",
        "owner": "root",
        "group": "root"
      }
    }
  }
},
```

files 섹션에서 JSON 객체 키로 파일명을 지정하고 Fn::Join 연산자를 사용해 파일 내용을 작성해 파일 소유자나 모드를 각 키로 설정한다. 이 설정을 템플릿으로 준비한 다음 작성된 인스턴스에 cfn-init 명령을 실행하면 지정된 내용으로 파일이 생성된다[8].

```
$ /opt/aws/bin/cfn-init -s <Stack ID> -r <Resource Name> --region <AWS region>
```

위 명령과 chef-solo를 실행하는 스크립트를 포함해 User Data에 정의한 예는 다음과 같다.

```
"UserData": {
  "Fn::Base64": {
    "Fn::Join": [
      "",
      [
        "#!/bin/bash\n",
```

8　아마존 리눅스에서는 기본적으로 포함돼 있다.

```
        "/opt/aws/bin/cfn-init -s ",
        {
          "Ref": "AWS::StackId"
        },
        " -r LaunchConfig ",
        " --region ",
        {
          "Ref": "AWS::Region"
        },
        "\n",
        "# Install chef-solo\n",
        "curl -L https://www.opscode.com/chef/install.sh | bash \n",
        "# Fetch WordPress cookbook\n",
         "chef-solo -r http://web-db-press.s3.amazonaws.com/WebDBPress/downloads/chef-wordpress.
  tgz \n",
        "# Run chef-solo\n",
        "chef-solo -o wordpress::default -j /var/chef/node.json \n"
       ]
     ]
   }
```

이상으로 필요한 AWS 리소스를 프로비저닝하고, 시작할 때 아무것도 설치되지 않은 상태의 AMI에도 워드프레스를 설치하고, DB 접속 환경 설정도 설정하고, 워드프레스를 시작하는 클라우드포메이션 템 플릿을 만들 수 있었다.

셰프로 구성 자동화를 사용하는 경우 AMI를 직접 유지 관리하지 않거나 커스터마이즈 되지 않은 공식 AMI를 사용해도 전체 환경 설정이 완료된다. 수시로 갱신되는 공식 AMI를 사용하면서 차이가 나는 부분을 셰프로 프로비저닝하는 방식의 운용도 할 수 있다.

또한, 앞에서 소개한 Mappings를 잘 활용하면 어떤 지역에서도 기동할 수 있는 템플릿을 생성할 수 있다[9]. 꼭 이러한 기능을 활용해 편리성이 높은 클라우드포메이션 템플릿을 만들자.

9　이 장의 작업 순서를 적용해 만든 템플릿을 http://gihyo.jp/book/2014/978-4-7741-6768-8/support에 공개하고 있다.

요약

이 장에서는 AWS의 시스템 구축을 자동화하는 웹 서비스인 AWS 클라우드포메이션을 사용해 기존 시스템을 템플릿화 하여 언제든지 재구축할 수 있는 방법을 설명했다.

또한, 미들웨어 구축 설정 자동화에 대해서도 다뤘다. AWS에서의 이러한 작업 순서를 조합해 시스템 전체 환경 구축 순서를 프로그램 언어나 DSL을 이용해 기록할 수 있고 인적 실수를 방지하고 작업 시간을 단축할 수 있어 AWS의 장점을 효율화할 수 있다. 이 책이 향후 시스템 개발을 효율화하는 데 도움이 됐으면 한다.

테스트
주도 인프라와 CI

Infrastructure as Code가 가져온 워크플로우 바로잡기

3부의 주제는 「테스트 주도 인프라」와 「인프라 CI」다. 퍼펫(Puppet)이나 셰프 같
은 구성 관리 도구가 보급되면서 인프라를 코드화하는 「Infrastructure as Code」
가 퍼져나갔다. 인프라를 코드로 작성할 수 있게 되면 테스트 주도 개발과 지속적
인 통합(CI) 등의 개발 기술을 인프라에 적용할 수 있게 된다. 그래서 3부에서는
테스트 주도 인프라와 인프라 CI를 실제 운영 환경에서 사용하기 위한 구체적인
방법을 설명한다. 테스트 주도 인프라에는 퍼펫, 서버스펙(Serverspec), 베이그런
트, 버추얼박스를 이용하고 인프라 CI에는 깃헙, 워커, 디지털오션을 사용한다.

07

인프라 테스트와
그 중요성

「인프라의 코드화」를 이용한 개발 기술 응용

미야시타 코스케

3부를 시작하며

서버의 구축이나 운영의 효율을 높이기 위한 수단으로 퍼펫[1]과 셰프[2]와 같이 서버 설정을 자동으로 수행해 주는 관리 도구의 중요성이 높아지고 있다. 그 배경에는 대규모의 시스템, 시스템의 복잡화, 아마존 EC2를 비롯한 서버 구성이나 철거를 몇 번이라도 쉽게 할 수 있는 환경이 보급됐다. 구성 관리 도구로는 1993년 등장한 CFengine[3]이 원조이기는 하지만 2세대 퍼펫이 등장한 2005년경부터 「Infrastructure as Code」(인프라를 코드화한다)라는 말이 나오기 시작했다. 또한, 3세대 셰프의 등장으로 인프라를 코드화하는 물결은 더욱 거세지고 있다.

3부에서는 인프라의 코드화에 의해서 서버 구축/운영 흐름의 변화에서 주요 요소인 테스트 주도 인프라와 CI(Continuous Integration, 지속적인 통합)에 대해 실무 수준에서 구현하기 위한 구체적인 방법을 설명한다.

또한, 3부에서 「인프라」는 「개발 응용프로그램을 올리기 위한 인프라」이며 OS에서 미들웨어 등 소프트웨어 계층을 가리키는 말로써 사용한다. 이견이 있는 사람도 있을 거로 생각하지만 이런 의미의 방법도 사용되고 있으므로 이해하기 바란다.

---

1   http://puppetlabs.com/

2   http://www.getchef.com/

3   http://cfengine.com/

Infrastructure as Code – 인프라의 코드화

Infrastructure as Code란

앞서 언급한 바와 같이 Infrastructure as Code란 「인프라를 코드화한다.」 또는 「인프라를 코드로 기록한다.」는 의미다.

「인프라를 코드로 기록한다.」의 구체적인 예로 퍼펫과 셰프의 코드를 소개한다. 「엔진엑스를 설치해 시작하고 OS를 부팅할 때 자동으로 시작되게 설정한다.」는 내용을 각각 코드로 작성하면 다음과 같다.

퍼펫에서는 다음과 같이 코드로 작성한다.

```
package { 'nginx':
  ensure => installed,
}

service { 'nginx':
  ensure => running,
  enable => true,
}
```

셰프에서는 다음과 같이 코드로 작성한다.

```
package 'nginx' do
  action :install
end

service 'nginx' do
  action [ :enable, :start ]
end
```

퍼펫과 셰프에 대한 상세한 설명은 여기서는 하지 않겠다[4].

---

[4] 자세한 내용은 「Chef 실전 입문 : 코드에 의한 인프라 구성 자동화」(요시바 류타로, 안도 유스케, 이토 나오야, 스가이 유타, 나미카와 유우키 지음, 기술평론사, 2014년), 「입문 Puppet : Automate Your Infrastructure」(쿠리바야시 켄타로 지음, 2013년)이나 「입문 Chef Solo : Infrastructure as Code」(이토 나오야 지음, 2013년), 「Chef 활용 가이드 : 코드로 시작하는 구성관리」(사와노보리 유키히코, 히구치 다이스케 지음, 크리에이션라인 주식회사 감수, 아스키·미디어웍스, 2014년)을 참조하자

퍼펫과 셰프 모두「어떻게 할 것인가가 아닌, 무엇을 하고 싶은지 기술한」「선언적」형식의 코드로 기록
돼 있다. 예를 들면 패키지를 설치하는 경우 레드햇 계열 리눅스라면 yum install, 데비안 GNU/리눅
스 계열이라면 apt-get install 명령을 실행한다. 한편 퍼펫에서는「설치돼 있다.」는 상태, 셰프에서는
「설치한다.」라는 액션만 선언돼 있을 뿐 구체적으로 어떻게 설치해야 하는지는 명시하지 않는다. 어떻
게 설치해야 할지는 퍼펫이나 셰프의 내부에 숨겨져 있다. 선언적 구문을 사용함으로써 무엇을 하고 싶
은지만 생각하면 나머지 프로세스는 도구가 해결해 준다.

물론 선언적이 아닌 코드, 예를 들면 셸 스크립트에도 비슷하게 구현할 수 있지만, 셸 스크립트에 인프
라를 기록하는 것은「Infrastructure as Code」라고 하지 않는다. 그러므로「Infrastructure as Code」
란 단순히 인프라를 코드화해서 기록하는 것이 아니고「선언적 코드로 인프라를 기록한다.」라는 의미가
함축돼 있다고 말할 수 있다.

인프라를 코드로 작성하는 것의 중요성

셰프를 개발한 아담 제이콥은 『웹 오퍼레이션』[5]에서 Infrastructure as Code를「소스 코드 저장소 · 응
용프로그램 데이터의 백업 · 서버 리소스로부터 비즈니스를 복구할 수 있도록 하는 것」이라고 말했다.
즉 서버만 준비돼 있으면 응용프로그램 데이터 이외의 부분을 소스 코드 저장소에서 가져와 쉽게 다시
구축할 수 있다는 것이다. 그 외에도 인프라를 선언적 코드로 기록하면 다음과 같은 이점이 있다.

▣ 시스템의「가독성」이 높아진다.

선언적인 코드로 인프라를 기록하므로 상세한 부분은 구성 관리 도구가 처리해 주기 때문에 시스템이
어떤 요소로 구성돼 있는지 쉽게 파악할 수 있다.

▣ 시스템 버전 관리를 할 수 있다.

코드는 단순한 텍스트이므로 깃 등으로 버전 관리를 할 수 있다. 버전 관리가 가능하다는 것은 누가, 언
제, 어떤 목적으로 시스템을 변경했는지 추적하기가 쉬워지고 특히 문제가 발생했을 때 원인 규명에 도
움이 된다.

---

5 『웹 오퍼레이션 : 사이트 운영 관리의 실무 테크닉』(존 올스파우, 제시 로빈스 지음, 카토 마사노리 역, 오라일리 · 제팬, 2011년, p.62)

또한, 수정본을 복원해 코드를 적용할 수 있으므로 시스템에 추가된 변경 사항을 원래대로 되돌리기 쉬워진다(단, 구성 관리 도구의 특성상 완전하지는 않다).

▣ 응용프로그램 개발 방법론을 인프라에도 적용할 수 있다.

코드이므로 응용프로그램 개발과 같은 방법론을 인프라에도 적용할 수 있다. 앞서 설명한 버전 관리도 그렇고 응용프로그램을 배포하듯이 인프라를 배포할 수도 있다.

게다가 테스트 주도 개발과 CI의 기법을 인프라에 적용할 수 있다. 또한, 깃헙 플로우[6]에 따른 워크플로우로 인프라 코드 개발을 진행할 수 있다. 이런 내용에 관해서 3부에서 자세하게 설명한다.

테스트 주도 인프라

Infrastructure as Code에서 테스트 주도 인프라로

인프라를 코드로 기록할 수 있게 된 계기는 응용프로그램 개발의 테스트 주도 개발과 마찬가지로 테스트를 기록하고 인프라 코드에 대해서 테스트를 수행하며 개발을 진행하자는 발상에서 자연스럽게 이뤄졌다.

테스트 주도 인프라 현황

ThoughtWorks[7]가 기술 동향에 대해서 분석한 보고서인 「Technology Radar」[8] 2014년 7월판[9]에서 테스트 주도 인프라는 「Provisioning testing」이라는 이름으로 「TRIAL」(위험 관리가 가능하다면 도전해 볼 가치가 있는 기술)에 자리매김하고 있다. 또한, 최근 수년 동안 테스트 주도 인프라를 구현하기 위한 도구가 쏟아져 나와 테스트 주도 인프라를 실현할 수 있는 환경이 갖춰졌다. 이러한 도구에 대해서 간단하게 살펴보자.

6　https://gist.github.com/Gab-km/3705015

7　http://www.thoughtworks.com/

8　http://www.thoughtworks.com/radar/

9　http://assets.thoughtworks.com/assets/technology-radarjuly-2014-en.pdf

▣ 단위 테스트

테스트 주도 인프라에서 「단위 테스트」는 퍼펫 매니페스트[10]나 셰프 레시피를 서버에 실제로 적용하지 않고 모듈과 쿡북 단위로 수행하는 테스트를 말한다. 단위 테스트를 수행하기 위한 도구로는 ChefSpec[11]과 rspec-puppet[12]이 있다. 이 도구는 2011년 7월경부터 등장하기 시작했다.

▣ 통합 테스트

테스트 주도 인프라에서 「통합 테스트」는 퍼펫 매니페스트나 셰프 레시피를 서버에 적용하고 그 결과를 검증하기 위해 수행하는 테스트를 말한다. 통합 테스트를 수행하기 위한 테스트 도구로는 Beaker[13], minitest-chef-handler[14], Test Kitchen[15] 등이 있고 2011년 중반부터 2013년 초까지 등장했다.

▣ 더 간단한 테스트 도구를 목표로

통합 테스트 도구 중에 Beaker는 퍼펫에, minitest-chef-handler와 Test-Kitchen은 셰프에 의존하는 도구다. 또한, Beaker와 Test-Kitchen은 단순히 서버에 대해 테스트를 수행하는 것뿐 아니라 테스트 대상이 되는 VM(Virtual Machine, 가상 머신)을 제어하거나 VM에 퍼펫 매니페스트나 셰프 레시피를 적용하는 기능도 갖추고 있다.

그렇지만 필자는 퍼펫이나 셰프와 같은 구성 관리 도구에 의존하지 않고, 테스트용 VM을 제어하는 등의 불필요한 기능이 없이 단지 테스트만 수행하는 단순한 도구가 필요했기 때문에 2013년 3월에 서버스펙(Serverspec)[16]이라는 통합 테스트용 도구를 개발했다[17]. 서버스펙은 단순하지만 자유로운 도구[18](자유롭게 조합할 수 있다.)이므로 Test Kitchen에서 사용하기 위한 플러그인의 하나인 busser-serverspec[19] 같은 것도 있다.

---

10 매니페스트는 퍼펫의 선언과 설정에 관한 파일을 말한다.

11 http://sethvargo.github.io/chefspec/

12 http://rspec-puppet.com/

13 https://github.com/puppetlabs/beaker

14 https://github.com/calavera/minitest-chef-handler

15 http://kitchen.ci/

16 http://serverspec.org/

17 서버스펙을 이용한 테스트 주도 인프라에 대해서는 2장 「서버스펙으로 테스트 주도 인프라 구성」에도 자세하게 설명돼 있으므로 참조하자.

18 https://github.com/test-kitchen/busser-serverspec

19 https://github.com/puppetlabs/beaker-rspec

서버스펙은 『Test-Driven Infrastructure with Chef, 2nd Edition』[20]에서도 다루고 있고 「Black Duck Open Source Rookies of the Year 2013」[21]에 선정되는 등 해외에서도 높이 평가되고 있다.

▣ 테스트 주도 인프라의 인지도

앞서 이야기한 것처럼 테스트 주도 인프라를 위한 도구는 2011년 중반부터 존재했었고 일본에도 이 단어나 같은 개념을 지칭하는 말을 쓰는 사람은 있었다. 단지 테스트 주도 인프라라는 말의 인지도가 일본에 퍼지기 시작한 것이 2013년 3월 서버스펙의 등장 이후로 비교적 최근의 일이라고 생각한다.

테스트 주도 인프라의 장점

테스트 주도 인프라를 구현하면 무엇이 좋을까? 여기서는 대표적인 예로 「직접 확인의 자동화」와 「인프라 코드의 리팩터링」에 대해서 설명한다.

▣ 직접 확인을 자동화하기

퍼펫이나 셰프를 사용하면서도 매니페스트나 레시피 적용 결과를 직접 확인하는 사람도 적지 않을 것이다. 서버스펙 같은 도구로 테스트를 작성해 직접 확인하던 작업을 자동화할 수 있다.

자동화를 통해서 인프라 코드를 작성하고 적용하면 확인하는 주기가 빠르고 안정적으로 돌아가게 되며 인프라 코드 개발에 흐름이 생겨 개발 효율이 향상된다.

▣ 인프라 코드를 리팩터링

인프라 코드도 응용프로그램을 개발하는 코드와 마찬가지로 리팩터링이 필요하다. 예를 들면 오랜 기간 사용하면서 쌓이는 코드, 모범 사례 변경에 대한 추적, 구성 관리 도구의 버전 업에 따른 기능 변화의 추적 등 다양한 이유로 리팩터링이 필요하다.

응용프로그램 개발의 리팩터링은 테스트가 필요하므로 인프라 코드 리팩터링에도 테스트가 필요하다. 일반적인 시스템에는 다양한 역할을 가진 서버가 존재한다. 이런 시스템에는 퍼펫 매니페스트나 셰프

---

20 Test-Driven Infrastructure with Chef, 2nd Edition: Bring Behavior-Driven Development to Infrastructure as Code, Stephen Nelson-Smith, O'Reilly Media, 2013(국내서로는 나와있지 않음).

21 http://www.blackducksoftware.com/open-source-rookies

레시피에 대한 수정 때문에 생각하지 못한 곳에서 영향이 발생하는 경우가 있다. 직접 테스트하는 것은 매우 힘들고 실수하기 쉽다. 테스트를 생성해 자동화함으로써 인프라 코드를 안심하고 리팩터링 할 수 있다.

필자도 원래는 퍼펫 매니페스트의 리팩터링을 목적으로 서버스펙을 개발했다.

인프라 CI

테스트 주도 인프라에서 인프라 CI로

인프라가 코드화되고 테스트도 자동화된다면 응용프로그램 개발과 마찬가지로 CI를 하자라는 생각이 드는 것은 당연하다. 서버스펙은 퍼펫 매니페스트의 리팩터링을 목적으로 개발됐다고 설명했지만, 최종 목표는 지속해서 매니페스트를 리팩터링하고 자동으로 테스트를 수행하는 인프라 CI를 실시하는 것이다.

인프라 CI의 현황

2013년 3월 서버스펙의 등장으로 테스트 주도 인프라 개념의 인지도가 높아졌고 테스트를 생성했으니 CI를 실시하자는 것이 자연스러운 흐름이었다. 또한, 응용프로그램 개발에서 CI를 수행하는 것이 당연했던 점과 베이그런트(Vagrant)[22]나 도커(Docker)[23] 등의 VM을 쉽게 생성하고 삭제할 수 있는 도구의 보급이 인프라 CI를 당연시하게 하는 요인이 됐다[24].

인프라 CI의 장점

인프라 CI가 가능하다면 어떤 점이 좋을까? 여기서는 대표적인 예로 「인프라 코드 변경의 영향을 조기에 감지」할 수 있는 점과 「인프라의 지속적인 개선」에 대해서 설명한다.

---

22 http://www.vagrantup.com/
23 http://www.docker.io/
24 베이그런트와 도커에 대해서는 이 책의 1장 「셰프와 베이그런트로 인프라의 코드화」, 이 책 7부 「도커를 이용한 경량 가상 환경」도 함께 참고하자.

▣ 인프라 코드 변경의 영향을 조기에 감지

테스트 주도 인프라의 기술을 사용해 퍼펫 매니페스트나 셰프 레시피를 리팩터링 할 때는 피드백 주기를 빠르게 하려고 특정 부분의 코드만 리팩터링하고 그 부분과 관련된 부분의 테스트를 다른 서버에서 수행하는 방식이다.

그런데 이 방식은 다양한 역할의 서버로 구성한 시스템에서는 인프라 코드 수정에 의한 예기치 않은 영향이 종종 발생할 수 있다. 그렇다고 인프라 코드의 일부를 변경할 때마다 시스템 전체의 코드를 적용하고 테스트를 수행하는 것은 시간적으로나 장비의 리소스적으로나 어려운 일이며 말도 안 되는 얘기다.

그래서 CI가 필요하다. 다른 서버에서는 변경한 부분만 테스트하면서 전체 테스트는 CI 서버에서 진행해 인프라 코드 개발의 피드백 주기를 빠르게 하며 시스템 전체의 영향을 CI를 통해 빠르게 감지할 수 있다.

▣ 인프라의 지속적인 개선 시행

앞서 언급한 것처럼 원래 필자가 서버스펙을 개발한 목적은 인프라의 지속적인 개선을 수행하는 것에 있었다. 테스트 주도 인프라 기술을 사용해 인프라 코드의 리팩터링을 수행하고 인프라 CI에 의해서 자동으로 그리고 지속적으로 테스트를 수행한다. 이 주기를 상시로 돌아가게 해 인프라의 지속적인 개선을 수행하는 것이 서버스펙을 기반으로 한 테스트 주도 인프라/인프라 CI의 궁극적인 목표다.

WEB+DB PRESS Vol.75의 특집1 「지속적인 웹 서버 개선 가이드」[25]에서는 웹 서비스의 지속적인 개선에 대한 중요성이 언급됐고 그 책의 10장 「인프라 구성 관리 개선」에서는 인프라 구성 관리의 개선에 관해서도 설명하고 있다. 여기에서 한 걸음 더 나아간 기술인 테스트 주도 인프라/인프라 CI는 지속적인 개선을 인프라에도 가져가기 위한 중요한 방법론의 하나이며 앞으로 더 나아갈 것이다.

3부에서 사용할 도구와 서비스

테스트 주도 인프라에서 사용하는 도구

3부에서는 버추얼박스, 베이그런트, 퍼펫, 서버스펙을 조합해 테스트 주도 인프라를 구현한 예를 설명한다. 3부에서 사용할 도구에 대해서 간단하게 소개하겠다.

---

25 gihyo.jp에도 공개돼 있다. http://gihyo.jp/dev/feature/01/webservice-guide

▣ 버추얼박스

버추얼박스[26]는 VM을 생성하고 관리하기 위한 이른바 가상화 소프트웨어다(그림 7-1). 테스트 주도 인프라에서는 가상화 소프트웨어의 VM에 프로비저닝(소프트웨어의 설치나 설정 등)을 수행하고 그 결과를 테스트한다.

같은 종류의 도구로는 VM웨어[27]와 패러럴즈[28]가 있지만 버추얼박스는 무료이고 안정적이며 나중에 설명할 베이그런트와의 연동 사례도 많고 정보도 많다. 따라서 3부에서는 버추얼박스를 사용한다.

그림 7-1 버추얼박스

---

26 http://www.virtualbox.org/

27 http://www.vmware.com/kr

28 http://www.parallels.com/kr/

▣ 베이그런트

베이그런트는 HashiCorp[29]에 의해 제공되는 버추얼박스나 VM웨어와 같은 가상화 소프트웨어를 프로그램에서 다루기 위한 루비로 된 유틸리티다(그림 7-2). 테스트용 VM의 생성, 기동, 삭제와 SSH로 VM에 접속하는 등의 작업은 모두 vagrant 명령으로 수행한다. 예를 들면 VM을 생성하는 명령은 다음과 같다.

```
$ vagrant up
```

VM을 생성한 후에 다음 명령으로 VM에 접속한다.

```
$ vagrant ssh
```

VM 프로비저닝과 테스트를 수행한 후에는 다음 명령으로 VM을 삭제하는 형태로 조작할 수 있다.

```
$ vagrant destroy
```

테스트 주도 인프라에서는 VM의 생성 및 프로비저닝, 프로비저닝 후 테스트, 테스트 종료 후 VM 삭제를 몇 번이고 반복하므로 베이그런트와 같은 명령줄로 VM을 조작할 수 있는 도구는 반드시 있어야 한다.

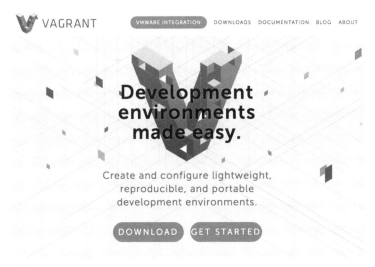

그림 7-2 Vagrant

---

29 http://www.hashicorp.com/

■ 퍼펫

퍼펫(Puppet)은 퍼펫 랩스(Puppet Labs)에서 제공하는 구성관리 도구다(그림 7-3). 같은 종류의 도구로는 셰프나 Ansible[30]이 있다. 테스트 주도 인프라는 특히 셰프가 관심이 집중되고 있고 Test Kitchen 등의 관련 도구도 잘 돼 있다. 다만 3부에서는 테스트 주도 인프라의 본질을 전하고 셰프 외의 구성 관리 도구로도 테스트 주도 인프라를 구현할 수 있음을 보여주려고 일부러 셰프 쪽의 도구를 사용하지 않고 퍼펫을 사용한 테스트 주도 인프라의 구현을 설명한다.

그림 7-3 퍼펫

■ 서버스펙

서버스펙(Serverspec)은 루비로 개발된 서버 테스트용 프레임워크로 서버의 테스트를 RSpec으로 작성해 실행한다(그림 7-4). 테스트 코드는 다음과 같이 작성한다.

```
describe package('nginx') do
  it { should be_installed }
end

describe service('nginx') do
  it { should be_enabled }
  it { should be_running }
end
```

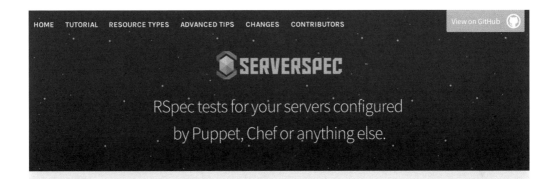

그림 7-4 서버스펙

인프라 CI에서 사용하는 서비스

3부에서는 깃헙, 워커, 디지털오션을 조합한 인프라 CI의 실무 예를 설명한다. 3부에서 사용할 서비스에 대해 간단히 소개하겠다.

▣ 깃헙

테스트 주도 인프라의 프로세스에서 생성한 퍼펫 매니페스트는 깃헙[31]으로 버전 관리를 한다(그림 7-5). 깃헙을 사용하면 Travis CI[32], drone.io[33], CircleCI[34], 워커[35]와 같은 깃헙과 호환되는 CI 서비스와 쉽게 연동할 수 있다. 또한, 개발 현장에서 사용되고 있는 풀 리퀘스트(Pull Request)를 활용한 워크플로우를 인프라 구성에도 적용할 수 있다[36].

같은 종류의 버전 관리 서비스로는 Bitbucket[37]가 있지만, CI 서비스 중에는 깃헙만 호환되는 서비스도 있으므로 3부에서는 깃헙을 사용한다.

---

31 https://github.com/

32 https://travis-ci.org/

33 https://drone.io/

34 https://circleci.com/

35 http://wercker.com/

36 깃헙과 풀 리퀘스트를 활용한 개발 워크플로우에 대한 자세한 내용은 오오츠카 히로키의 WEB+DB PRESS Vol.69의 특집1 「상세풀이 GitHub」이나 『GitHub 실전 입문 ─ Pull Request에 의한 개발의 변화』(WEB+DB PRESS plus 시리즈, 기술평론사, 2014년)을 참조하자.

37 https://bitbucket.org/

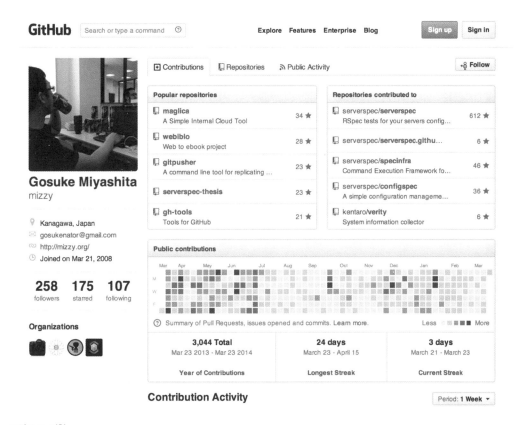

그림 7-5　깃헙

▣ 워커

퍼펫 매니페스트의 CI를 수행하기 위해 워커(Wercker)를 사용한다(그림 7-6). 워커는 깃헙과 연동하는 기능이 있어 간단한 설정으로 깃헙에 푸쉬된 코드를 자동으로 CI 할 수 있다.

같은 종류의 서비스로는 앞에서 언급한 바와 같이 Travis CI, drone.io, CircleCI가 있고 어떤 서비스를 사용해도 괜찮지만, 3부에서는 현재 베타 기간 중인 깃헙의 개인 저장소에서도 무료로 CI 가능하고 기능적으로도 문제없는 워커를 사용한다.

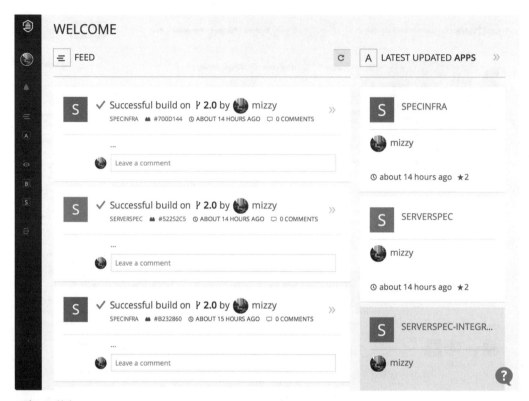

그림 7-6 워커

▣ 디지털오션

디지털오션(DigitalOcean)[38]은 VPS(Virtual Private Server)를 제공하는 서비스다(그림 7-7). 가장 저렴한 플랜은 시간당 0.007$로 저렴하고 SSD(Solid State Drive, 플래시 드라이브)가 탑재돼 빠르며 베이그런트에서도 조작할 수 있다는 이유로 최근 일본에서도 사용자가 늘고 있다. 다음과 같은 일련의 작업을 워커를 이용해 수행함으로써 인프라 CI를 구현한다.

❶ 깃헙에 코드가 푸쉬되면

❷ 디지털오션에 VM을 생성한다.

❸ 깃헙에서 받은 퍼펫 매니페스트를 VM에 적용한다.

❹ 서버스펙에 의한 테스트를 수행한다.

❺ 테스트가 끝나면 VM을 삭제한다.

---

38 https://www.digitalocean.com/

같은 종류의 서비스인 베이그런트에서 조작할 수 있는 것으로는 아마존 EC2, 구글 컴퓨터 엔진
(Google Compute Engine)[39], 랙스페이스(Rackspace)[40]가 있다.

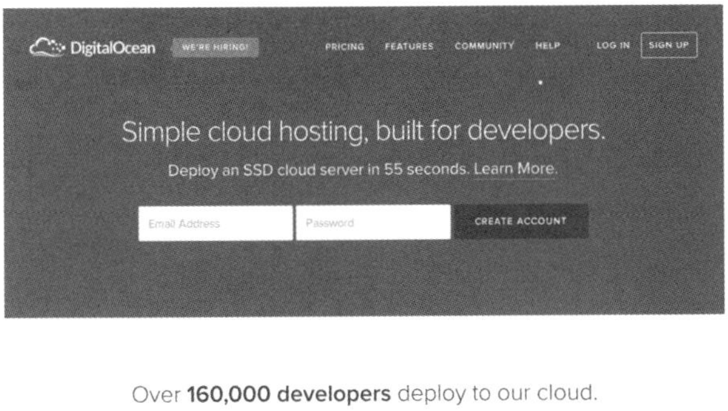

그림 7-7 디지털오션

3부의 구성

3부의 이후 장에 대해서 간단하게 소개한다.

8장 「테스트 주도 인프라의 구현」에서는 테스트 주도 인프라 구현을 위해 각종 도구를 구체적으로 어떻
게 구성하고 사용하는지 자세하게 설명한다.

9장 「인프라 CI의 구현」에서는 다양한 서비스를 조합해 테스트 주도 인프라에서 생성한 인프라 코드를
CI 하는 방법을 설명한다.

10장 「인프라의 지속적인 개선 구현」에서는 깃헙 플로우를 활용한 워크플로우와 조합한 인프라의 지속
적인 개선을 구현하는 방법을 설명한다.

3부의 예제 코드는 위키북스 사이트의 '서버/인프라 실전 구축 가이드' 페이지에서 내려받을 수 있다.
http://wikibook.co.kr/building-server-infra

---

39 https://cloud.google.com/products/compute-engine/
40 http://www.rackspace.com/

테스트 주도 인프라의
구현

버추얼박스, 베이그런트, 퍼펫, 서버스펙을 이용한 테스트 자동화

미야시타 코스케

이번 장에서는 앞장에서 소개한 버추얼박스, 베이그런트, 퍼펫, 서버스펙를 사용한 테스트 주도 인프라의 구체적인 구현 방법을 설명한다.

테스트 주도 인프라의 시나리오

이번 장에서 설명하는 테스트 주도 인프라는 다음과 같은 시나리오를 가정하고 있다.

- ❶ 응용프로그램 서버를 설치하기 위한 퍼펫 매니페스트를 테스트 주도 인프라 기술로 생성한다.
- ❷ 퍼펫 매니페스트에는 app이라는 응용프로그램 서버의 고유 역할을 준비한다.
- ❸ app 역할로 ntpd의 설치와 설정을 한다.

사용 환경

이번 장의 테스트 주도 인프라 구현에서 필자가 사용하는 환경은 다음과 같다. 또한, 루비는 rbenv 등으로 설치한 것이 아니고 OS X 표준을 사용하고 있다.

- **작업환경**
  - OS X 10.9.4
  - 루비 2.0.0p451
  - 서버스펙 2.0.0.beta20

- **서버**
  - 버추얼박스 4.3.14
  - 베이그런트 1.6.3
  - CentOS 7.0
  - 퍼펫 3.6.2

테스트 주도 인프라 준비

테스트 주도 인프라를 구현하기 위한 사전 준비로 버추얼박스, 베이그런트, 서버스펙을 설치하고 설정한 뒤, 필요한 폴더와 파일을 준비한다. CentOS나 퍼펫은 나중에 베이그런트를 사용해 설치하므로 별도로 준비할 필요는 없다.

버추얼박스의 설치

우선 가상화 소프트웨어인 버추얼박스를 설치한다.

▣ 버추얼박스 내려받기

「Downloads – Oracle VM VirtualBox」 페이지에서 「VirtualBox 4.3.14 for OS X hosts」의 오른쪽에 있는 링크를 클릭해 내려받는다.

▣ 버추얼박스 설치

내려받은 VirtualBox-4.3.14-95030-OSX.dmg를 더블 클릭하면 디스크 이미지가 열리고 내용이 표시된다.

---

1 https://www.virtualbox.org/wiki/Downloads

VirtualBox.pkg를 더블 클릭하면 설치가 시작된다(그림 8-1). 설치 프로그램의 지시에 따라 설치를 수행한다.

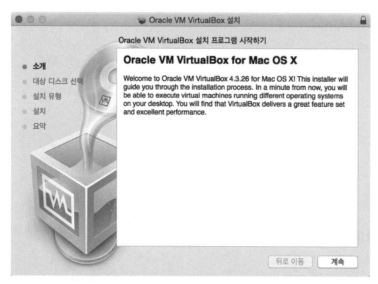

그림 8-1 버추얼박스 설치 프로그램

베이그런트 설치

계속해서 버추얼박스를 조작하기 위한 명령줄 도구인 베이그런트의 설정을 진행한다.

▣ 베이그런트 내려받기

「Download Vagrant - Vagrant」[2] 페이지에서 「MAC OS X」의 아래에 있는 「Universal(32 and 64-bit)」 링크를 클릭해 파일을 내려받는다.

▣ 베이그런트 설치

내려받은 Vagrant-1.6.3.dmg를 더블 클릭하면 디스크 이미지가 열리고 내용이 표시된다.

Vagrant.pkg를 더블 클릭하면 설치가 시작된다(그림 8-2). 설치 프로그램의 지시대로 설치를 수행한다.

---

2 http://www.vagrantup.com/downloads.html

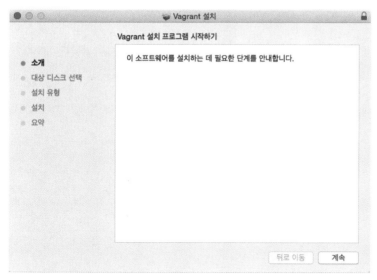

그림 8-2 베이그런트 설치 프로그램

▣ 베이그런트용 플러그인 설치

베이그런트의 설치가 완료되면 vagrant-vbguest[3] 플러그인을 설치한다. 설치는 다음 명령을 실행한다.

```
$ vagrant plugin install vagrant-vbguest
```

베이그런트의 기능을 최대한 활용하려면 버추얼박스의 버전에 맞는 Guest Addition을 설치해야 한다. vargrant-vbguest 플러그인을 설치해 두면 VM에 Guest Addition이 설치돼 있지 않거나 버추얼박스 버전과 다른 버전의 Guest Addition이 설치돼 있어도 맞는 버전의 Guest Addition을 설치해 준다.

서버스펙 설치

서버 테스트용 프레임워크인 서버스펙을 설치한다.

---

3 https://github.com/dotless-de/vagrant-vbguest

▣ 서버스펙 설치

서버스펙을 설치한다. 서버스펙은 rubygems.org에 공개돼 있으므로 gem install 명령으로 설치할 수 있다(정식 릴리즈 전 베타판을 설치하기 때문에 --pre 옵션을 붙인다).

```
$ sudo gem install serverspec --pre --no-ri --no-rdoc
```

필요한 폴더와 파일 생성

테스트 주도 인프라의 구축에 필요한 폴더와 파일을 생성한다.

▣ 관리용 폴더 생성

적당한 폴더에서 다음 명령을 실행해 지금부터 생성하려는 폴더와 파일을 관리하기 위한 폴더를 생성하고 이동한다.

```
$ mkdir test-driven-infra
$ cd test-driven-infra
```

▣ 퍼펫용 폴더와 파일 생성

퍼펫 매니페스트를 관리하기 위한 폴더를 생성한다.

```
$ mkdir modules
$ mkdir -p roles/app/manifests
```

폴더를 생성하고 다음 명령으로 roles/app/manifests/init.pp를 생성한다.

```
class app { }
```

▣ provision.sh 생성

관리용 폴더 아래에 provision.sh 파일을 생성한다(코드 8-1). 이 파일은 적용할 퍼펫 매니페스트를 인수를 사용해 역할별로 변경할 수 있도록 하기 위한 편리한 스크립트다.

▼ **코드 8-1** provision.sh

```sh
#!/bin/sh

role=$1

puppet apply --modulepath="/vagrant/modules:/vagrant/roles" \
  -e "include $1"
```

▣ Vagrantfile 생성

관리용 폴더 아래에 코드 8-2의 내용으로 Vagrantfile을 생성한다. Vagrantfile은 vagrant 명령의 작업 대상 VM에 대한 설정을 수행하기 위한 파일이다.

config.vm.box_url에서 「box」라는 베이그런트용 이미지의 URL을 지정한다. 이 예제에서는 필자가 3부의 예제용으로 생성한 box를 지정한다.

config.vm.provision에는 최신 퍼펫 패키지를 설치하기 위한 셸 명령을 지정한다.

config.vm.define :app 블록의 c.vm.provision에서는 VM 프로비저닝을 수행하기 위해서 조금 전 생성한 provision.sh를 지정한다. 이 설정을 수행하면 box를 시작할 때 자동으로 퍼펫 매니페스트가 적용된다.

▼ **코드 8-2** Vagrantfile

```
VAGRANTFILE_API_VERSION = "2"

Vagrant.configure(VAGRANTFILE_API_VERSION) do |config|
  config.vm.box = "chef/centos-7.0"

  config.vm.provision :shell, inline: <<-EOF
    sudo rpm -i \
    http://yum.puppetlabs.com/puppetlabs-release-el-7.noarch.rpm
    sudo yum install -y puppet
  EOF

  config.vm.define :app do |c|
    c.vm.provision :shell do |shell|
      shell.path = "provision.sh"
      shell.args = "app"
    end
  end
end
```

▣ 서버스펙의 예제 테스트 코드 생성

서버스펙에는 serverspec-init이라는 테스트 코드 예제를 생성하기 위한 명령이 포함돼 있으므로 이 명령을 수행한다(그림 8-3).

```
$ serverspec-init [Enter]
Select OS type:

  1) UN*X
  2) Windows

Select number: 1 [Enter]

Select a backend type:

  1) SSH
  2) Exec (local)

Select number: 1 [Enter]

Vagrant instance y/n: y [Enter]
Auto-configure Vagrant from Vagrantfile? y/n: y [Enter]
 + spec/
 + spec/app/
 + spec/app/sample_spec.rb
 + spec/spec_helper.rb
 + Rakefile
 + .rspec
```

그림 8-3 예제 테스트 코드 생성

생성 후 샘플 테스트 코드가 적힌 sample_spec.rb는 필요 없으므로 삭제한다.

```
$ rm spec/app/sample_spec.rb
```

▣ 테스트용 VM 시작

vagrant up을 실행하고 테스트용 VM을 시작한다(그림 8-4).

```
$ vagrant up
Bringing machine 'app' up with 'virtualbox' provider...
==> app: Box 'chef/centos-7.0' could not be found. Attempting to find and install...
app: Box Provider: virtualbox
app: Box Version: >= 0
...(   )
==> app: Running provisioner: shell...
app: Running: /var/folders/94/3rqh294n4nl6j8njpqww7sv80000gn/T/vagrant-she
ll20140817-3940-6fmze8.sh
==> app: Notice: Compiled catalog for localhost.southpark in environment produ
ction in 0.02 seconds
==> app: Notice: Finished catalog run in 0.02 seconds
```

그림 8-4 테스트용 VM 시작

테스트 주도 인프라 구축

준비가 끝났다면 드디어 테스트 주도 인프라 구성을 시작한다.

우선 테스트

테스트 주도의 프로세스를 체험하기 위해서 먼저 테스트를 작성하고 실행해보자.

▣ 테스트 작성

ntp 패키지가 제대로 설치돼 있는지 테스트하기 위한 서버스펙용 테스트 코드가 작성된 파일인 spec/ app/ntp_spec.rb를 코드 8-3과 같이 작성한다.

▼ **코드 8-3** spec/app/ntp_spec.rb

```
require 'spec_helper'

describe package('ntp') do
  it { should be_installed }
end
```

▣ 테스트 실행

rake spec 명령으로 테스트를 실행한다(그림 8-5). 아직 ntp 패키지가 설치돼 있지 않으므로 테스트
는 당연히 실패한다.

```
$ rake spec
/System/Library/Frameworks/Ruby.framework/Versions/2.0/usr/bin/ruby -I/Library/Ruby/Gems/2.0.0/
gems/rspec-support-3.0.3/lib:/Library/Ruby/Gems/2.0.0/gems/rspec-core-3.0.3/lib -S /Library/
Ruby/Gems/2.0.0/gems/rspec-core-3.0.3/exe/rspec
spec/app/ntp_spec.rb

Package "ntp"
  should be installed (FAILED - 1)

Failures:

  1) Package "ntp" should be installed
     On host `app`
     Failure/Error: it { should be_installed }
       expected Package "ntp" to be installed
       sudo -p 'Password: ' /bin/sh -c rpm\ -q\ ntp
       package ntp is not installed

     # ./spec/app/ntp_spec.rb:4:in `block (2 levels) in <top (required)>'

Finished in 0.30056 seconds (files took 5.67 seconds to load)
1 example, 1 failure
```

그림 8-5 테스트 실행과 결과

퍼펫 매니페스트 생성과 적용

테스트를 성공시키기 위해서 ntp 패키지를 설치하기 위한 퍼펫 매니페스트를 생성하고 테스트용 VM
에 적용한다.

▣ ntp 모듈 생성

우선 ntp 모듈용 폴더를 생성한다.

```
$ mkdir -p modules/ntp/manifests
```

ntp 패키지를 설치하기 위해서 다음 내용으로 modules/ntp/manifests/init.pp를 생성한다.

```
class ntp {
  package { 'ntp': ensure => installed }
}
```

app 역할의 서버에 ntp를 설치하기 위해서 roles/app/manifests/init.pp를 다음과 같이 수정한다.

```
class app {
  include ntp
}
```

▣ 퍼펫 매니페스트 적용

vagrant provision 명령을 실행해 Vagrantfile에 설정된 프로비저닝 부분만 실행할 수 있으므로 이 명령을 실행해 퍼펫 매니페스트를 적용한다(그림 8-6). Warning이 나오지만, 문제는 없으므로 무시하자.

이걸로 테스트용 VM에 ntp 패키지가 설치됐다.

```
$ vagrant provision
==> app: Running provisioner: shell...
    app: Running: inline script
...( 중략 )
==> app: Running provisioner: shell...
    app: Running: /var/folders/94/3rqh294n4nl6j8njpqww7sv80000gn/T/vagrant-shell20140817-5668-
612rjf.sh
==> app: Notice: Compiled catalog for localhost.southpark in environment production in 0.37
seconds
==> app: Warning: The package type's allow_virtual parameter will be changing its default value
from false to true in a future release. If you do not want to allow virtual packages, please
explicitly set allow_virtual to false.
==> app: (at /usr/share/ruby/vendor_ruby/puppet/type.rb:816:in `set_default')
==> app: Notice: /Stage[main]/Ntp/Package[ntp]/ensure:created
==> app: Notice: Finished catalog run in 8.43 seconds
```

그림 8-6 퍼펫 매니페스트 적용

다시 테스트

▣ 테스트 다시 실행

다시 테스트를 실행한다. 이번에는 테스트가 성공해야 한다(그림 8-7).

만약 실패했다면 실패 원인을 조사하고 퍼펫 매니페스트를 수정한 뒤 VM에 적용해 테스트에 성공할 때까지 반복한다.

```
$ rake spec
/System/Library/Frameworks/Ruby.framework/Versions/2.0/usr/bin/ruby -I/Library/Ruby/Gems/2.0.0/
gems/rspec-support-3.0.3/lib:/Library/Ruby/Gems/2.0.0/gems/rspec-core-3.0.3/lib -S /Library/
Ruby/Gems/2.0.0/gems/rspec-core-3.0.3/exe/rspec spec/app/ntp_spec.rb

Package "ntp"
  should be installed

Finished in 0.40376 seconds (files took 5.83 seconds to load)
1 example, 0 failures
```

그림 8-7 테스트 다시 실행

테스트 주도 인프라의 반복

앞서 다음과 같이 일련의 흐름을 실행해봤다.

❶ 테스트를 작성하고 일부러 실패시켰다.

❷ 테스트가 성공하도록 퍼펫 매니페스트를 작성해 VM에 적용한다.

❸ 테스트를 다시 실행해 성공시킨다.

테스트 주도 인프라는 이런 프로세스를 몇 번이고 반복해서 실행하면서 인프라 코드를 만들어간다. 더 실전에 가까운 상태로 체험하려면 다시 한 번 앞에서와 같은 프로세스를 거치면서 퍼펫 매니페스트를 추가하자.

우선 테스트

앞에서와 같은 프로세스를 거치므로 우선은 테스트를 작성해 실행한다.

▣ 테스트 추가

spec/app/ntp_spec.rb에 테스트 코드를 추가하고 코드 8-4와 같이 작성한다.

ntpd 서비스가 자동으로 시작되게 돼 있는지(be_enabled)와 시작됐는지(be_running) 테스트하는 코드가 추가돼 있다.

▼ **코드 8-4** spec/app/ntp_spec.rb에 테스트 추가

```ruby
require 'spec_helper'

describe package('ntp') do
  it { should be_installed }
end

describe service('ntpd') do
  it { should be_enabled }
  it { should be_running }
end
```

▣ 테스트 실행

rake spec 명령으로 테스트를 실행한다(그림 8-8). 아직 VM에 대한 변경은 아무것도 하지 않았으므로 새로 추가된 「ntpd가 자동으로 시작되게 하는 것」과 「ntpd가 시작했는지」를 확인하는 테스트는 당연히 실패한다.

```
$ rake spec
/System/Library/Frameworks/Ruby.framework/Versions/2.0/usr/bin/ruby -I/Library/Ruby/Gems/2.0.0/
gems/rspec-support-3.0.3/lib:/Library/Ruby/Gems/2.0.0/gems/rspec-core-3.0.3/lib -S /Library/
Ruby/Gems/2.0.0/gems/rspec-core-3.0.3/exe/rspec spec/app/ntp_spec.rb

Package "ntp"
  should be installed
```

```
Service "ntpd"
  should be enabled (FAILED - 1)
  should be running (FAILED - 2)

Failures:

  1) Service "ntpd" should be enabled
     On host `app`
     Failure/Error: it { should be_enabled }
       expected Service "ntpd" to be enabled
       sudo -p 'Password: ' /bin/sh -c systemctl\ --plain\ list-dependencies\ runlevel3.target\
\|\ grep\ \'\^ntpd.servics\$\'


     # ./spec/app/ntp_spec.rb:8:in `block (2 levels) in <top(required)>'

  2) Service "ntpd" should be running
     On host `app`
     Failure/Error: it { should be_running }
       expected Service "ntpd" to be running
       sudo -p 'Password: ' /bin/sh -c systemctl\ --plain\ is-active\ ntpd.service
       unknown


     # ./spec/app/ntp_spec.rb:9:in `block (2 levels) in <top(required)>'

Finished in 0.40337 seconds (files took 5.54 seconds to load) 3 examples, 2 failures
```

그림 8-8 테스트 실행

퍼펫 매니페스트의 수정과 적용

다음으로 테스트에 성공하도록 퍼펫 매니페스트를 수정하고 VM에 적용한다.

◉ ntp 모듈에 service 설정 추가

ntpd가 시작되고 자동 시작이 설정되게 퍼펫용 ntp 모듈 파일인 modules/ntp/manifests/init.pp에
service 리소스를 추가하고 코드 8-5와 같이 수정한다.

▼ **코드 8-5** modules/ntp/manifests/init.pp 수정

```
class ntp {
  package { 'ntp': ensure => installed }

  service { 'ntpd':
    enable => true,
    ensure => running,
    require => Package['ntp'],
  }
}
```

▣ 수정한 퍼펫 매니페스트 적용

앞에서와 마찬가지로 vagrant provision을 실행하고 수정한 퍼펫 매니페스트를 적용한다(그림 8-9).

ntpd가 시작되고 자동으로 시작되게 설정됐다.

```
$ vagrant provision
==> app: Running provisioner: shell...
    app: Running: inline script
...( 중략 )
==> app: Running provisioner: shell...
    app: Running: /var/folders/94/3rqh294n4nl6j8njpqww7sv80000
gn/T/vagrant-shell20140817-5861-ng3kc1.sh
==> app: Notice: Compiled catalog for localhost.southpark in environment production in 0.48
seconds
==> app: Warning: The package type's allow_virtual parameter will be changing its default value
from false to true in a future release. If you do not want to allow virtual packages, please
explicitly set allow_virtual to false.
==> app: (at /usr/share/ruby/vendor_ruby/puppet/type.rb:816:in `set_default')
==> app: Notice: /Stage[main]/Ntp/Service[ntpd]/ensure: ensurechanged 'stopped' to 'running'
==> app: Notice: Finished catalog run in 0.26 seconds
```

그림 8-9 수정한 퍼펫 매니페스트 적용

다시 테스트

▣ 테스트 재실행

다시 테스트를 실행한다. 이번에는 테스트에 성공할 것이다(그림 8-10). 이것으로 작성된 퍼펫 매니페스트는 문제가 없음을 알 수 있다.

지금까지 테스트 주도 인프라를 활용한 퍼펫 매니페스트를 생성하는 흐름을 살펴봤다.

작성한 파일을 깃으로 관리

이번 장에서는 마무리 작업으로서 생성한 Vagrantfile, 퍼펫 매니페스트, 서버스펙을 이용한 테스트 코드를 깃으로 커밋한다.

먼저 자동으로 생성된 .vagrant 폴더에 있는 파일은 커밋할 필요가 없으므로 다음과 같이 .gitignore 파일을 생성해 커밋 대상에서 제외한다.

```
.vagrant
```

다음으로 커밋을 한다.

```
$ git init
$ git add .
$ git commit
```

기본적으로는 Vim을 시작하기 때문에 첫 번째 줄에 「Initial commit」이라고 쓰고, :wq로 Vim을 종료해 커밋을 완료한다.

한발 더 나아가기

테스트 주도 인프라를 좀 더 효율적으로 활용하기 위한 몇 가지 방법을 소개한다.

테스트 코드를 저장한 후 자동으로 테스트 실행

Guard[4]와 Guard용 플러그인인 Guard::RSpec[5]을 사용해 수동으로 rake spec 명령을 실행하지 않고 테스트 코드가 작성된 파일을 수정하고 저장하는 순간 자동으로 테스트를 실행하게 할 수 있다.

또한, ruby_gntp[6]를 조합해 OS X의 통지 센터나 Growl[7]을 이용해 테스트 결과를 받을 수 있다. 터미널에 화면을 전환하지 않고도 테스트를 실행하거나 결과를 확인할 수 있는 등 매우 편리하다.

베이그런트 플러그인 활용

구현 예에서는 vagrant-vbguest라는 플러그인을 활용했지만, 그 밖에도 다양한 플러그인이 있고[8] 이를 활용해 인프라 코드 개발을 좀 더 효율적으로 수행할 수 있다.

예를 들면 vagrant-vbox-snapshot[9]을 사용하면 VM의 특정 상태를 스냅샷으로 저장하고 저장된 스냅샷으로부터 특정 상태로 복원하는 등의 작업을 할 수 있다. 테스트 주도 인프라에서는 VM의 생성, 프로비저닝, 테스트 수행, 삭제 주기를 자주 반복하지만 일단 vagrant destroy 명령으로 삭제한 VM을 다시 vagrant up으로 시작하고 Guest Addition의 설치가 필요할 때는 시작하는 데 시간이 걸린다. 그래서 vagrant up을 수행하고 시작 직후의 상태를 이 플러그인을 이용해 스냅샷으로 저장해 둔다. 처음부터 VM을 다시 프로비저닝하고 싶을 때 스냅샷을 이용해 복원하므로 테스트 주도 인프라의 주기를 단축할 수 있게 된다.

버추얼박스 대신 도커 사용

경량화 가상 환경인 도커(Docker)는 VM을 기동할 때 오버헤드가 적어서 테스트 주도 인프라의 주기를 더욱 단축할 수 있다. 그러나 가상화 방식이 컨테이너 타입이고 버추얼박스에서 사용되는 하이퍼 바이저타입과는 다르므로 제약 사항이나 부족한 점이 많아서 주의가 필요하다.

4　https://github.com/guard/guard
5　https://github.com/guard/guard-rspec
6　https://github.com/snaka/ruby_gntp
7　http://growl.info/
8　https://github.com/mitchellh/vagrant/wiki/Available-Vagrant-Plugins
9　https://github.com/dergachev/vagrant-vbox-snapshot

정리

이번 장에서는 버추얼박스, 베이그런트, 퍼펫, 서버스펙을 사용해 테스트 주도 인프라를 구축해 봤다. 테스트 주도 인프라는 테스트를 작성해 실패한 테스트가 성공하도록 인프라 코드를 작성하고 다시 테스트를 수행해 성공시키는 과정을 몇 번이고 반복해서 실행하며 인프라 코드를 보완해 나가는 방법이다.

이번 장에서 구축된 테스트 주도 인프라 프로세스만으로는 그다지 장점이 있다고 느끼지 못할 수도 있다. 이번 장에서 살펴본 테스트 주도 인프라의 장점은 기껏해야 퍼펫 매니페스트나 셰프 레시피를 실행한 후에 직접 확인해야 하는 부분을 자동화할 수 있는 정도밖에는 없다고 생각할 수 있다. 하지만 테스트 주도 인프라는 9장에서 설명하게 될 CI나 10장에서 설명할 깃헙 플로우를 기반으로 워크플로우와 조합해 사용하면서 그 진가를 발휘한다. 특히 시스템이 대규모이고 복잡하며 인프라 코드가 복잡해짐에 따라서 더욱 그 진가를 발휘한다. 그러므로 조금만 더 참고 다음 장을 읽어보기 바란다.

09

인프라 CI 구축

깃헙, 워커, 디지털오션을 이용한 지속적인 테스트

미야시타 코스케

이번 장에서는 7장에서 소개한 깃헙, 워커, 디지털오션을 사용해 테스트 주도 인프라 기술로 생성한 인프라 코드의 CI를 수행하기 위한 구체적인 구축 방법을 설명한다.

인프라 CI의 흐름

이번 장에서 설명하는 인프라 CI는 다음과 같은 흐름으로 수행된다.

❶ 퍼펫 매니페스트나 서버스펙을 이용한 테스트 코드의 인프라 코드를 깃헙에 푸시한다.

❷ 워커가 깃헙에서 코드를 취득한다.

❸ 워커가 디지털오션에 테스트용 VM을 생성한다.

❹ 워커가 테스트용 VM에 퍼펫 매니페스트를 적용한다.

❺ 워커가 서버스펙을 이용해 테스트용 VM에 대해 테스트를 수행한다.

인프라 CI 준비

깃헙 준비

대부분 CI 서비스는 깃헙에 있는 코드를 CI 하는 기능이 있으며, 이번 장에서 사용하는 워커도 그 기능이 있다. 그래서 먼저 깃헙에 저장소를 생성하고 앞장에서 생성한 파일을 푸시(push)한다.

▣ 저장소 생성

깃헙에 코드를 올리려면 우선 저장소를 생성해야 하므로 https://github.com/에 접속해 저장소를 생성하자. 계정이 등록되지 않은 사람은 저장소를 생성하기 전에 계정을 등록해야 한다.

이번 장에서는 mizzy라는 계정명에 test-driveninfra라는 저장소를 생성했다는 전제하에 진행하므로 이후 코드에 나오는 저장소명은 각자 생성한 저장소명으로 적절하게 변경해 진행하자.

▣ 저장소에 코드를 푸시

저장소를 작성했다면 다음은 깃 명령을 실행해 깃헙에 코드를 푸시한다.

```
$ git remote add origin git@github.com:mizzy/test-driven-infra.git
$ git push -u origin master
```

디지털오션 준비

퍼펫 매니페스트를 적용한 테스트를 실행하기 위한 VM은 디지털오션에 생성한다.

▣ 사용자 등록

디지털오션을 사용하려면 사용자 등록을 해야 하므로 https://cloud.digitalocean.com/registrations/new에 접속해 사용자 등록을 한다(그림 9-1).

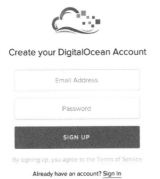

그림 9-1 디지털오션 가입 화면

▣ 결제 정보 등록

디지털오션은 유료 서비스이므로 이용할 때는 결제 정보를 등록해야 한다. 등록을 완료한 후에 도착하는 이메일의 링크를 클릭하거나 https://cloud.digitalocean.com/user_payment_profiles에 접속해 결제 정보를 등록한다(그림 9-2). 이번 장을 테스트하는 데 드는 비용은 몇 십원 정도다.

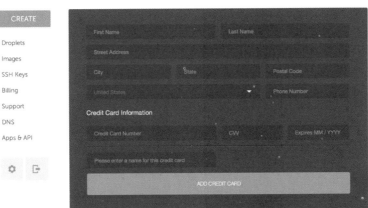

그림 9-2 디지털오션 결제 화면

▣ SSH 공개키 등록

디지털오션의 VM에 접속하기 위한 SSH 공개키를 등록해야 하므로 https://cloud.digitalocean.com/ssh_keys에 접속하고 공개키를 등록한다(그림 9-3). 이 예에서는 「My MacBook Air」라는 이름을 넣었다.

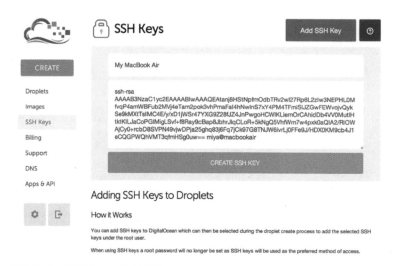

그림 9-3 디지털오션의 SSH 키 등록 화면

▣ 액세스 토큰 생성

베이그런트에서 API를 거쳐 디지털오션의 VM을 조작하려면 액세스 토큰을 생성해야 한다. https://cloud.digitalocean.com/settings/tokens/new에 접속해 Token Name에 적당한 이름을 입력하고 Read와 Write에 체크한 뒤 「Generate Token」을 클릭해 액세스 토큰을 생성한다(그림 9-4). 화면이 바뀌면 「Personal Access Tokens」 아래에 생성된 액세스 토큰이 표시되지만, 이 화면을 벗어나면 다시는 화면에 표시되지 않으므로 액세스 토큰값을 어딘가에 적어두자[1].

---

1 액세스 토큰은 외부에 유출되면 악용될 우려가 있으므로 노출되지 않게 하자.

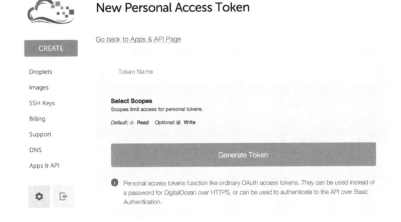

그림 9-4 디지털오션 액세스 토큰 생성 화면

베이그런트와 디지털오션 연동

▣ 베이그런트용 디지털오션 플러그인 설치

베이그런트와 디지털오션을 연동하기 위한 플러그인인 vagrant-digitalocean[2]을 설치한다.

```
$ vagrant plugin install vagrant-digitalocean
```

▣ 디지털오션용으로 Vagrantfile 수정

디지털오션을 베이그런트로 조작하기 위해서 Vagrantfile을 수정한다(코드 9-1).

config.vm.provider 블록이 새로 추가된 부분이다.

---

2 https://github.com/smdahlen/vagrant-digitalocean

▼ **코드 9-1** 디지털오션용으로 수정한 Vagrantfile

```
VAGRANTFILE_API_VERSION = "2"

Vagrant.configure(VAGRANTFILE_API_VERSION) do |config|
  config.vm.box = "chef/centos-7.0"

  config.vm.provider :digital_ocean do |provider, override|
    override.ssh.private_key_path = "~/.ssh/id_rsa"
    override.vm.box = "AndrewDryga/digital-ocean"
    provider.token = ENV["DIGITALOCEAN_ACCESS_TOKEN"]
    provider.image = "CentOS 7.0 x64"
    provider.region = "sgp1"
    provider.size = "512MB"

    if ENV['WERCKER'] == "true"
      provider.ssh_key_name = "wercker"
    else
      provider.ssh_key_name = "My MacBook Air"
    end
  end

  config.vm.provision :shell, inline: <<-EOF
    sudo rpm -i \
    http://yum.puppetlabs.com/puppetlabs-release-el-7.noarch.rpm
    sudo yum install -y puppet
  EOF

  config.vm.define :app do |c|
    c.vm.provision :shell do |shell|
      shell.path = "provision.sh"
      shell.args = "app"
    end
  end
end
```

▣ 액세스 토큰을 환경 변수로 설정

디지털오션에 접속하기 위한 액세스 토큰은 Vagrantfile 중에서는 환경 변수에서 취득하게 설정돼 있으므로 다음 명령을 실행해 환경 변수를 설정해야 한다.

```
$ export DIGITALOCEAN_ACCESS_TOKEN=xxxxxxxxxxxxxxxxxxxxxxxxx
```

액세스 토큰은 최초에 생성할 때 적어둔 값을 설정한다. 잊어버렸을 때는 다시 화면에 표시되지 않으므로 다시 생성해야 한다.

▣ 디지털오션에 VM 생성

수정한 Vagrantfile이 정상으로 작동하는지 확인하기 위해서 vagrant 명령을 실행해 실제 디지털오션에 VM을 생성해보자. 현재 로컬에 APP이라는 이름으로 VM이 시작돼 있지만, 로컬과 디지털오션에 같은 이름의 VM을 생성할 수 없으므로 일단 vagrant destroy를 실행하고 vagrant up을 실행한다(그림 9-5).

로컬에서 VM을 생성할 때와 다른 점은 --provider=digital_ocean이 있는지 없는지 뿐이다. 베이그런트를 사용하면 VM의 생성 위치가 로컬 버추얼박스인지 외부의 디지털오션인지와 상관없이 거의 같은 명령으로 VM을 조작할 수 있다.

```
$ vagrant destroy ©
    app: Are you sure you want to destroy the 'app' VM? [y/N] y ©
==> app: Forcing shutdown of VM...
==> app: Destroying VM and associated drives...
==> app: Running cleanup tasks for 'shell' provisioner...
==> app: Running cleanup tasks for 'shell' provisioner...


$ vagrant up --provider=digital_ocean ©
Bringing machine 'app' up with 'digital_ocean' provider...
==> app: Using existing SSH key: My MacBook Air
==> app: Creating a new droplet...
==> app: Assigned IP address:
==> app: Modifying sudoers file to remove tty requirement...
==> app: Installing rsync to the VM...
==> app: Rsyncing folder: /Users/mizzy/test-driven-infra/ => /vagrant...
==> app: Running provisioner: shell...
    app: Running: inline script
... ( 중략 )
==> app: Running provisioner: shell...
    app: Running: /var/folders/94/3rqh294n4nl6j8njpqww7sv80000gn/T/vagrant-shell20140817-6352-
1e4a7ko.sh
==> app: Could not retrieve fact='ipaddress', resolution='<anonymous>':
Could not execute 'host app': command not found
```

```
=> app: Could not retrieve fact='ipaddress', resolution='<anonymous>':Could not execute 'host
app': command not found
=> app: Could not retrieve fact='ipaddress', resolution='<anonymous>':Could not execute 'host
app': command not found
=> app: Warning: Could not retrieve fact ipaddress
=> app: Notice: Compiled catalog for app in environment production in 0.85seconds
=> app: Warning: The package type's allow_virtual parameter will be changing its default value
from false to true in a future release. If you do not want to allow virtual packages, please
explicitly set allow_virtual to false.
=> app: (at /usr/share/ruby/vendor_ruby/puppet/type.rb:816:in `set_default')
=> app: Notice: /Stage[main]/Ntp/Package[ntp]/ensure: created
=> app: Notice: /Stage[main]/Ntp/Service[ntpd]/ensure: ensure changed 'stopped' to 'running'
=> app: Notice: Finished catalog run in 2.57 seconds
```

그림 9-5 디지털오션에 VM 생성

■ 테스트 실행

디지털오션에 시작된 VM에 대한 테스트를 수행해보자(그림 9-6).

VM이 시작될 때 자동으로 퍼펫 매니페스트가 적용되므로 테스트는 성공한다. 또한, 테스트 대상 VM에 접속하는 방법은 서버스펙이 생성한 spec_helper.rb에서 호환되므로 VM의 생성 위치가 로컬 버추얼박스든 디지털오션이든 상관없이 같은 명령으로 테스트할 수 있다.

```
$ rake spec
/System/Library/Frameworks/Ruby.framework/Versions/2.0/usr/bin/ruby -I/Library/Ruby/Gems/2.0.0/
gems/rspec-support-3.0.3/lib:/Library/Ruby/Gems/2.0.0/gems/rspec-core-3.0.3/lib -S /Library/
Ruby/Gems/2.0.0/gems/rspec-core-3.0.3/exe/rspec spec/app/ntp_spec.rb

Package "ntp"
  should be installed

Service "ntpd"
  should be enabled
  should be running

Finished in 26.89 seconds (files took 6.17 seconds to load)
3 examples, 0 failures
```

그림 9-6 디지털오션의 VM에 대한 테스트

▣ VM 삭제

수정한 Vagrantfile이 정상으로 작동하는 모습을 확인했으므로 디지털오션의 VM을 삭제한다(그림 9-7). VM을 남겨두면 과금이 발생하므로 잊지 말고 삭제한다.

```
$ vagrant destroy ©
    app: Are you sure you want to destroy the 'app' VM? [y/N] y ©
==> app: Destroying the droplet...
==> app: Running cleanup tasks for 'shell' provisioner...
==> app: Running cleanup tasks for 'shell' provisioner...
```

그림 9-7 디지털오션의 VM 삭제

▣ Vagrantfile 커밋

Vagrantfile을 수정했으므로 깃에 커밋한다.

```
$ git add Vagrantfile
$ git commit
```

워커 준비

인프라 CI의 마무리 준비로 워커를 설정한다.

▣ 사용자 등록

워커를 사용하려면 사용자 등록을 해야 하므로 https://app.wercker.com/users/new에 접속해 등록한다(그림 9-8). 깃헙을 경유로 등록하면 등록 후 깃헙과 연동하기 쉬우므로 「REGISTER WITH GITHUB」을 클릭한다. 클릭하면 깃헙으로 화면이 바뀌고 워커에서의 접속을 허용할 것인지 물어보는데, 「Authorize application」을 클릭해 허용한다. 허용하면 워커 화면으로 돌아가게 되고, 워커 화면에서 사용자명과 이메일 주소를 설정하고 등록을 완료한다.

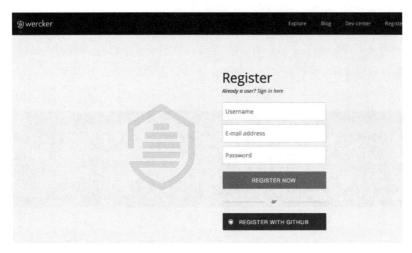

그림 9-8 워커 사용자 등록 화면

▣ 응용프로그램 등록

워커는「응용프로그램」이라는 단위로 CI를 실행한다.「응용프로그램」은「깃헙의 저장소」이므로 깃헙에 저장소를 등록한다. https://app.wercker.com/#projects에 접속해「+ Add an application」을 클릭하고 CI 대상이 되는 저장소를 등록한다. 저장소 등록에는 5단계가 있다.

1. 첫 번째 단계로 공급자를 선택한다(그림 9-9). 깃헙이나 Bitbucket을 선택할 수 있지만 여기서는 깃헙을 선택한다.

2. 저장소를 선택한다. 이미 작성된 저장소명(이 책에서는 mizzy/test-driven-infra)을 선택하고「Use selected repo」를 클릭한다.

3. werckerbot이라는 깃헙상의 사용자에게 대상 저장소에 접근할 수 있는 권한을 부여할 수 있다.「Add werckerbot」버튼을 클릭하고 werckerbot 사용자를 저장소에 추가한다.

4. 구체적으로 어떤 순서로 CI를 수행할 것인지 지시하는 wercker.yml 파일을 설정하지만 여기서는 그대로「Next step」을 클릭한다.

5. 마지막으로「Finish」를 클릭해 등록을 마친다.

다음은 CI에 필요한 설정을 응용프로그램에 대해 수행한다. https://app.wercker.com/#projects에서 조금 전 등록한 응용프로그램을 선택하고「Settings」탭을 열어 설정한다(그림 9-10).

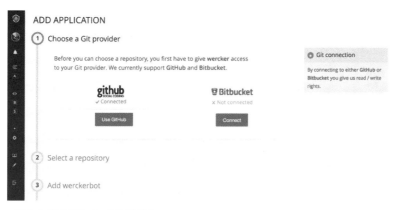

그림 9-9　워커 응용프로그램 등록 화면

그림 9-10　워커 응용프로그램 설정 화면

▣ SSH 키 생성

우선 디지털오션의 VM에 접속하는 데 필요한 SSH 키를 생성한다(그림 9-11). 「SSH keys」라는 섹션이 있으므로 「Generate new key pair」를 클릭하고 키를 생성한다. 이때 키의 이름을 지정하는 데, 「digitalocean」과 같이 이름을 정해 알기 쉽게 하자.

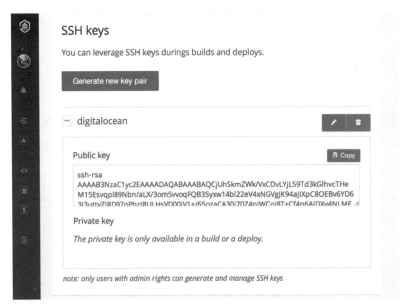

그림 9-11 워커의 SSH 키 생성 화면

▣ 환경 변수 설정

다음으로 베이그런트에서 디지털오션에 접속하는 데 필요한 환경 변수를 설정한다(그림 9-12).
「Pipeline」 섹션에서 「Add new variable」을 클릭하고 「Environment variable」의 이름에
「DIGITALOCEAN_ACCESS_TOKEN」이라고 입력한다. 그리고 「Text」에 체크돼 있는지 확인하고
value에 디지털오션 액세스 토큰을 입력한다. 「Protected」에 체크하면 내용이 로그로 표시되지 않아
서 안전하므로 체크하기를 권장한다. 필요한 정보의 입력이 끝났다면 「Save」를 클릭해 환경 변수를 저
장한다.

다음으로 SSH 키의 내용을 환경 변수로 취득할 수 있게 설정한다. 마찬가지로 「Pipeline」 섹션에서
「Add new variable」을 클릭한다. name에는 「DIGITAL OCEAN_SSH_KEY」라고 입력한다. 그리
고 「SSH Key pair」에 체크한다. 「Select a key pair」에서 조금 전 생성한 「digitalocean」을 선택한다.
「Save」를 클릭해 환경 변수를 저장한다. 이제 환경 변수 DIGITALOCEAN_SSH_KEY_PUBLIC에서
공개키를, DIGITALOCEAN_SSH_KEY_PRIVATE에서 비밀키를 취득할 수 있다.

다음 단계를 위해서 「Copy」를 클릭하고 클립보드에 공개키를 복사해 둔다.

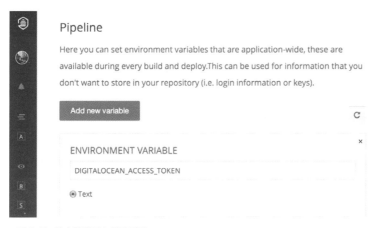

그림 9-12 워커 환경 변수 설정 화면

▣ 디지털오션에 공개키 등록

워커에서 디지털오션의 VM에 SSH로 접속할 수 있도록 디지털오션에서 조금 전 생성한 공개키를 등록한다. https://cloud.digitalocean.com/ssh_keys에 접속한 뒤 「Add SSH Key」를 클릭해 공개키를 등록한다(그림 9-13). Vagrantfile의 설정과 관련된 이름은 「wercker」라고 하고, 「Public SSH Key」 키에는 클립보드에 복사해 둔 공개키를 붙여 넣는다. 「CREATE SSH KEY」를 클릭해 등록을 완료한다.

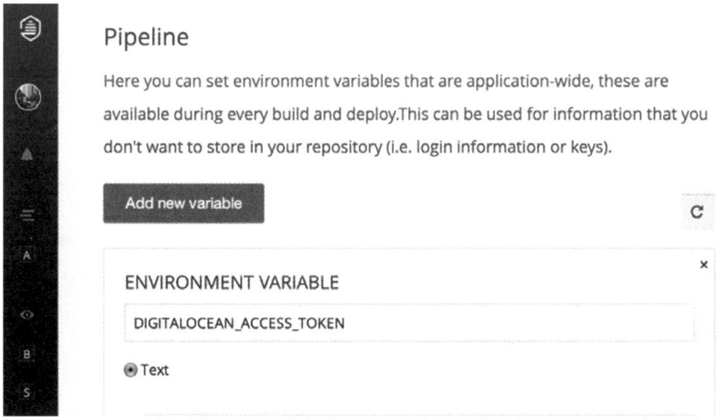

그림 9-13 디지털오션 공개키 등록 화면

인프라 CI 구축

드디어 인프라 CI를 실행한다.

wercker.yml 생성

워커에서 CI의 구체적인 절차가 기술돼 있는 wercker.yml 파일을 생성한다(코드 9-2).

일반적으로 CI의 실행은 「빌드」라고 한다. wercker.yml box에 빌드를 실행해 워커의 VM 종류를 지정한다. 서버스펙을 시작하기 위해서는 루비가 필요하므로 wecker/ruby box를 지정한다. 그 외에 어떤 box가 있는지는 https://app.wercker.com/#explore/boxes/search/에서 확인할 수 있다.

wercker.yaml의 steps에는 구체적인 빌드 단계를 지정하고, script에서 실행할 스크립트를 지정한다. name에는 식별하기 위한 이름을 부여하고 code에 구체적인 실행 내용을 지정한다.

create-file에서 파일을 생성한다. name에는 식별하기 위한 이름을, filename에는 실제로 작성할 파일을, content에는 파일의 내용을 지정한다. over-write로 같은 이름의 파일이 이미 존재할 경우 덮어쓰게 할 것인지, hide-from-log로 내용을 로그로 남기지 않을 것인지 지정한다.

steps에서 지정한 각 스텝에 대해서는 name에 구체적인 내용이 설명돼 있으므로 이를 바탕으로 각 단계를 설명한다.

after-steps에서는 빌드를 완료하고 처리 내용을 지정한다. 이 예제에서는 디지털오션의 VM을 삭제하도록 지정했다.

▼ **코드 9-2** wercker.yml

```
box: wercker/ruby
build:
  steps:
    - script:
      name: Make $HOME/.ssh directory
      code: mkdir -p $HOME/.ssh
    - create-file:
      name: Put SSH public key
      filename: $HOME/.ssh/id_rsa.pub
```

```
      overwrite: true
      hide-from-log: true
      content: $DIGITALOCEAN_SSH_KEY_PUBLIC
  - create-file:
      name: Put SSH private key
      filename: $HOME/.ssh/id_rsa
      overwrite: true
      hide-from-log: true
      content: $DIGITALOCEAN_SSH_KEY_PRIVATE
  - script:
      name: Run chmod 0400 $HOME/.ssh/id_rsa
      code: chmod 0400 $HOME/.ssh/id_rsa
  - script:
      name: gem install
      code: sudo gem install serverspec --pre --no-ri --no-rdoc
  - script:
      name: Get Vagrant
      code: wget https://dl.bintray.com/mitchellh/vagrant/vagrant_1.6.3_x86_64.deb
  - script:
      name: Install Vagrant
      code: sudo dpkg -i vagrant_1.6.3_x86_64.deb
  - script:
      name: Run vagrant plugin install
      code: vagrant plugin install vagrant-digitalocean
  - script:
      name: Run vagrant up
      code: vagrant up --provider=digital_ocean
  - script:
      name: Run rake spec
      code: rake spec

after-steps:
  - script:
      name: Run vagrant destroy
      code: vagrant destroy --force
```

wercker.yml을 깃헙에 푸시하고 빌드 실행

생성한 wercker.yml을 커밋하고 깃헙에 푸시한다.

```
$ git add wercker.yml
$ git commit
$ git push origin master
```

푸시하면 자동으로 워커에서 빌드가 시작되고 빌드에 성공하면 그림 9-14와 같은 화면이 나온다.

빌드에 실패하면 빌드 상세 화면에서 로그를 확인할 수 있으므로 실패 원인을 확인하고 wercker.yml
의 내용을 검토한 후 필요한 수정을 한다.

이제 인프라 CI를 수행하기 위한 환경이 구성됐다. 이제는 깃헙에 코드를 푸시하면 자동으로 그리고 지
속적으로 워커에서 빌드가 실행된다.

그림 9-14 빌드 성공

한발 더 나아가기

인프라 CI를 좀 더 효율적으로 수행하기 위한 방법을 소개한다.

빌드 결과 통지

워커를 이용한 빌드의 결과를 IRC(Internet Relay Chat)로 통지하는 방법[3]과 HipChat에 통지하는 방법[4]이 워커의 공식 블로그에 설명돼 있다. 이러한 통지를 활용함으로써 빌드 결과를 빠르게 알 수 있고 좀 더 효율적으로 테스트 주도 인프라/인프라 CI 프로세스를 돌릴 수 있다.

정리

이번 장에서는 깃헙, 디지털오션, 워커를 사용해 인프라 CI를 구축했다. 인프라 CI에 의해 코드가 변경되면 반드시 테스트가 실행되어서 변경의 변화를 빠르게 알 수 있게 됐다.

다양한 역할의 서버에 의해 시스템이 구성되고 인프라 코드가 복잡해지면서 작은 코드 변화가 생각하지 못한 영향을 미치는 경우도 있다. 하지만 코드가 수정될 때마다 전체 테스트를 로컬 컴퓨터에서 수행하는 것은 테스트에 걸리는 시간이나 컴퓨터 리소스를 생각할 때 현실적이지 못하다. 인프라 CI가 가능하면 로컬 컴퓨터에서의 테스트는 최소한으로 사용하면서 CI 서버에서 전체 테스트를 수행하고 결과를 알 수 있다. 이를 통해 더 확실하고 효율적인 인프라 코드 개발이나 리팩터링을 할 수 있게 된다.

3　http://blog.wercker.com/2013/08/13/Adding-IRCnotifications-to-your-wercker-pipeline.html

4　http://blog.wercker.com/2013/07/31/Add-hipchatnotifications.html

인프라의
지속적인 개선 실현

깃헙 플로우를 기반으로 한 워크플로우 변화

미야시타 코스케

이번 장에서는 테스트 주도 인프라, 인프라 CI 방법 외에도 깃헙을 활용한 워크플로우를 도입함으로써 인프라의 지속적인 개선을 실현하는 방법을 설명한다.

깃헙을 활용한 워크플로우

깃헙을 활용한 테스트 주도 인프라/인프라 CI 워크플로우의 대략적인 흐름은 다음과 같다.

❶ 로컬에 깃 저장소의 브랜치를 체크아웃한다.

❷ 코드를 수정한다.

❸ 수정한 부분에 대해 로컬에서 테스트한다.

❹ 테스트에 성공한 코드를 커밋하고 깃헙의 브랜치에 푸시한다.

❺ 푸시된 브랜치는 자동으로 CI된다.

❻ 깃헙에 풀 리퀘스트를 생성한다.

❼ 풀 리퀘스트에 CI 결과가 표시된다.

❽ CI가 실패한 경우는 필요한 수정을 하고 브랜치를 푸시한다.

❾ CI와 병행해 풀 리퀘스트를 다른 사람(제3자)에게 리뷰 받는다.

❿ 리뷰에 대한 필요한 수정을 하고 브랜치를 푸시한다.

⓫ CI가 성공하고 리뷰도 문제없다면 브랜치를 마스터(master)에 병합한다.

❿ 마스터에 병합한 내용이 자동으로 CI 된다.

⓭ CI 결과에 문제가 없다면 배포한다.

이렇게 깃헙을 활용한 워크플로우를 깃헙 플로우라고 한다.

워크플로우 시나리오

이번 장에서는 구체적으로 app 역할 서버를 추가해 새로운 proxy라는 역할 서버를 추가하고 엔진엑스(nginx)의 설치와 설정을 수행하는 작업을 깃헙 플로우로 수행한다. 대략적인 흐름은 다음과 같다.

❶ 로컬에 깃 저장소의 브랜치를 체크아웃한다.

❷ Vagrantfile에 proxy 역할 설정을 추가한다.

❸ 역할별로 테스트를 실행할 수 있게 Rakefile과 spec_helper.rb를 수정한다.

❹ proxy 역할 테스트를 작성한다.

❺ proxy 역할 서버에 엔진엑스를 설치하고 설정하기 위해서 퍼펫 매니페스트를 생성한다.

❻ 로컬 VM에 퍼펫 매니페스트를 적용하고 수정한 부분에 대해서 테스트를 수행한다.

❼ 테스트에 성공하면 코드를 커밋한다.

❽ wercker.yml을 수정해 커밋한다.

❾ 깃헙에 브랜치를 푸시한다.

❿ 푸시된 브랜치는 자동으로 CI된다.

⓫ 깃헙에 풀 리퀘스트를 생성한다.

⓬ 풀 리퀘스트에 CI 결과가 표시된다.

⓭ CI가 성공하고 문제가 없다면 브랜치를 마스터에 병합한다.

그러나 앞에서 설명한 워크플로우와 다르게 리뷰와 배포는 하지 않는다. 또한, 새로운 역할 추가에 따른 wercker.yml의 수정 절차가 있으므로 조금 흐름이 다르지만, 파일을 수정하는 것은 일반적으로 다르지 않다.

워크플로우의 구현

깃의 조작

▣ 깃의 브랜치 체크아웃

우선 깃의 브랜치를 체크아웃한다. 깃헙 플로우에서는 작업 내용을 나타내는 간결한 브랜치명으로 하는 것이 좋다. 여기서는 add-proxy-role이라는 브랜치를 체크아웃한다.

```
$ git checkout -b add-proxy-role
```

베이그런트 관련 수정

▣ Vagrantfile 수정

proxy 역할의 테스트 VM을 생성하기 위해서 Vagrantfile을 코드 10-1과 같이 수정한다. 새롭게 config.vm.define :proxy do |c| 블록이 추가됐다.

▼ **코드 10-1** Vagrantfile 수정

```
VAGRANTFILE_API_VERSION = "2"

Vagrant.configure(VAGRANTFILE_API_VERSION) do |config|
  config.vm.box = "chef/centos-7.0"

  config.vm.provider :digital_ocean do |provider, override|
    override.ssh.private_key_path = "~/.ssh/id_rsa"
    override.vm.box = "AndrewDryga/digital-ocean"
    provider.token = ENV["DIGITALOCEAN_ACCESS_TOKEN"]
    provider.image = "CentOS 7.0 x64"
    provider.region = "sgp1"
    provider.size = "512MB"

    if ENV['WERCKER'] == "true"
      provider.ssh_key_name = "wercker"
```

```
      else
        provider.ssh_key_name = "My MacBook Air"
      end
    end


    config.vm.provision :shell, inline: <<-EOF
      sudo rpm -i \
      http://yum.puppetlabs.com/puppetlabs-release-el-7.noarch.rpm
      sudo yum install -y puppet
    EOF


    config.vm.define :app do |c|
      c.vm.provision :shell do |shell|
        shell.path = "provision.sh"
        shell.args = "app"
      end
    end


    config.vm.define :proxy do |c|
      c.vm.provision :shell do |shell|
        shell.path = "provision.sh"
        shell.args = "proxy"
      end
    end
  end
```

▣ Vagrantfile이 문제없는지 확인

vagrant up proxy를 실행하고 수정한 Vagrantfile이 문제없는지 확인한다(그림 10-1).

마지막으로 퍼펫 매니페스트를 적용하는 곳에서 에러가 발생하지만, 아직 매니페스트에 proxy 역할을 추가하지 않았기 때문이므로 문제없다. vagrant status proxy를 실행하고 시작된 것이 확인됐으므로 다음으로 넘어가자.

```
$ vagrant up proxy
Bringing machine 'proxy' up with 'virtualbox' provider...
==> proxy: Importing base box 'chef/centos-7.0'...
...( 중략 )
==> proxy: Running provisioner: shell...
proxy: Running: /var/folders/94/3rqh294n4nl6j8njpqww7sv80000gn/T/vagrant-shell20140817-11685-
1xkktgr.sh
Error: Could not find class proxy for localhost.southpark on node localhost.southpark
...( 이하생략 )
```

그림 10-1 vagrant up proxy 실행

▣ Vagrantfile 커밋

Vagrantfile이 문제없다고 확인되면 여기서 한 번 커밋하자.

```
$ git add Vagrantfile
$ git commit
```

테스트 관련 수정

proxy 역할용 퍼펫 매니페스트를 생성하기 전에 먼저 테스트를 생성해 실행한다.

▣ proxy 역할용 테스트 추가

proxy 역할용 테스트를 생성하고 실행한다. 우선은 proxy 역할용 테스트 코드를 작성한 파일을 보관하기 위해 폴더를 생성한다.

```
$ mkdir spec/proxy
```

코드 10-2와 같이 테스트 코드를 작성해 spec/proxy/nginx_spec.rb를 생성한다. 이 테스트는 엔진엑스 패키지가 설치돼 있는지와 엔진엑스 서비스가 시작됐고, 자동으로 시작되게 설정돼 있는지 확인한다.

▼ **코드 10-2** spec/proxy/nginx_spec.rb

```ruby
require 'spec_helper'

describe package('nginx') do
  it { should be_installed }
end
describe service('nginx') do
  it { should be_enabled }
  it { should be_running }
end
```

▣ 테스트 실행

테스트 관련 파일을 수정했다면 실제로 proxy 역할 VM에 대한 테스트를 실행해 확인한다(그림 10-2). rake spec으로 모든 역할의 VM에 대한 테스트를 수행하거나 rake spec:proxy에서 proxy 역할의 VM에 대한 테스트를 실행할 수 있지만, 인프라 코드가 늘어나면 모든 테스트를 수행하는 데 시간이 걸리고 개발 효율이 떨어지므로 여기서는 proxy 역할의 VM에 대해 특정 파일의 테스트만 실행되게 한다.

아직 VM에 대해서는 프로비저닝을 실행하지 않았기 때문에 테스트는 실패한다.

```
$ TARGET_HOST=proxy rspec spec/proxy/nginx_spec.rb

Package "nginx"
  should be installed (FAILED - 1)

Service "nginx"
  should be enabled (FAILED - 2)
  should be running (FAILED - 3)

Failures:

  1) Package "nginx" should be installed
     On host `proxy`
     Failure/Error: it { should be_installed }
       expected Package "nginx" to be installed
```

```
    sudo -p 'Password: ' /bin/sh -c rpm\ -q\ nginx
    package nginx is not installed


  # ./spec/proxy/nginx_spec.rb:4:in `block (2 levels) in <top (required)>'
 2) Service "nginx" should be enabled
   On host `proxy`
   Failure/Error: it { should be_enabled }
     expected Service "nginx" to be enabled
     sudo -p 'Password: ' /bin/sh -c systemctl\ --plain\ list-dependencies\ runlevel3.target\
\|\ grep\ \'\^nginx.service\$\'


  # ./spec/proxy/nginx_spec.rb:8:in `block (2 levels) in <top (required)>'

 3) Service "nginx" should be running
   On host `proxy`
   Failure/Error: it { should be_running }
     expected Service "nginx" to be running
     sudo -p 'Password: ' /bin/sh -c systemctl\ is-active\ nginx.service
     unknown


  # ./spec/proxy/nginx_spec.rb:9:in `block (2 levels) in <top (required)>'

Finished in 0.43001 seconds (files took 5.71 seconds to load)
3 examples, 3 failures
```

그림 10-2 테스트 실행

퍼펫 매니페스트 수정

▣ 퍼펫용 엔진엑스 모듈 생성

proxy 역할 서버에 엔진엑스를 설치하고 설정하기 위해 엔진엑스 모듈을 생성한다.

먼저 모듈용 폴더를 생성한다.

```
$ mkdir -p modules/nginx/manifests
```

다음으로 코드 10-3과 같이 엔진엑스 패키지를 설치하고, 엔진엑스 서비스의 시작과 자동 시작을 설정한 퍼펫 매니페스트 modules/nginx/manifests/init.pp를 생성한다.

▼ **코드 10-3** modules/nginx/manifests/init.pp

```
class nginx {
  yumrepo { 'nginx':
    name => 'nginx',
    baseurl => 'http://nginx.org/packages/centos/$releaserver/$basearch/',
    gpgcheck => 0,
    enabled => 1,
  }

  package { 'nginx':
    ensure => installed,
    require => Yumrepo['nginx'],
  }

  service { 'nginx':
    enable => true,
    ensure => running,
    require => Package['nginx'],
  }
}
```

■ **퍼펫 매니페스트에 proxy 역할 추가**

퍼펫 매니페스트에 proxy 역할을 추가한다.

우선 proxy 역할용 폴더를 생성한다.

```
$ mkdir -p roles/proxy/manifests
```

다음과 같은 내용으로 roles/proxy/manifests/init.pp를 생성하고 proxy 역할로 엔진엑스를 설치하고 설정되게 한다.

```
class proxy {
  include nginx
}
```

▣ 퍼펫 매니페스트 적용

vagrant provision proxy를 실행하고 퍼펫 매니페스트를 적용한다(그림 10-3). 문제없이 적용될 것이다.

```
$ vagrant provision proxy
==> proxy: Running provisioner: shell...
    proxy: Running: inline script
...(생략)
==> proxy: Running provisioner: shell...
    proxy: Running: /var/folders/94/3rqh294n4nl6j8njpqww7sv80000gn/T/vagrant-shell20140817-
8726-99mwh8.sh
==> proxy: Notice: Compiled catalog for localhost.southpark in environment production in 0.53
seconds
==> proxy: Warning: The package type's allow_virtual parameter will be changing its default
value from false to true in afuture release. If you do not want to allow virtual packages,
please explicitly set allow_virtual to false.
==> proxy: (at /usr/share/ruby/vendor_ruby/puppet/type.rb:816:in `set_default')
==> proxy: Notice: /Stage[main]/Nginx/Yumrepo[nginx]/ensure: created
==> proxy: Notice: /Stage[main]/Nginx/Package[nginx]/ensure: created
==> proxy: Notice: /Stage[main]/Nginx/Service[nginx]/ensure: ensure changed 'stopped' to
'running'
==> proxy: Notice: Finished catalog run in 18.68 seconds
```

그림 10-3 vagrant provision proxy 실행

다시 테스트

▣ 테스트 다시 실행

퍼펫 매니페스트를 적용했다면 다시 proxy 역할 VM에 대한 테스트를 실행하고 확인한다(그림 10-4). 이걸로 proxy 역할 추가에 대한 대략적인 작업이 끝나고 테스트도 무사히 성공했다.

```
$ TARGET_HOST=proxy rspec spec/proxy/nginx_spec.rb

Package "nginx"
  should be installed

Service "nginx"
  should be enabled
  should be running

Finished in 0.40139 seconds (files took 7.78 seconds to load)
3 examples, 0 failures
```

그림 10-4 테스트 다시 실행

파일 커밋

▣ 퍼펫 매니페스트나 테스트 관련 파일 커밋

퍼펫 매니페스트가 적용돼 테스트에 무사히 성공했으므로 퍼펫 매니페트스와 테스트 관련 파일을 커밋한다.

```
$ git add .
$ git commit
```

워커에 관한 수정

▣ wercker.yml을 수정

현재의 wercker.yml에서는 테스트 실행 시에 rake spec을 실행하기 위해 전체 테스트를 한 번 실행한다. 어떤 역할 테스트에서 실패했는지 알기 쉽게 구별하기 위해서 테스트 실행을 역할별로 구분한다(코드 10-4). 수정 내용은 name: Run rake spec 부분을 name: Run rake spec:app과 name: Run rake spec:proxy 두 개로 구분하고 다른 변경은 필요 없다.

▼ 코드 10-4 wercker.yml 수정

```
box: wercker/ruby
build:
  steps:
    - script:
      name: Make $HOME/.ssh directory
      code: mkdir -p $HOME/.ssh
    - create-file:
      name: Put SSH public key
      filename: $HOME/.ssh/id_rsa.pub
      overwrite: true
      hide-from-log: true
      content: $DIGITALOCEAN_SSH_KEY_PUBLIC
    - create-file:
      name: Put SSH private key
      filename: $HOME/.ssh/id_rsa
      overwrite: true
      hide-from-log: true
      content: $DIGITALOCEAN_SSH_KEY_PRIVATE
    - script:
      name: Run chmod 0400 $HOME/.ssh/id_rsa
      code: chmod 0400 $HOME/.ssh/id_rsa
    - script:
      name: gem install
      code: sudo gem install serverspec --pre --no-ri --no-rdoc
    - script:
      name: Get Vagrant
      code: wget https://dl.bintray.com/mitchellh/vagrant/vagrant_1.6.3_x86_64.deb
    - script:
      name: Install Vagrant
      code: sudo dpkg -i vagrant_1.6.3_x86_64.deb
    - script:
      name: Run vagrant plugin install
      code: vagrant plugin install vagrant-digitalocean
    - script:
      name: Run vagrant up
      code: vagrant up --provider=digital_ocean
    - script:
```

```
    name: Run rake spec:app
    code: rake spec:app
  - script:
    name: Run rake spec:proxy
    code: rake spec:proxy

after-steps:
  - script:
    name: Run vagrant destroy
    code: vagrant destroy --force
```

◼ wercker.yml 커밋

wercker.yml의 동작 확인은 로컬에서 할 수 없으므로 우선 커밋한다.

```
$ git add wercker.yml
$ git commit
```

깃헙에서의 조작

대략적인 수정이 끝났으므로 깃헙에 브랜치를 푸시하고 풀 리퀘스트를 생성한다.

◼ 깃헙에 브랜치를 푸시

수정한 코드를 깃헙에 푸시한다.

```
$ git push origin add-proxy-role
```

◼ 워커에 자동으로 빌드

깃헙 코드를 푸시하면 자동으로 워커에서 빌드가 시작된다.

▣ 풀 리퀘스트 생성

브랜치를 푸시하면 깃헙 저장소 페이지에 「Compare and pull request」 버튼이 표시되므로 클릭해 풀 리퀘스트를 생성한다(그림 10-5). Title과 Comment를 적당히 입력하고 「Send pull request」를 클릭하면 풀 리퀘스트 생성이 완료된다.

워커에 빌드가 실행되는 것이 풀 리퀘스트 화면에 표시된다(그림 10-6).

그림 10-5 풀 리퀘스트 생성

그림 10-6 빌드 실행 중

▣ 풀 리퀘스트에 표시되는 빌드 결과

워커에서의 빌드가 완료되면 깃헙의 풀 리퀘스트에 결과가 표시된다. 빌드에 성공하면 그림 10-7과 같이 표시되고 실패하면 그림 10-8과 같이 표시된다.

그림 10-7 빌드 성공

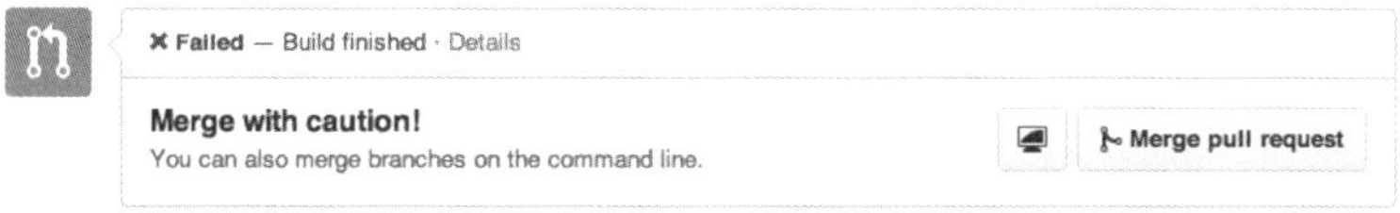

그림 10-8 빌드 실패

워크플로우 완료

▣ 풀 리퀘스트를 병합

리뷰 결과 내용에 문제가 없고 워커에서의 빌드에 성공했다면 「Merge pull request」 버튼을 클릭해 마스터 브랜치에 병합한다. 병합 후 「Delete branch」 버튼이 표시되므로 클릭해 add-proxy-role 브랜치를 삭제한다.

병합 후에는 병합된 마스터 브랜치가 CI 대상이 된다. 마스터 브랜치의 CI가 성공하면 다음은 인프라 코드를 실 서버 환경에 배포하고 실 서버에 적용하는 흐름으로 진행한다.

워크플로우 구현 요약

워크플로우를 구현하는 첫 번째 단계에서는 퍼펫 매니페스트나 테스트 코드 외에도 Vagrantfile, Rakefile, spec_helper.rb, wercker.yml의 수정이 필요하며 이를 귀찮다고 생각한 사람도 있을지 모른다. 물론 구현의 첫 단계는 다소 귀찮다. 그렇지만 워크플로우가 일정 궤도에 오르면 기본적으로 수정할 곳은 퍼펫 매니페스트와 테스트 코드 정도이므로 인프라 개발 주기를 쾌적하고 빠르게 돌릴 수 있게 된다.

테스트 코드가 CI에 의해 테스트가 자동으로 실행되는 것이나 깃헙의 풀 리퀘스트를 통해 리뷰를 수행하고 풀 리퀘스트도 CI에 의해서 자동으로 테스트가 수행됨으로써 가져오는 안정적인 느낌은 크다. 일단 궤도에 오르면 이 워크플로우 없이 인프라 코드 개발을 할 생각은 없어질 것이다.

한 걸음 더 나아가기

지속적인 배포

응용프로그램 세계에서는 지속적인 배포라는 개념이 일반화되고 있다. 테스트 주도나 CI를 인프라 세계에 적용하는 것처럼 지속적인 배포도 적용할 수 있다. 3부에서는 풀 리퀘스트를 생성하고 CI가 성공하면 마스터에 병합하는 수준으로 마쳤지만, 여기에서 나아가 자동으로 퍼펫 매니페스트를 실 서버에 업로드하고 적용까지 수행하는 흐름도 생각해 볼 수 있다. 이런 것들에 의해서 진정한 의미의 「인프라의 지속적인 개선」이 실현되는 것이 아닐까?

응용프로그램과의 통합

웹 서비스는 인프라만으로 이루어지는 것이 아니라 그 위에 응용프로그램과 결합해 이뤄진다. 현재는 응용프로그램 테스트, CI, 지속적인 배포가 일반적으로 이뤄지게 됐지만, 인프라 테스트, CI, 지속적인 배포는 지금부터가 시작이다. 인프라에서 이런 것들은 일반적으로 이뤄지게 하기에 앞서 인프라에서 응용프로그램까지 전부를 통합한 테스트, CI, 지속적인 배포가 수행되게 되고 이로써 진정한 의미의 「지속적인 웹 서비스 개선」이 실현되는 것이 아닐까?

요약

3부에서는 최근 주목받고 있는 테스트 주도 인프라와 인프라 CI에 대해서 그 개요와 중요성, 구체적인 구현 방법, 깃헙과 조합한 워크플로우를 설명하고 앞으로 어떻게 발전해 갈지를 간단하게 언급했다.

3부에서 다룬 Serverspec에 대해 학술적인 관점에서 정리한 공동 논문 「serverspec: 선언적 기술로 서버의 상태를 테스트할 수 있는 다재다능한 테스트 프레임워크」[1]도 있으므로 흥미가 있는 사람은 꼭 참고하자.

테스트 주도 인프라나 인프라 CI는 실제로 체험하지 않으면 그 가치를 좀처럼 이해하기 어렵다고 생각한다. 모두가 테스트 주도 인프라/인프라 CI를 접하는 계기가 됐으면 한다.

---

1   https://github.com/mizzy/serverspec-thesis/blob/master/serverspec.pdf?raw=true

Immutable
Infrastructure

일회용 서버에 의한 운영의 변화

직역하면 「불변의 인프라」가 되는 Immutable Infrastructure는 2013년 제창되어
현재 주목받고 있는 기술이다. Immutable Infrastructure에서는 각 서버를 설치한
후에 변경하지 않고 언제든지 서버를 재구성할 수 있도록 해 운영 비용을 낮추고
응용프로그램의 테스트와 배포 프로세스를 단순하게 한다.

4부에서는 Immutable Infrastructure의 개념과 배경 설명부터 도커와 HA프락시,
아마존 EC2와 ELB, 아파치 메소스를 이용한 구축까지 자세하게 설명한다.

Immutable Infrastructure란 무엇인가

불변 서버, Blue-green Deployment와 그 장점

㈜하테나, 타나카 신지

4부를 시작하며

Immutable Infrastructure라는 말을 들어 본 적이 있는가? Immutable Infrastructure는 2013년 6월 채드 파울러의 블로그 「Trash Your Servers and Burn Your Code: Immutable Infrastructure and Disposable Components」[1]에서 제창된 개념이다. Immutable Infrastructure에서 가장 중요한 개념은 「인프라 서버 등의 각 구성 요소를 언제든지 재구성할 수 있고 언제든지 버릴(Disposable) 수 있게 하자.」다. 이를 실현하기 위해서 「각 서버를 한번 설치한 후 그 상태를 바꾸지 않고 불변(Immutable)한다.」라는 원칙을 인프라의 각 구성 요소에 도입한다.

4부에서는 Immutable Infrastructure(이하 II)라는 개념을 도입해 인프라와 DevOps에 어떠한 변화를 가져오는지에 대해서 소개한다.

우선 이번 장에서는 II의 개요와 그 배경을 설명한다. 다음으로 12장에서는 II의 구현에 있어 필요한 기술과 도구를 소개한다. 계속해서 13장에서는 기본적인 II를 도커[2]를 이용해 구현하는 방법을 설명한다. 마지막으로 14장에서는 II의 발전된 형태의 하나인 클러스터 관리 도구 아파치 메소스(Apache Mesos)[3]를 이용하는 방법을 설명한다.

1　http://chadfowler.com/blog/2013/06/23/immutabledeployments/

2　https://www.docker.io/

3　http://mesos.apache.org/

II란 무엇인가

II에서는 서버의 초기 설정을 수행한 후 상태를 변경하지 않고 유지하는 것을 원칙으로 한다. 「서버 상태를 불변으로 유지」라는 것은 응용프로그램의 배포나 웹 서버의 미들웨어 매개 변수를 변경하는 등의 작은 수정을 포함해 모든 상태 변경에 대해서 서버를 재설치한다는 말이다. 게다가 재설치를 쉽게 해 「언제든지 서버를 폐기할 수 있는 상태로 유지」하는 것도 목표로 한다.

II의 개념에는 말 그대로 일체 서버의 상태 변화를 허용하지 않는 의미로 해석할 수 있다. 하지만 예를 들어 서버가 움직이는 동안 남는 시스템 로그의 저장마저 허용하지 않는 것은 비현실적이다. 실제로는 엄밀한 의미에서 불변을 유지하는 것이 아니라 언제든지 서버를 폐기할 수 있는 상태를 유지하고 이를 위해 최소한 사람에 의한 변경을 허용하지 않는다는 정도의 의미다.

II의 목적

II의 목적은 서버 상태의 복잡성(엔트로피)을 증가하기 어렵게 하고 각 상태를 컨트롤하기 쉽게 해 운영 비용을 낮추는 것이다. 게다가 응용프로그램의 테스트나 배포 절차를 단순화하여 언제든지 배포할 수 있고 문제가 발생했을 때 롤백도 쉽게 할 수 있어 개발 효율을 향상시킨다.

II를 구성하는 개념

여기서는 II의 주요 개념인 불변 서버(Immutable Server)와 Blue-green Deployment에 대해 소개한다.

▣ 불변 서버

지금까지 언급한 것처럼 II에서는 상태를 변경하지 않는 불변 서버를 중심으로 인프라를 구축한다. 예를 들어 응용프로그램 서버의 초기 설정에서는 OS를 설치하고 응용프로그램을 시작하는 데 필요한 라이브러리, 패키지를 설치한 뒤 응용프로그램 코드의 배포를 수행한다. 불변 서버에서는 초기 설정이 끝난 후 그 이상 변경하지 않는다. 리버스 프락시 서버나 캐시 서버에서도 마찬가지로 OS 설치에서 미들웨어 설치, 초기 설정, 서버 시작이 끝나면 그 이상의 변경은 하지 않는다.

만약 응용프로그램 코드를 새로 배포해야 하거나 미들웨어 설정을 변경해야 할 때는 새로 OS 설치부터 시작한다. 이처럼 작은 변경에도 매번 재구성하므로 서버 재구성이 일상적으로 이뤄지게 된다. 따라서 배포나 설정 수정을 반복하면서 몇 년간 계속 기동해도 결과적으로 재구성이 어려운 서버가 없어지게 된다. 또한, 기본 설정으로 모든 설정을 수행하므로 1개의 서버가 1개의 역할만 담당하도록 생각하게 된다.

▣ Blue-green Deployment

Blue-green Deployment는 응용프로그램 서버를 불변 서버로 운영할 때에 응용프로그램 코드의 배포 방법이다. 실제 동작하는 환경(Blue 환경)과 새로운 환경(Green 환경) 양쪽을 준비하므로 이런 이름이 붙는다. Blue-green Deployment에서는 동작 중인 환경에 대해서 다음과 같은 절차로 배포한다(그림 11-1).

❶ 새로운 응용프로그램 서버를 필요한 수만큼 준비한다.
❷ 준비한 새로운 서버에 응용프로그램 코드를 배포한다.
❸ 지금까지 움직이던 기존 서버에서 새로운 서버로 로드 밸런서 구성을 전환한다.
❹ 기존 서버를 폐기한다.

가장 큰 특징은 ❷에서 배포하고 나서 ❹에서 기존 서버를 폐기할 때까지는 응용프로그램 서버의 셋트가 새로운 서버와 기존 서버 두 개가 동시에 존재하는 점이다.

이로 인해 새로운 서버와 배포되는 새로운 응용프로그램 코드에 문제가 있어도 바로 기존 서버로 되돌릴 수 있다.

기존의 배포 방법은 응용프로그램 서버에 이전 코드가 남아 있다고 해도 최소한 응용프로그램 서버 프로세스의 재기동이 필요했다. 코드뿐 아니라 각종 라이브러리 버전을 올렸거나 설정이 변경됐을 때에는 완전하게 이전 상태로 되돌리는 것은 어려울 뿐 아니라 때에 따라서는 불가능한 경우도 있다.

Blue-green Deployment에서는 기존 서버가 완전한 상태로 남아 있으므로 언제든 신속하게 되돌릴 수 있고 보다 안전하게 배포할 수 있다.

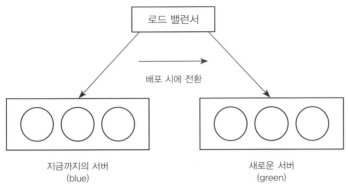

그림 11-1 Blue-green Deployment

II의 해결 과제

인프라를 오랜 기간에 걸쳐 운영하면 다양한 문제가 발생하지만, II는 그중에서도 다음과 같은 서버 상태에 관한 문제를 해결한다.

서버 상태의 과제

■ 서버의 생성 시기에 따른 차분(差分) 발생

세상에는 몇 년에 걸쳐 계속 동작하고 있는 서버가 적지 않다. 예를 들면 필자가 근무하는 하테나[4]에서 운영하는 하테나 북마크의 가장 오래된 응용프로그램 서버는 약 6년 전인 2008년 6월에 구축됐고 마지막으로 재가동된 때부터 300일 정도 지났다. 한편 하드웨어의 불량이나 부하의 증가로 응용프로그램 서버를 새로 생성하는 경우도 있고 같은 응용프로그램 서버라도 구축 시기가 수년에 나누어져 있다.

얼마 전부터 각종 라이브러리의 버전을 올리는 작업이 진행되고 있으며 시기에 따라서는 OS 버전이 새로운 버전으로 바뀌는 경우도 있다. 따라서 라이브러리의 특정 버전에 의존하는 코드가 있다면 일부 서버만 문제가 발생하는 경우도 있어서 원인을 규명하거나 대책을 세우는 일이 어렵다. 실제로 하테나에서도 이런 문제로 고민하는 일은 늘 있는 일이다.

---

4 필자가 근무하고 있는 회사를 말한다.

▣ 서버 상태 변화의 반영 누락

또한, 같은 서버를 장기간 사용하다 보면 서버의 튜닝이나 새로운 라이브러리의 설치, 버전업 등 서버의 설정을 변경하는 일이 자주 생긴다. 이 말은 서버 상태가 변화되고 있으며 일부 서버에 설정이 누락되거나 업데이트에 누락이 생기면 조금 전과 같은 문제가 발생하게 된다.

II를 이용한 문제 해결

II에서는 각 호스트 상태를 초기에 설치하고 변경하지 않는 것을 전제로 다음과 같이 문제를 해결한다.

▣ 호스트별 차분 최소화

II에서는 Blue-green Deployment를 이용해 배포할 때 모든 서버를 다시 생성한다. 서버는 같은 시기에 같은 내용으로 생성되므로 설치된 라이브러리 버전의 차이나 서버 상태의 차이로 인한 문제로 고민할 필요가 없어진다.

그러나 응용프로그램 서버의 대수가 늘어날 때는 기존 서버를 다시 생성하지 않는다. 배포하지 않고 장기간 운용하면 서버의 설정 방법에 의한 라이브러리 버전 차이는 발생한다. 그러므로 Blue-green Deployment를 사용하고 있다고 해서 버전의 차이가 발생하는 것을 완전하게 막을 수는 없다.

▣ 골든 이미지 도입

위 문제에 대해서 엄밀하게 같은 환경에서 동작하게 하려면 생성할 때의 OS 이미지를 골든 이미지로 저장해 두고 서버 대수가 늘어날 때 골든 이미지를 사용하는 방법이 있다.

골든 이미지란 응용프로그램 코드와 이 코드가 움직이는 실제 환경을 포함한 OS 이미지다. 응용프로그램 코드의 변경 사항이 커밋되고 응용프로그램이 배포될 때 골든 이미지를 생성한다(그림 11-2).

이 골든 이미지를 스테이징 환경이나 프로덕션 환경의 서버에서 이용한다. 여러 서버에서 움직이는 이미지를 통일해 서버별로 여러 가지 환경에 차이가 생기는 것을 막을 수 있다. II에서도 골든 이미지를 사용해 환경 관리나 프로덕션 환경에 쉽게 배포할 수 있다.

또한, 골든 이미지 생성 방법을 코드로 작성해 코드의 커밋부터 스테이징 환경으로의 배포나 프로덕션 환경으로의 배포 준비까지 자동화할 수 있고 개발, 운영 프로세스를 크게 효율화할 수 있다.

다만 골든 이미지를 도입하지 않아도 II를 구축하면 호스트 생성에서 폐기될 때까지의 주기를 크게 단축할 수 있고 오래된 호스트를 계속 사용해서 발생하는 장애나 문제를 줄일 수 있다.

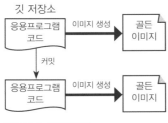

그림 11-2 골든 이미지

▣ 설정 작성의 단순화

초기 설정 이후의 설정 변경은 하지 않으므로 서버의 설정을 자동화하기 위한 구성은 셸 스크립트로도 쉽게 할 수 있다. II에서는 설정 스크립트를 여러 번 실행하지 않으므로 멱등성[5]에 대해서 신경 쓸 필요가 없으므로 단순한 구성으로 설정을 작성해도 문제가 없다.

예를 들어 실행 환경 가상화로서 도커(도커에 대한 자세한 설명은 뒤에서 한다)를 사용할 경우에 Dockerfile이라는 단순한 구성을 제공하고 있지만, 이것만으로도 충분히 설정을 작성할 수 있다.

물론 설정 추상화나 관리를 위해서 좀 더 고급 도구를 사용해도 되고, 그게 더 효율적일 때도 있다.

II의 단점과 적용되지 않는 영역

이번 절에서는 II의 단점과 II에서는 커버할 수 없는 영역을 설명한다.

II의 단점

II는 단점도 있다. 도입 초기에는 단점이 더 크게 느껴질지도 모르지만, 구성이 어느 정도 갖춰지면 장점에 비해 크게 문제가 되지는 않을 것이다.

---

5 몇 번 실행해도 같은 결과가 되는 특성을 말한다.

▣ 서버 상태 변경 비용의 증가

II에서는 초기 설정을 완료하고 가동하기 시작한 서버의 상태 변경을 위해 SSH 등으로 직접 로그인해 작업할 수 없다. 또한 셰프[6]나 퍼펫[7]의 프로비저닝 도구를 사용하는 것도 금지한다. 그러므로 작은 변화가 생겨도 서버의 재생성이 필요하고 변경 자체의 비용이 늘어난다.

▣ 서버를 다시 생성하는 비용 증가

II에서는 서버의 생성과 파기를 자주하므로 생성과 파기에 비용이 많이 드는 경우에 전체 운영 비용이 많이 증가한다.

▣ 단점에 대한 대책

이런 단점을 줄이기 위해서 API를 통해 서버의 생성과 파기를 쉽게 할 수 있고, 서버 재생성 프로세스의 대부분을 자동화할 수 있는 클라우드 환경과 같은 기술이 필요하다.

II에서 다룰 수 없는 영역

II는 서버 상태를 변경하지 말자는 개념이므로 모든 서버에 적용할 수 있는 것은 아니다.

II가 대상으로 하는 것은 기본적으로 상태를 가지고 있지 않은 스테이트리스 서버(이하 무상태 서버)[8]만이다. II에서는 응용프로그램 서버처럼 본질적인 상태를 가질 필요가 없는 용도의 서버를 무상태 서버라고 정하고 상태를 변경하지 않음으로써 효율적으로 사용되게 하고 있다.

DB나 파일 서버처럼 본질적으로 상태를 가져야 하는 스테이트풀 서버(이하 상태 서버)[9]는 II의 대상이 될 수 없다. 상태 서버까지 다루는 것이 앞으로 II의 과제다.

다만 II를 도입하면 응용프로그램의 배포가 빈번하게 발생하는 개발 서버나 스테이징 서버도 쉽게 생성할 수 있게 된다. 그 결과 DB 등의 상태 서버에도 응용프로그램 엔지니어가 개발용 DB 서버를 쉽게 복제하거나 배포에 맞게 스키마 변경을 더 유연하게 할 수 있는 구조가 필요하게 될 것이다.

---

6 http://www.getchef.com/chef/

7 https://puppetlabs.com/

8 Stateless Server로 동작 상태를 정의하지 않고 클라이언트로부터 독립된 요청에 의한 서비스를 제공하는 서버를 말한다.

9 Stateful Sever로 클라이언트와의 통신 상태를 추적하고 이를 자신의 서비스 제공에 이용하는 서버를 말한다.

II 등장 배경

지금까지 II의 개요와 장점 그리고 단점을 설명했다. 여기서는 II라는 개념이 등장한 배경을 소개한다.

서버 가상화 기술의 진화

예전에는 1대의 물리 호스트에 동작하는 OS 환경은 1개뿐이었지만 서버 가상화 기술에 의해서 여러 개의 OS 환경을 동작할 수 있게 됐다. 이로 인해 OS 환경을 비약적으로 유연하게 다룰 수 있게 됐다. 서버 가상화 기술의 진화로 응용프로그램의 실행 환경이 다양한 물리적인 제약에서 자유로워졌고, 유연한 운영을 할 수 있게 됐다.

▣ 하이퍼바이저형 가상화 기술과 AWS

하이퍼바이저형 가상화 기술은 물리 호스트에 하이퍼바이저라는 얇은 층을 사용해 그 위에 가상 호스트를 기동하는 기술이다. Xen이나 KVM, VM웨어 ESX같이 다양한 제품이 있다.

이런 가상화 기술을 기반으로 IaaS (Infrastructure as a Service) 클라우드가 등장했다. 특히 2003년에 릴리즈된 오픈 소스 가상화 기술 Xen은 AWS(Amazon Web Services)에서 채용돼 크게 영향을 주고 있다.

AWS는 프로그램에서 호출할 수 있는 API가 갖춰져 있고 대부분 기능을 API로 조작할 수 있으며 서버 리소스를 유연하게 확보할 수 있다. IaaS와 그 API의 발전으로 여러 개의 호스트를 한 번에 구성할 수 있는 환경이 갖춰지고 II와 같은 개념으로 발전하고 있다.

▣ 컨테이너형 가상화 기술과 도커

컨테이너형 가상화 기술은 하이퍼바이저형 기술과는 다르게 한 개의 OS 커널에 여러 개의 환경(컨테이너)을 작동시키는 기술이다. 이전부터 OpenVZ와 같은 도구가 있었지만, 2013년 컨테이너형 가상화 기술 LXC(Linux Containers)를 기반으로 한 오픈 소스 제품으로 도커가 등장해 주목을 받고 있다.

도커는 다른 컨테이너형 가상화 기술과 비교해서 비교적 사용이 쉽고 하이퍼바이저형 가상화 기술에 비해 가볍고 유연하게 사용할 수 있다. 도커를 사용하면 응용프로그램 엔지니어의 노트북이나 지속적인 테스트를 위한 테스트 서버에 독립성이 높은 환경을 쉽게 준비할 수 있어 응용프로그램 실무 환경을 더 쉽게 다룰 수 있다[10].

서버 구성 관리 기술(프로비저닝 도구)의 진화

서버 가상화 기술의 진화와 함께 서버 구성 관리 기술(프로비저닝 도구)도 진화하고 있다.

서버의 설정을 기술하는 프로비저닝 도구가 등장하기 전에는 셸 스크립트로 설정하는 것이 일반적이었다. 하지만 셸 스크립트 작성 능력의 한계와 작성이 추상화돼 있지 않아서 다양한 용도에 맞게 여러 개의 스크립트를 관리하는 것이 어려웠다.

최초로 프로비저닝 도구가 등장한 것은 1993년 CFengine으로 그 후 2005년에 퍼펫, 2008년에 셰프가 탄생했다. 이러한 프로비저닝 도구는 멱등성을 유지하며 각종 설정을 작성하기 쉽다는 특징이 있다.

앞서 설명한 것처럼 멱등성이란 어떤 작업을 몇 번 수행해도 같은 결과가 되는 것을 말하는 특성이다. 예를 들어 foo=bar라는 설정을 추가한다고 하자. 이때 설정 파일에 단순하게 추가한다면 실행할 때마다 foo=bar라는 행이 늘어나 설정 파일이 중복되게 된다. 도구에 따라서는 의도하지 않은 동작이 발생할 수 있다. 멱등성을 지키려면 foo=bar라는 항목이 없다면 작성하고 있다면 아무것도 하지 않는다는 동작이 필요하다.

이러한 프로비저닝 도구의 등장으로 서버 설정을 선언적으로 작성할 수 있게 됐다. 또한, 프로비저닝 도구를 사용하지 않고 설정을 변경하므로 서버 설정을 모두 명시적으로 기술할 수 있게 됐다.

또한, 서버 설정의 기능 테스트를 하기 위해서 서버스펙[11]도 개발됐다.

그러나 셰프나 퍼펫 같은 프로비저닝 도구를 사용해도 완벽하게 멱등성을 유지하면서 기술하는 것은 결코 쉽지 않다는 문제가 있다. II에서는 초기 설정을 하고 상태 변경을 금지함으로써 완전한 멱등성 유지에 신경 쓰지 않고 이러한 도구를 사용할 수 있게 해준다.

---

10 도커에 대한 자세한 내용은 7부 「도커를 이용한 경량 가상 환경」에서 설명하고 있으므로 7부를 참고하자.

11 http://serverspec.org/, 자세한 내용은 2장 「서버스펙으로 테스트 주도 인프라 구축」과 3부 「테스트 주도 인프라와 CI」를 참고하자.

함수 프로그래밍 기법의 도입

II는 이런 가상화 기술과 프로비저닝 도구의 진화에 서버 상태를 변화시키지 않는다는 개념을 가지고 있다. 「상태를 변화시키지 않는다.」는 개념은 최근 수년간 주목받고 있는 함수 프로그래밍의「불변성」이라는 개념과 비슷하다.

기본적인 프로세스를 상태 변화가 수반되지 않게 해 전체를 파악하기 쉬워진다.

II에서 필요로 하는 기술

그렇다면 II를 구현하려면 어떠한 기술이 필요할까?

호스트 조작을 위한 API

II의 장점을 활용하려면 우선 단점으로 이야기했던 호스트 생성과 파기에 드는 비용을 최대한 줄여야 한다.

IaaS 클라우드 서비스에서는 호스트 생성과 파기의 조작이 API화되어 있고 프로그래밍으로 돼 있다. 아마존 EC2(Elastic Compute Cloud)에서는 RunInstances/TerminateInstances의 API에 해당한다. 사쿠라의 클라우드나 디지털오션과 같은 AWS 이외의 클라우드나 VPS(Virtual Private Server) 서비스에도 비슷한 API가 있다. 도커에서도 도커 리모트 API(Docker Remote API)를 이용해 외부에서 LXC를 조작할 수 있다.

로드 밸런서의 원격 조작 기능

Blue-green Deployment에서는 새로운 응용프로그램과 기존 응용프로그램의 서버 전환이 로드 밸런서의 설정 변경에 따라 이뤄지므로 이 작업을 손쉽게 해야 한다.

기존의 배포 방법은 배포와 동시에 로드 밸런서를 조작할 수 없었지만, II에서는 배포와 동시에 해야만 한다. 그러므로 로드 밸런서도 API(그렇지 않아도 되도록 쉬운 방법)로 조작할 수 있게 하는 것이 바람직하다.

AWS의 로드 밸런서인 ELB(Elastic Load Balancing)는 당연히 API로 조작할 수 있다.

한편 HA프락시나 엔진엑스, Keepalived와 LVS(Linux Virtual Server)같은 로드 밸런서 기능이 있는 기존의 미들웨어는 API를 이용한 조직을 전제로 하지 않았기 때문에 설정 파일 내보내기와 반영을 원격에서 수행할 수 있어야 한다.

서버 클러스터를 다루는 도구

II를 구현하면 서버 증감 빈도가 높아지므로 이런 작업과 관련 도구의 연계 비용이 적게 드는 것이 중요하다. 이를 위해서 II에 적합한 클러스터 관리 도구와 리소스 가시화, 감시 도구가 필요하게 된다.[12]

II와 PaaS의 관계 　　　　　　　　　　　　　　　　　　　　　　 Column

II가 목표로 하는 것은 원래 헤로쿠(Heroku)같은 PaaS(Platform as a Service)가 구현한 것[12]과 비슷한 점이 있다. 대부분 PaaS에서는 응용프로그램 코드를 저장소에 푸시하면 실행 환경에 배포된다. PaaS에서는 이를 구현하기 위해서 응용프로그램 서버가 상태를 가지지 않는다는 제약을 가지고 있고 이 점이 II의 개념과 일치한다.

또한, 지금까지의 PaaS의 문제점 중 하나였던 언어가 한정되는 점은 헤로쿠에서는 Buildpack이라는 것을 도입했고 AWS의 Elastic Beanstalk에서는 도커 대응을 구현해 해결하고 있다.

PaaS와 II의 가장 큰 차이는 II에서는 다양한 구조의 내용이 보이고 직접 다룰 수 있다는 점이라고 생각한다. 이를 통해 성능과 비용이 많이 드는 수준에서 구현되거나 더 높은 성능을 내거나 PaaS에서는 지원하지 않는 미들웨어를 취급하거나 개별 구조를 더 세밀하게 제어할 수 있다.

소규모 서비스나 응용프로그램에서는 PaaS로 충분한 성능과 효과를 얻을 수 있지만, 일정 이상 규모이거나 매우 빠른 응답 시간이나 특수한 미들웨어처럼 일반화할 수 없는 요구가 있을 때에는 독자적으로 II를 이용해 인프라를 구축해야 할 필요가 있다.

▣ 클러스터 관리 도구

클러스터 관리 도구는 여러 개의 서버군을 관리하고 작업에 자원을 적절하게 할당하는 도구다. II에 의해 서버의 생성과 파기가 간단하다고 해도 예를 들어 서버가 늘어나거나 줄어들 때마다 수동으로 로드 밸런서를 설정해야 하므로 결국 병목이 생겨 전체 비용이 비싸진다. 각 서버 상태가 관리되고 로드 밸런서처럼 서비스 제공에 필요한 미들웨어의 연동이 자동으로 수행돼야 II의 진가를 발휘할 수 있다.

12　자세한 내용은「The Twelve-Factor App」(http://12factor.net/) 를 참고하자

AWS와 같은 클라우드에서는 클라우드 관리 도구가 없어도 API로 서버를 늘릴 수 있지만, 클라우드 이외에 II를 구축한 경우에는 서버 리소스의 상태를 관리하거나 Blue-green Deployment를 실행하기 위해 새로운 서버를 여러 개 기동하려면 클라우드 관리 도구가 필요하다.

또한, API가 설치된 클라우드에 대해서는 그때그때 확보해야 하는 리소스 양이나 용도를 파악해 효율적으로 사용하기 위해서 유용한 경우도 있다. 예를 들어 AWS에서 도커를 사용할 때는 클러스터 관리 도구를 병용하는 편이 전체 운영을 효율화할 수 있다.

▣ 리소스 시각화, 감시 도구

Blue-green Deployment에서는 배포할 때마다 호스트의 재생성이 수행된다. 또한, 호스트를 쉽게 생성하고 파기하는 환경이 갖춰져 있으므로 부하에 따라서 호스트를 늘리거나 줄이기 역시 쉽다. 그러므로 어떤 용도로 할당된 호스트들은 시간이 지남에 따라 점점 변화한다.

그렇기 때문에 Munin과 같은 리소스 시각화 도구나 Nagios와 같은 서비스 감시 도구를 사용할 경우 호스트의 변화에 대해서 새로운 호스트에도 자동으로 시각화나 감시가 이뤄지게 구조를 정리해야 한다. 또한, CPU 부하와 같은 리소스 그래프는 새로운 호스트를 자동으로 추가할 뿐 아니라 과거의 삭제된 호스트에 대해서도 연속성을 가지고 봐야 하기 때문이다.

필자가 근무하는 하테나에서 제공하는 Mackerel[13]은 배포 전후로 서버가 변경될 때의 서버 등록의 자동화, 리소스 그래프의 연속 표시처럼 II를 구현했을 때의 요구에 맞는 서버 관리 서비스이므로 관심이 있다면 사용해 보자(그림 11-3).

---

13 https://mackerel.io/

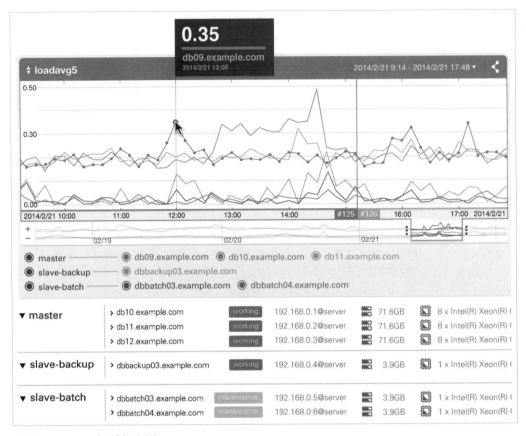

그림 11-3 Mackerel을 이용한 가시화

II가 개발, 운용, 배포 프로세스에 미치는 영향

II에서는 서버 재생성을 쉽게 할 수 있으므로 그 특징을 살려 개발, 운용, 배포 프로세스도 효율화할 수 있다.

개발 프로세스에 미치는 영향

▣ 프로덕션 환경과 거의 같은 개발 환경

II에서는 프로덕션 환경의 생성 방법이 제대로 관리되므로 이를 이용해 개발 환경도 간단하게 생성할 수 있다. 예를 들어 깃의 브랜치를 생성할 때 개발 환경도 함께 제공하므로 프로덕션과 거의 같은 환경으로 개발을 수행할 수 있다.

▣ 프로덕션 환경과 테스트 환경의 차이 축소

젠킨스 등에서 이뤄지는 지속적인 테스트에도 호스트 재생성 프로세스를 매번 수행해 깨끗한 상태의 프로덕션과 거의 같은 환경으로 테스트를 수행하고 테스트 환경에서만 발생하는 문제나 프로덕션 환경에서만 발생하는 문제를 줄일 수 있다.

또한, 골든 이미지를 지속적인 테스트 단계에서 생성해두면 이 이미지를 스테이징 환경이나 프로덕션 환경에도 이용할 수 있어 테스트 환경이나 스테이징 환경에서의 동작과 프로덕션 환경에서의 동작의 차이를 줄일 수 있다.

운영 프로세스에 미치는 영향

▣ 호스트의 상태 테스트를 쉽게

호스트를 생성할 때만 설정이 이뤄지므로 서버스펙과 같은 호스트 상태의 지속적인 테스트가 쉬워진다. 지속적인 테스트로 호스트를 새로 생성하고 초기 설정을 수행하는 프로세스가 정상인지 확인할 수 있어서 항상 문제없는 호스트의 신규 생성이 가능하게 된다.

▣ 더 효율적이고 안전한 배포

앞서 언급한 것처럼 Blue-green Deployment에 의해서 문제가 발생했을 때 원상 복구가 쉬우므로 부담 없이 빠르게 배포를 수행할 수 있다.

▣ 리소스 관리의 고도화

II에서는 서버를 유연하게 다루려면 리소스 관리의 중요성이 높다. 리소스 할당 최적화가 잘 돼 있지 않으면 II가 구현하는 유연성 때문에 리소스가 과도하게 소모되고 AWS로부터 예상 밖의 청구서를 받을지도 모른다. 이런 상황을 피하기 위해 클라우드 서버 인스턴스도 계속해서 새로운 형태가 등장하고 있고 선택지가 급속도로 늘어나고 있으므로 가장 효율적인 최적화를 계산하고 수행해야 한다.

배포 프로세스에 미치는 영향

II에서 골든 이미지를 생성하는 방법을 코드로 설명한다. II의 직접적인 목적은 아니지만, 부차적인 효과로 응용프로그램의 호환성이 향상된다. 도커 이미지의 공식 저장소에는 JIRA나 레드마인과 같은 응용프로그램에서 바로 사용할 수 있는 이미지가 공개돼 있다. 이 이미지를 내려받아 실행하면 응용프로그램을 기동할 수 있다. 또한, 자신이 만든 응용프로그램의 도커 이미지를 등록해두면 다른 사람도 쉽게 사용할 수 있다. 앞으로는 이런 방법이 응용프로그램의 유력한 배포 방법이 될 것이다.

요약

셰프나 서버스펙처럼 최근 수년 동안 인프라를 효율적이며 안정적으로 운영하는 도구가 등장했지만 II는 이것들을 집대성한다는 개념이다. II를 실제로 도입하기까지는 많은 장벽이 있지만 더 기동력 있는 인프라를 구축하기 위해서는 여러분도 꼭 도전해보기를 바란다.

Immutable Infrastructure에서
사용하는 도구와 서비스

비교, 정리와 시스템 전체의 조합

㈜하테나, 타나카 신지

인프라에서 II를 실현하려면 다양한 도구를 조합해 시스템을 구성해야 한다. 이번 장에서는 어떠한 구성에 어떠한 도구를 사용하는지 소개한다.

기본적인 II의 구성

먼저 서버와 로드밸런서를 이용한 콤팩트한 II의 구성에 관해 설명한다. 여기서 생각하는 시스템은 일반적인 웹 서비스이고 리버스 프락시 서버, 응용프로그램 서버, 데이터베이스 서버로 구성된 3단 구성의 아키텍처다. 또한, 각 층의 앞단에는 로드 밸런서로 이중화와 부하 분산을 한다고 가정한다(그림 12-1).

II를 구현하는 가장 기본적인 기능은 다음과 같다.

❶ 필요한 수의 서버를 기동한다.

❷ 각 서버의 초기 설정과 응용프로그램의 배포를 수행한다.

❸ 로드 밸런서를 설정하고 서버 교환을 수행한다.

❹ 지금까지 사용하던 서버를 종료시킨다.

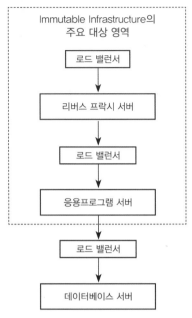

그림 12-1 기본적인 II의 구성

AWS에서의 II

II는 원래 AWS에서 배포를 개선하기 위해서 태어난 아이디어다. 이런 이유도 있어서 AWS에서의 II는 대표적이라고 할 수 있다.

▣ 서버와 로드 밸런서의 조작

아마존 EC2에서는 서버의 기동이나 정지와 같은 각종 조작이나 ELB에 의한 로드 밸런서의 조작 모두 API를 이용해서 할 수 있다. 골든 이미지를 AMI(Amazon Machine Image)로 저장해 둔다.

▣ 배포

그러나 AWS는 호스트에 대한 과금이 1시간 단위이므로 Blue-green Deployment를 이용한 배포를 실행했을 때 배포 직후 호스트를 종료해도 남은 기간이 추가로 요금이 부과될 수 있다. 따라서 배포할 때 평균 30분, 최대 1시간분의 비용이 대상 응용프로그램 서버의 대수만큼 소요된다. 예를 들어 m3.xlarge 인스턴스 6대를 도쿄 지역에서 기동한다면 6대×0.405달러/시간×30분=1.215달러=

1,215원 정도 들게 된다(1달러를 1,000원으로 계산했을 때). 예를 들어 1일 10회 배포를 한다면 약 12,150원이 들고 때에 따라서는 적거나 많을 수 있다.

도커에서의 II

AWS 이외의 환경에서 II를 구현하고 싶을 때나 AWS보다 가벼운 환경을 구현하고 싶을 때는 도커를 사용할 수 있다.

도커는 원래 LXC와 같은 컨테이너형 가상화 기술을 쉽게 사용하기 위해서 래퍼로 개발돼 있고 도커 이미지의 관리, 도커 컨테이너의 기동, 정지, 원격 API 등 초기 상태의 LXC를 쉽게 사용하기 위한 기능이 있다(그림 12-2).

2014년 3월에 릴리즈 된 버전 0.9에서는 LXC 의존이 없어지고 다양한 가상화 기술을 기반으로 도커의 기능을 사용할 수 있게 됐다. 2014년 6월에는 버전 1.0이 릴리즈되어 프로덕션에서의 사용도 지원하게 됐다. 또한, 2014년 8월 현재는 1.1.2까지 릴리즈돼 세세한 부분의 편의성도 좋아졌다.

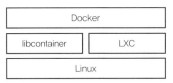

그림 12-2 도커의 구조

◼ 도커 리모트 API

도커에서는 원격에서 조작하기 위한 도커 리모트 API(Docker Remote API)가 정의돼 있어서 이를 사용해 아마존 EC2와 마찬가지로 호스트의 기동, 정지 등 II에서 요구되는 작업을 할 수 있다.

다만 Blue-green Deployment에 대한 로드 밸런서의 조작은 별도로 수행해야 한다.

◼ AWS에서의 II와 비교

도커는 호스트가 되는 도커 컨테이너의 기동이 아마존 EC2와 비교하면 훨씬 빠른 것이 특징이다. 도커 이미지의 생성도 아마존 EC2의 AMI에 비해 쉽다. 또한, 도커 이미지는 다양한 리눅스 환경에서 동작하므로 개인 PC나 개발 서버에 동작시킬 수 있다.

다만 로드 밸런서는 자기 부담으로 준비해야 한다.

로드 밸런서의 선택

로드 밸런서에는 오픈 소스 제품, 독점 제품, 클라우드 서비스에서 제공하는 제품 등 다양하게 선택할 수 있다. II에서 주로 사용할 수 있는 로드 밸런서를 표 12-1에 정리했다. 로드 밸런서 제품은 표 12-1 이외에도 있지만, 대부분은 원격에서 제어할 수 없으므로 설정 파일 갱신, 다시 불러오기의 절차를 거쳐야 한다.

이후로는 표 12-1의 제품에 대해서 각각 설명한다.

표 12-1 로드 밸런서의 비교

도구 이름	특징
AWS ELB	원격 API에서 제어하기 쉽다
LVS	커널에 구현돼서 고성능이지만 사용할 수 없는 환경이 있다.
HAProxy	유저 프로세스에서 작동해 유연하게 로드 밸런싱 할 수 있다.
nginx	위와 같음

▣ AWS ELB

AWS ELB는 AWS가 제공하는 로드 밸런서다. API로 제어할 수 있고 부하에 대해 자동으로 스케일업/스케일다운되는 클라우드 제품이다. AWS를 사용하고 있다면 먼저 선택하게 될 것이다.

다만 ELB 자체에 비용이 발생하므로 비용을 줄이기 위해서 다른 제품을 사용하는 경우도 있다.

▣ LVS

LVS는 리눅스 커널이 표준으로 가지고 있는 로드 밸런서다. 리눅스 커널에 내장돼 있어서 DSR(Direct Server Return)이나 TUN과 같은 IP 패킷 조작을 해 패킷의 경로를 최적화하고 유저 프로세스로는 구현할 수 없는 매우 높은 성능을 가지고 있다.

한대만으로는 이중화나 각 서버의 상태를 체크하는 기능을 가지고 있지 않으므로 Keepalived[1]와 조합해서 사용하는 경우가 많다.

---

[1] http://www.keepalived.org/

▣ HA프락시

HA프락시는 LVS와 비교하면 성능은 약간 떨어지지만, 설정 파일을 작성하기 쉽고 기능이 많은 것이 특징이다.

다만 원격에서 조작하기 위한 API가 제공되지 않아서 로컬 설정 파일을 갱신하여 다시 불러오기를 해야 한다.

▣ 엔진엑스

엔진엑스(Nginx)는 원래 범용 HTTP 서버이지만 리버스 프락시 기능이 있어서 로드 밸런서로 사용할 수 있다. HA프락시보다 더욱 기능이 많아 예를 들면 Lua 모듈을 사용해 설정 파일에 코드를 작성할 수 있다.

다만 HA프락시와 마찬가지로 원격 조작 API가 제공되지 않으므로 로컬 설정 파일을 갱신해 다시 불러오기를 해야 한다.

클러스터 관리 도구를 이용한 II의 고도화

11장에서 다뤘던 것처럼 II에서는 서버의 증감 빈도가 높아지므로 클러스터 관리 도구를 사용해 다양한 처리를 자동화하거나 간소화할 수 있다.

II를 구현하는 클러스터 관리 도구에는 다음과 같은 기능이 요구된다.

- 서버를 생성, 파기하는 기능
- 여유 리소스를 관리하는 기능
- 서버에 장애가 발생했을 때 대체 서버를 기동하는 기능
- 요청을 전달하는 기능
- 작업 스케줄링, 부하 분산 기능
- 클러스터 관리 도구 자체의 기능성을 보장하는 기능

소규모 환경이라면 여기서 설명하는 모든 기능을 갖추고 있지 않아도 사용할 수 있고 다른 도구와 조합해 전체 시스템을 만들어도 좋을 것이다. 또한, AWS와 같은 IaaS 클라우드를 사용할 때는 호스트 생성과 같은 일부 기능은 클라우드 쪽을 이용하게 된다.

클러스터 관리 도구는 오픈 소스, 독점을 포함해 예전부터 다양했지만, 최근에는 AWS나 도커와 같은 새로운 기술에 적용하기 위해 다시 주목받게 됐다. 클러스터 관리가 주목적이 아닌 도구도 포함돼 있지만, II에서 사용할 수 있는 주요 클러스터 관리 도구를 표 12-2에 정리했다.

이후에는 표 12-2의 도구에 대해서 각각 설명한다.

표 12-2 클러스터 관리 도구 비교

도구 이름	개요
Dokku	도커를 기반으로 최소한으로 콤팩트한 도구다.
Flynn	도커를 기반으로 풀 스택 PaaS를 목표로 한다.
Apache Mesos	서버를 관리하기 위한 본격적인 미들웨어다. 이중화 등 많은 기능이 있고 도커를 다룰 수 있다.
Serf	분산형 클러스터 관리 도구다. 중앙 서버를 가지지 않고 단순한 구조로 서버군을 관리할 수 있다.

도쿠

도쿠(Dokku)[2]는 도커(Docker)를 기반으로 1대의 호스트에 도커를 기동해 최소한의 PaaS 기능을 오픈 소스로 구현한 것이다. 1대로 충분히 감당할 수 있는 최소한의 웹 응용프로그램에서는 고려해볼 만하다. 구축도 콤팩트하므로 직접 구축하기도 쉽다.

도쿠는 단순한 PaaS로 동작한다. 도쿠를 설치한 서버에서 응용프로그램의 깃 저장소 마스터 브랜치를 깃에 푸시하면 자동으로 응용프로그램이 도커에 설치되고 기동된다. 기동과 동시에 엔진엑스 설정도 이뤄지고 요청이 도커의 응용프로그램 서버에서 처리되게 된다. 명령줄의 내용은 다음과 같다.

```
$ git push dokkuserver master
Counting objects: 5, done.
Delta compression using up to 4 threads.
Compressing objects: 100% (4/4), done.
Writing objects: 100% (5/5), 627 bytes ¦ 0 bytes/s,done.
Total 5 (delta 0), reused 0 (delta 0)
-----> Building webapp ...
    Node.js app detected
...
```

---

2 https://github.com/progrium/dokku

```
-----> Releasing webapp ...
-----> Deploying webapp ...
-----> Cleaning up ...
=====> Application deployed:
http://webapp.dokkuserver
```

이처럼 마스터 브랜치를 갱신하는 것만으로 응용프로그램 서버의 배포가 수행된다. 배포 시에 매번 도커 이미지가 재생성되고 도커 프로세스가 재기동 된다.

플린

플린(Flynn)[3]은 도쿠와 마찬가지로 도커를 기반으로 하는 PaaS를 오픈 소스로 구현한 것이다. 도쿠와는 다르게 좀 더 실용적이고 확장되는 응용프로그램 실행 환경을 목적으로 한다.

플린의 아키텍처는 레이어 0과 레이어 1의 두 개 층으로 나뉘어 있다. 낮은 레벨의 레이어 0은 도커 컨테이너 관리, 분산 환경의 설정 관리, 작업 스케줄링, 서비스 검색과 같은 기능을 제공하고 있다. 높은 레벨의 레이어 1은 관리용 API, 깃 연동, 로그 수집, 데이터베이스 어플라이언스, 요청 라우팅과 같은 기능이 있다.

플린은 곧 시험판이 배포될 예정이다. 기능적으로 어느 정도 쓸만한지는 모르겠지만, 앞으로 기대되는 도구다.

아파치 메소스

14장에서 자세하게 설명을 할 아파치 메소스[4]는 도쿠나 플린과는 다르게 분산된 리소스를 관리하기 위해 개발되어 클러스터 관리에 특화된 미들웨어다. 클러스터 관리 이외의 기능은 없으므로 부하에 대한 스케줄링 등은 별도의 방법을 사용해야 한다.

아파치 메소스는 원래 하둡과 같이 일정 시간에 실행이 종료되는 배치 처리를 전제로 한 클러스터 관리 도구였다. 하지만 현재는 응용프로그램 서버와 같은 장기간 살아있는 프로세스에도 대응하고 웹 서비스의 서버군을 관리하는 용도로도 사용된다.

---

3 https://flynn.io/
4 http://mesos.apache.org/

아파치 메소스는 다양한 구성 요소로 기능이 구성돼 있다(그림 12-3). 핵심적인 구성 요소는 메모스 마스터(Mesos master)와 메소스 슬레이브(Mesos slave) 두 가지로 각각 다음과 같은 기능이 있다.

- **메소스 마스터:** 클러스터 전체를 관리하는 중앙 서버
- **메소스 슬레이브:** 실제로 처리를 수행하는 노드(서버)

응용프로그램을 기동할 때는 우선 메소스 마스터에 리소스 할당을 요청하고 적당한 양의 메소스 슬레이브를 할당받는다. 할당된 메소스 슬레이브에 응용프로그램 서버를 기동해 서비스를 시작한다. 메소스 슬레이브에 장애가 발생할 때는 메소스 마스터가 자동으로 다른 슬레이브를 할당한다.

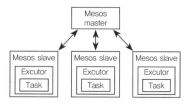

그림 12-3 메소스를 이용한 클러스터 관리

서프

서프(Serf)[5]는 아파치 메소스와 같은 집중형 클러스터 관리 도구가 아닌 분산형 클러스터 관리 도구다.

서프에는 중앙 서버가 아닌 각 서버에 기동된 에이전트가 상호동작해 클러스터 관리를 수행한다(그림 12-4). 에이전트는 Gossip 프로토콜[6]에 의해 상호동작하고 클러스터에 새로운 에이전트(=서버)가 추가되거나 삭제되는 것을 자동으로 감지한다. 이들이 감지되면 클러스터 내의 모든 에이전트에 이벤트로 통지돼 임의의 이벤트 핸들러를 호출할 수 있다. 이로 인해 로드 밸런서에 원격으로부터 접속할 수 있고 API가 없어도 자율적으로 상호작용을 할 수 있다.

예를 들어 응용프로그램 서버의 추가, 삭제를 곧바로 로드 밸런서 설정에 반영시키고 지속해서 갱신할 수 있다. 이는 응용프로그램 서버와 로드 밸런서를 같은 클러스터에 소속시켜 각각 「웹」과 「LB」 태그를 붙이고 LB의 태그를 가진 에이전트가 웹 태그를 가진 에이젠트의 증감에 따라서 로드 밸런서 설정을 갱신하고 다시 불러올 수 있다.

서프에서는 중앙 서버가 없으므로 추가로 서버를 준비하지 않아도 클러스터 관리를 할 수 있다. 또한, 서프는 Go 언어로 구현되어 단일한 바이너리로 돼 있으며 각 서버에 배포가 쉽다.

---

5 http://www.serfdom.io/

6 상태 변화를 무작위로 선택된 에이전트와 정기적으로 통지하는 것(Gossiping)으로 긴밀한 클러스터의 에이전트 간 통신이 이뤄지는 프로토콜이다.

또한, 클러스터에 이벤트를 발생시키거나 새로운 서버를 기존 클러
스터에 추가하기 위해서는 기존 클러스터 중 하나의 에이전트에 접
근할 수 있어야 한다[7]. 서프 저자가 2014년 4월에 공개한 Consu[8]는
이런 문제를 해결하기 위한 서비스 검색 기능을 갖추고 있어서 주목받
고 있다.

Gossip 프로토콜에 의한 상호 통신

그림 12-4 서프를 이용한 클러스터 관리

시스템 전체의 구성 예

지금까지 소개한 서비스와 도구를 사용해 II를 구현하기 위한 두 가지 예를 소개한다. 첫 번째 AWS와
서프는 AWS(혹은 AWS 수준의 기능을 갖춘 클러스터 환경)에 특화된 구성이다. 두 번째 도커와 아파
치 메소스는 직접 운영을 포함한 다양한 환경에서 사용할 수 있는 좀 더 범용성이 높은 구성이다.

AWS와 Serf를 이용한 구성

서버는 아마존 EC2에서 동작하고 클러스터 관리를 Serf에 맡기는 형태다. 로드 밸런서는 ELB를 전제
로 한다.

◼ 골든 이미지 준비

서버와 로드 밸런서는 아마존 EC2와 ELB를 사용하므로 AWS에 웹 응용프로그램을 기동해 일반적인
구성에 가깝게 한다. 단지 각 서버는 변하면 안 되므로 배포한 응용프로그램이 들어있는 AMI를 골든
이미지로 준비해야 한다.

◼ ELB와 서프의 연동

응용프로그램 서버의 클러스터는 서프로 관리하므로 서프에서 취득한 클러스터의 서버 목록을 기준으
로 각 서버를 ELB에 추가한다.

---

7 서프 0.4부터 자동 검색 기능이 포함됐다. IP 멀티캐스트가 사용 가능한 환경(아마존 EC2에서는 이용할 수 없다)에서 서브넷에 클러스터가 닫혀있는 경우에 이
용할 수 있으며 환경에 제한돼 있어 범용으로 사용할 수 없다.

8 http://www.consul.io/

Blue-green deployment는 응용프로그램 서버의 새로운 클러스터를 준비하고 그 클러스터 서버를 ELB에 추가한다(그림 12-5의 ❶). 그리고 기존 클러스터 서버를 ELB에서 삭제해 배포를 완료한다(그림 12-5의 ❷).

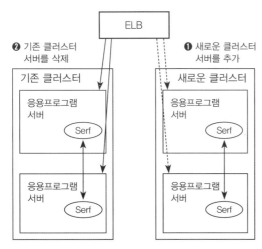

그림 12-5 AWS와 서프를 이용한 구성

도커와 아파치 메소스를 이용한 구성

서버는 도커에서 동작하고 클러스터 관리를 아파치 메소스에 맡기는 형태다. 로드 밸런서는 HA프락시를 전제로 한다.

◼ 골든 이미지 준비

응용프로그램 서버는 도커에서 동작하므로 응용프로그램 코드가 포함된 도커 이미지를 골든 이미지로 준비한다. 도커는 구성상 거의 자동으로 불변하게 되므로 크게 신경 쓸 필요는 없다.

◼ HA프락시와 아파치 메소스의 연계

이 구성에서는 아파치 메소스에서 응용프로그램 서버의 클러스터를 관리한다. 메소스 마스터에서 할당된 메소스 슬레이브의 서버를 HA프락시에 추가한다. 어떤 메소스 슬레이브에 문제가 생겨 동작이 멈추면 다른 메소스 슬레이브가 할당되기 때문에 이를 HA프락시의 설정에 반영해야 한다.

Blue-green deployment는 응용프로그램 서버의 새로운 클러스터용 서버를 메소스 마스터에 요청하고 할당된 메소스 슬레이브에 응용프로그램 서버의 준비와 HA프락시의 설정 변경을 한다. 그리고 HA프락시 설정을 다시 불러오면 새로운 클러스터에 요청이 가게 되고 배포가 완료된다.

요약

이번 장에서는 II를 실현하는 데 필요한 다양한 도구를 소개했다. II의 실현 방법은 다양하고 기존의 인프라에 도입하기 쉬우며 엔지니어의 스킬 셋에 맞춰서 선택해야 한다. 구체적인 도구는 개발을 진행 중인 것도 많아서 정식으로 확정될 때까지 시행착오가 계속될 것이다.

컨테이너형 가상화와
클라우드를 이용한 구현

도커와 HA프락시, 아마존 EC2와 ELB

㈜하테나, 타나카 신지

이번 장의 앞부분에서는 기본적인 II의 구축을 위해 도커를 이용하는 방법을 설명한다. 버전은 도커 1.1.2를 이용한다. OS는 우분투 14.04(64bit), 로드 밸런서는 HA프락시 1.4.24를 사용하고 응용프로그램 코드는 깃에 올려 두는 것으로 한다.

또한, 이 장의 뒷부분에서는 AWS를 사용할 때의 차이에 관해서 설명한다.

이 장의 예제 프로그램

웹 응용프로그램은 다음 예제 프로그램을 사용한다. 이 예제 프로그램은 접속하면 「hello, world」를 출력하는 것으로 루비의 가벼운 웹 응용프로그램 프레임워크인 시나트라를 사용한다.

`app.rb`
```ruby
require 'rubygems'
require 'sinatra/base'

class App < Sinatra::Base
  get '/' do
    "hello, world"
  end
end
```

응용프로그램의 실행 환경을 마련하기 위해서 다음의 Gemfile과 config.ru를 예제 프로그램과 같은 폴더에 배치한다.

`Gemfile`
```
source 'https://rubygems.org'
gem 'sinatra'
gem 'rack-test'
```

`config.ru`
```
require 'rubygems'
require 'bundler'
Bundler.require

require './app'
run App
```

II에서 사용하는 도커의 기능

우선 II를 구현하는 데 필요한 도커의 기능을 설명한다.

도커 설치

도커는 다음 명령으로 설치한다.

```
$ sudo docker run -i -t ubuntu /bin/bash
```

도커 이미지 생성

응용프로그램의 골든 이미지로 도커 이미지를 작성한다.

우선 Dockerfile을 생성한다. Dockerfile은 응용프로그램의 루트 폴더에 위치한다. 이번에 사용하는 Dockerfile은 다음과 같다.

`Dockerfile`

```
FROM ubuntu:14.04
RUN apt-get update
RUN apt-get -y install ruby1.9.3
RUN gem install bundler
ADD . /src
RUN cd /src; bundle install
EXPOSE 4567
WORKDIR /src
CMD cd /src && rackup -p4567
```

ADD로 응용프로그램 전체를 도커 이미지에 복사한다.

도커 이미지를 생성해 보자.

```
$ docker build -t sample-app .
Uploading context 5.632 kB
Uploading context
Step 0 : FROM ubuntu:14.04
---> 9cd978db300e
Step 1 : RUN apt-get -y install ruby1.9.3
---> Running in 826544226fdc
... (중략)
Successfully built 7339e006b0d2
...
```

이처럼 Successfully built라고 출력되면 이미지 생성은 성공이다.

응용프로그램은 도커 이미지에 포함돼 응용프로그램을 갱신할 때마다 도커 이미지도 갱신한다.

도커 이미지 기동

그러면 조금 전 생성한 도커 이미지를 도커 컨테이너로 기동해 보자. -p 4567:4567로 포트 번호 매핑을 지정한다.

```
$ docker run -p 4567:4567 -t sample-app
[2014-08-12 10:14:24] INFO WEBrick 1.3.1
[2014-08-12 10:14:24] INFO ruby 1.9.3 (2013-11-22) [x86_64-linux]
[2014-08-12 10:14:24] INFO WEBrick::HTTPServer#start:pid=1 port=4567
```

다음으로 요청을 보내보자.

```
$ wget -qO- http://localhost:4567/
hello, world
```

응용프로그램도 정상적으로 작동하고 있다.

도커 이미지 내의 응용프로그램 테스트

도커 이미지가 포함하고 있는 응용프로그램 테스트도 수행할 수 있다. 다음 테스트 스크립트 test.rb를 응용프로그램과 같은 폴더에 배치하고 앞에서 말한 순서대로 도커 이미지를 다시 생성한다. 다음 테스트에서는 /에 대한 요청이 200 OK로 돌아오는 것을 확인한다.

test.rb
```ruby
ENV['RACK_ENV'] = 'test'

require 'app'
require 'test/unit'
require 'rack/test'

class AppTest < Test::Unit::TestCase
  include Rack::Test::Methods
  def app
    App
end

def test_it_returns_ok
  get '/'
    assert last_response.ok?
  end
end
```

테스트는 다음과 같이 실행한다.

```
$ docker run -t sample-app ruby -I. test.rb
Run options:
```

```
# Running tests:

.

Finished tests in 0.053207s, 18.7944 tests/s, 18.7944 assertions/s.

1 tests, 1 assertions, 0 failures, 0 errors, 0 skips
```

이미지 저장소 구축

생성한 도커 이미지를 여러 대의 응용프로그램 서버에 배포하려면 이미지 저장소를 사용한다.

도커 이미지 저장소는 네트워크에 도커 이미지를 저장하기 위한 것이다. 이미지 저장소에 있는 도커 이미지는 docker 명령으로 내려받아 기동할 수 있다.

조금 전 Dockerfile의 앞부분에 FROM ubuntu:14.04라고 쓰여있는데 이것은 공식 이미지 저장소[1]의 ubuntu라는 이름으로 14.04라는 태그가 붙은 이미지를 기반으로 한다는 의미다.

▣ 개인 저장소 구축

이미지 저장소는 공용을 사용할 수도 있지만 오픈 소스 프로젝트가 아니라면 도커 이미지는 비공개하고 싶을 것이다. 그러므로 이미지 저장소도 개인적으로 준비해야 한다.

개인 이미지 저장소는 공식 이미지 저장소에서 유료로 사용할 수 있지만 여기서는 공식으로 제공하는 오픈 소스 이미지 저장소인 docker-registry[2]를 구축해 사용한다. docker-registry를 사용하기 위한 도커 이미지는 공식 이미지 저장소에 이미 포함돼 있으므로 그곳을 사용한다.

우선은 도커 이미지를 입수한다.

```
$ docker pull registry
Pulling repository registry
e8e5377f8307: Pulling dependent layers
... (생략)
```

그리고 도커 컨테이너로 시작한다.

---

1 https://index.docker.io/

2 https://github.com/dotcloud/docker-registry

```
$ docker run -p 5000:5000 \
  -v /tmp/registry:/tmp/registry registry
```

docker−registry는 도커 이미지를 기본적으로 도커 컨테이너에 저장하기 위해 도커 컨테이너를 재기
동하면 저장한 도커 이미지가 사라진다. 이를 피하기 위해서 −v /tmp/registry:/tmp/registry라고 지
정하면 호스트 쪽의 파일 시스템에 저장할 수 있게 된다[3].

▣ 개인 저장소 등록

그러면 예제 프로그램에 들어있는 도커 이미지를 저장소에 등록해 보자.

우선 저장소에 푸시하고 싶은 도커 이미지에 다음과 같이 태그를 추가한다.

```
$ docker tag sample-app \
  localhost:5000/sample-app:v1
```

그리고 푸시한다.

```
$ docker push localhost:5000/sample-app
The push refers to a repository [localhost:5000/sample-app] (len: 1)
Sending image list
Pushing repository localhost:5000/sample-app (1 tags)
511136ea3c5a: Image successfully pushed
...(중략)
e84f5828ba5a: Image successfully pushed
Pushing tag for rev [e84f5828ba5a] on {http://localhost:5000/v1/repositories/sample-app/tags/
latest}
```

도커 이미지는 aufs 레이어라는 구조가 사용되고 있다[4]. aufs 레이어는 파일 시스템의 변경 내용을 변
경할 때마다 층(레이어)처럼 기록하는 구조다. 저장소로의 푸시는 도커 이미지의 aufs 레이어별로 이
뤄진다. 모든 레이어에 Image successfully pushed가 나오면 저장소에 성공적으로 등록된 것이다.

---

3 docker-registry는 아마존 S3를 저장장소로 쓸 수 있지만, 본문에서는 생략한다.

4 도커 0.7부터 도커 이미지는 aufs, devicemapper, vfs 3개의 드라이버에서 리눅스 커널의 기능에 따라 선택할 수 있다. 이 책에서 사용하는 도커 1.1.2에서는
기본으로 aufs를 사용한다.

도커 리모트 API를 이용한 조작

II를 구현하려면 응용프로그램 서버를 원격에서 조작해야 한다. 도커에는 리모트 API가 있어서 이를 사용할 수 있다.

▣ 리모트 API의 유효화

리모트 API를 사용하려면 /etc/default/docker에 다음 행을 작성한다.

```
DOCKER_OPTS="-H 0.0.0.0:4243 -H unix:///var/run/docker.sock"
```

뒤쪽에 -H unix:///var/run/docker.sock가 없어도 괜찮지만, docker ps 등의 각종 명령어는 기본적으로 유닉스 도메인 소켓을 통해서 통신하므로 추가해 두는 편이 좋다.

그리고 docker 데몬을 다시 시작한다.

```
$ sudo service docker restart
```

▣ 도커 이미지 시작

도커 리모트 API를 사용해 조금 전의 sample-app 이미지로 도커 컨테이너를 기동하려면 다음과 같이 API를 두 번 실행해야 한다.

```
$ curl -X POST -H "Content-Type: application/json" \
  -d '{"Image":"sample-app"}' \
  http://localhost:4243/containers/create
{"Id":"49b9(중략)4d","Warnings":null}
$ curl -X POST -H "Content-Type: application/json" -d \
'{"PortBindings":{"4567/tcp":[{"HostPort":"4567"}]}}' \
  http://localhost:4243/containers/49b9 (중략) 4d/start
```

리모트 API를 직접 실행하는 것은 번거로우므로 리모트 API 루비 클라이언트에 있는 docker-api를 사용하면 다음과 같이 간단하게 작성할 수 있다.

```
require 'docker'

Docker.url = 'http://localhost:4243'
```

```
container = Docker::Container.create(
  'Image' => 'sample-app')
container.start('PortBindings' =>
  {'4567/tcp' =>
    [{ 'HostPort' => '4567' }]})
```

다음은 docker-api를 사용해 설명한다.

이미지 저장소에 등록된 도커 이미지를 사용하려면 다음과 같이 이미지 저장소에 등록할 때 설정한 태그를 지정한다.

```
container = Docker::Container.create('Image' => 'localhost:5000/sample-app:v1')
```

지금까지 응용프로그램의 도커 이미지 생성, 개인 저장소 등록, 응용프로그램 서버에 도커 컨테이너 기동까지 구현했다. 이번 예제에서는 웹 응용프로그램으로 루비의 시나트라를 사용했지만, 이외의 웹 응용프로그램에서도 Dockerfile을 수정해 대응할 수 있다.

도커와 HA프락시를 이용한 II 구현

환경 구성

지금까지 설명한 도커 이외에 로드 밸런서의 HA프락시나 깃 저장소를 추가해 II를 구현하는 환경을 구축해 보자(그림 13-1).

이번 구성에는 중앙 서버와 응용프로그램 서버 두 종류가 있다.

중앙 서버에는 로드 밸런서 HA프락시, 도커 이미지 저장소, 깃 저장소를 기동한다. 관리자는 중앙 서버에 로그인해 II에 필요한 처리를 실행한다.

깃 저장소의 구성 방법은 지면상 생략한다. HA프락시는 다음 명령으로 설치할 수 있다.

```
$ sudo apt-get install haproxy
```

각 응용프로그램 서버에는 도커 리모트 API를 활성화한 도커를 기동한다. 응용프로그램 서버는 실제 응용프로그램이 돌고 있는 환경이다.

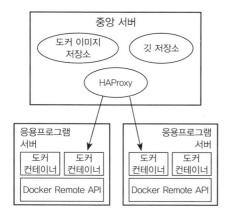

그림 13-1 도커를 이용한 II의 기본 구성

Blue-green Deployment 구현

골든 이미지로 생성한 도커 이미지를 사용해 Blue-green Deployment를 구현한다.

▣ 도커 이미지 기동

이번 환경에서는 도커 리모트 API를 이용해 응용프로그램을 실행하므로 각 서버에 SSH를 사용할 필요가 없다. 다음 스크립트로 응용프로그램 서버에 도커 컨테이너를 기동하고 HA프락시 설정을 생성한다.

`start_www.rb`
```ruby
#! /usr/bin/env ruby
require 'docker'

app = ['localhost', 'localhost']
image = ARGV.shift

puts <<END
defaults
  contimeout 5000
  clitimeout 50000
  srvtimeout 50000
```

```
listen www
  bind 0.0.0.0:80
  mode http
END


count = 0
app.each do |s|
  Docker.url = "http://#{s}:4243"
  container = Docker::Container.create(
    'Image' => image)
  container.start(
    'PortBindings' => {'4567/tcp' => [{}]})

  container.json["NetworkSettings"]["Ports"]
        .each_value do |v|
    port = v[0]["HostPort"]
    puts " server srv#{count+=1} #{s}:#{port}"
  end
end
```

스크립트를 실행해 보자.

```
$ ruby start_www.rb \
  localhost:5000/sample-app:v1 > haproxy_v1.cfg
```

각 응용프로그램 서버에 docker ps를 실행하면 도커 컨테이너가 기동되는 것을 확인할 수 있다.

```
$ docker ps
CONTAINER ID   IMAGE                          COMMAND        CREATED
STATUS         PORTS                          NAMES
b70e197d3271   localhost:5000/sample-app:v1   rackup -p4567  10 seconds ago
Up 9 seconds   0.0.0.0:49180->4567/tcp        sharp_fermat
18671642e88a   localhost:5000/sample-app:v1   rackup -p4567  11 seconds ago
Up 10 seconds  0.0.0.0:49179->4567/tcp        jolly_brattain
$ docker ps
```

■ HA프락시를 이용한 이미지 전환

조금 전 생성한 HA프락시 설정을 기동 시에 불러오도록 링크한다.

```
$ ln -sf `pwd`/haproxy_latest.cfg \
  /etc/haproxy/haproxy.cfg
$ ln -s haproxy_v1.cfg haproxy_latest.cfg
$ /etc/init.d/haproxy start
```

haproxy_latest.cfg가 HA프락시에서 참조하는 파일이므로 다른 도커 이미지에 도커 컨테이너를 기동할 때도 설정 파일 링크를 갱신하고 haproxy start 명령 대신 haproxy reload를 실행해 로드 밸런서 설정도 반영할 수 있다.

지금까지 응용프로그램의 도커 이미지 생성부터 로드 밸런서의 설정 전환까지 구현했다.

응용프로그램 개발이 진행되고 다음 버전을 배포해야 할 때는 localhost:5000/sample-app:v2에 이미지를 등록하고 haproxy_v2.cfg로 로드 밸런서 설정을 작성하고 전환을 실행한다.

```
$ ruby start_www.rb localhost:5000/sample-app:v2 \
  > haproxy_v2.cfg
$ ln -s haproxy_v2.cfg haproxy_latest.cfg
$ /etc/init.d/haproxy reload
```

■ 버전 전환 방법

배포한 응용프로그램에 문제가 발견되면 신속하게 이전 버전으로 전환해야 한다. 이럴 때는 다음과 같이 이전 로드 밸런서의 설정에 심볼릭 링크를 걸고 반영해 되돌린다.

```
$ ln -s haproxy_v1.cfg haproxy_latest.cfg
$ /etc/init.d/haproxy reload
```

■ 기존 도커 컨테이너 삭제

새로운 버전 배포를 반복하면 기존 도커 컨테이너가 쌓이게 된다. 새로운 버전을 배포하고 일정 시간 동안 상태를 본 다음 문제가 없다면 기존 도커 컨테이너는 docker kill 명령으로 삭제하는 게 좋다.

물론 도커 컨테이너를 삭제하고 그 버전으로 되돌려야 할 때는 도커 컨테이너 시작부터 다시 시작해야 한다.

▣ 도커에서의 이미지 관리

또한, 자동화를 진행해 깃 마스터 브랜치 코드가 갱신된 시점에 배포 처리가 진행되게 해보자. 깃에서는 post-receive에 스크립트를 지정해 git push 될 때 자동으로 실행되게 할 수 있다.

다음 스크립트에서는 마스터 브랜치에 푸시되는 시점에 도커 이미지 생성, 이미지 저장소에 등록, 도커 컨테이너 생성, 로드 밸런서 설정 생성까지 한 번에 실행한다.

site.git/hooks/post-receive
```bash
#!/bin/bash
echo "Post receive hook"
export REPO_DIR=/var/www/site/
while read oldrev newrev refname
do
  branch=`echo $refname | cut -d/ -f3`
  if [ "master" == "$branch" ]; then
    cd $REPO_DIR
    git --git-dir=.git pull
    unset GIT_DIR
    docker build -t sample-app .
    docker tag sample-app \
      localhost:5000/sample-app:$newrev
    docker tag sample-app \
      localhost:5000/sample-app:latest
    docker push localhost:5000/sample-app
    ruby start_www.rb \
      localhost:5000/sample-app:$newrev \
      > haproxy_$newrev.cfg
    ln -sf haproxy_$newrev.cfg haproxy_latest.cfg
    sudo /etc/init.d/haproxy reload
  fi
done
```

이 hook을 설정하고 /var/www/site에 저장소를 한 번 클론(clone) 해 둔다.

이렇게 하면 응용프로그램을 갱신하고 git push 하는 것만으로 배포까지 완료된다.

```
$ git add .
$ git commit -m 'v8'
[master 4f608fe] v8
```

```
  1 file changed, 1 insertion(+), 1 deletion(-)
$ git push
Counting objects: 5, done.
Compressing objects: 100% (3/3), done.
Writing objects: 100% (3/3), 290 bytes | 0 bytes/s,
done.
Total 3 (delta 2), reused 0 (delta 0)
remote: Post receive hook
... (중략)
remote: ...done.
To /home/stanaka/site.git 4f608fe..805ea4a master -> master
```

도커 이미지에 깃의 커밋 해시 태그가 붙어있으므로 깃 커밋 해시를 지정해 임의의 버전으로 되돌릴 수 있다.

개발 서버라면 이 정도로 가볍게 배포해도 좋지만 본 서버 환경에서는 이렇게까지 자동화하기보다는 좀 더 신중하게 하는 것이 좋다.

도커를 이용한 II가 개발 프로세스에 미치는 영향

II를 구현하면 올바르게 동작하는 골든 이미지를 생성할 수 있다. 여기에서는 골든 이미지를 도커 이미지로 생성하는 것에 대한 영향을 생각해 본다.

▣ 개발 환경에서 도커 이미지 사용

II에서 응용프로그램 서버의 실전 서버 환경 구성은 사전에 준비한 골든 이미지를 기동하기만 하면 된다. 도커를 사용할 경우에는 노트북처럼 개인 환경에서도 사용하기가 쉽다. 이로 인해서 프로덕션 환경과 개발 환경의 차이를 되도록 줄일 수 있고 환경 의존에 의한 결함의 발생이나 문제 분석의 재현성을 높일 수 있다.

▣ 테스트에서 도커 이미지 사용

골든 이미지는 지속적인 테스트에도 사용할 수 있다. 테스트를 매번 깨끗한 환경에서 실시해 테스트의 정확성을 높일 수 있다. 도커는 서버 기동이 매우 빠르므로 테스트마다 서버를 기동해도 테스트 실행 시간에 크게 영향을 미치지 않는다.

다만 프로덕션 환경에서는 원래는 불필요한 테스트를 위한 코드나 라이브러리를 넣어야만 한다. 이것이 싫을 때는 테스트용 도커 이미지를 별도로 생성해야 한다.

아마존 EC2와 ELB를 이용한 II

AWS에서 II는 도커 이미지를 AMI에, 도커 리모트 API를 EC2 API에, HA프락시를 ELB에 대체해 구현할 수 있다(그림 13-2).

AWS의 API를 사용하므로 공식 CLI[5]를 사용한다. AWS 보안 그룹 등의 자세한 설정은 지면 사정상 생략한다. 적절하게 설정하자.

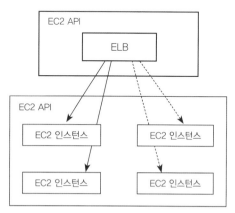

그림 13-2 AWS를 이용한 II의 기본 구성

AWS API를 이용한 절차

지금까지의 방법을 AWS상에서 구현하는 절차를 설명한다.

▣ 맞춤형 AMI 생성

EC2에서는 도커 이미지 대신에 맞춤형 AMI를 생성해야 한다. 맞춤형 AMI를 생성하는 방법은 여러 가지가 있지만, 패커(Packer)[6]가 쉬우므로 추천한다. 패커는 AMI 외에도 도커나 구글 컴퓨트 엔진용 호스트 이미지를 생성할 수 있다.

패커에는 다음과 같은 정의 파일을 준비해 AMI를 생성한다.

`ec2.json`
```
{
  "builders": [{
```

---

5 http://docs.aws.amazon.com/cli/latest/index.html

6

```
    "type": "amazon-ebs",
    "access_key": "xxx",
    "secret_key": "xxxxxx",
    "region": "ap-northeast-1",
    "source_ami": "ami-9fbec39e",
    "instance_type": "t1.micro",
    "ssh_username": "ec2-user",
    "ssh_timeout": "15m",
    "ami_name": "packer-quick-start_v6",
    "launch_block_device_mappings": [{
      "device_name": "/dev/sda1",
      "volume_size": 10,
      "delete_on_termination": true
    }],
    "ami_block_device_mappings": [{
      "device_name": "/dev/sdb",
      "virtual_name": "ephemeral0"
    }],
    "tags": {
      "OS_Version": "Amazon Linux",
      "Release": "Latest"
    }
  }],
  "provisioners": [{
    "type": "file",
    "source": "app.tar.gz",
    "destination": "/tmp/app.tar.gz"
  },
  {
    "type": "shell",
    "inline": [
      "sudo yum -y update",
      "sudo yum -y install ruby",
      "sudo gem install bundler",
      "sudo mkdir /src",
      "sudo tar -C/src -xzf /tmp/app.tar.gz",
      "sudo chown -R ec2-user:ec2-user /src",
      "cd /src/site && bundler install",
      "sudo sed -i 's/Defaults/# Defaults/' /etc/sudoers",
```

```
      "sudo chmod 777 /etc/rc.local",
        "echo 'cd /src/site && sudo -u ec2-user /home/ec2-user/bin/rackup -p4567 &' >> /etc/
 rc.local"
     ]
   }]
 }
```

응용프로그램 코드를 이미지에 넣으므로 ec2.json에는 provisioners의 file 형태로 응용프로그램 코드가 완성된 tarball을 이미지에 넣고 tarball을 shell 형태로 작성한 명령을 실행한다. 그러면 Dockerfile의 ADD와 같은 결과를 얻을 수 있다.

응용프로그램 코드가 완성된 tarball은 다음 명령으로 생성한다. 여기서는 응용프로그램 코드는 ~/app에 있다고 가정한다.

```
$ tar -czvf app.tar.gz -C ~/app --exclude .git .
```

다음으로 패커에서 AMI를 생성한다.

```
$ ~/bin/packer build ec2.json
amazon-ebs output will be in this color.
==> amazon-ebs: Creating temporary keypair: packer5348a08f-b73e-34be-9084-3cc8bd34d2bf
...
--> amazon-ebs: AMIs were created:

ap-northeast-1: ami-7f8df47e
```

위와 같이 마지막에 Image ID가 출력되면 성공이다.

▣ EC2에서 인스턴스 기동

AMI가 올바르게 생성됐는지 확인하기 위해서 다음 명령이 에러가 나지 않는지 확인해 보자. 명령 ami-7f7df47e는 패커에서 AMI를 생성할 때의 Image ID로 바꾼다.

```
$ aws ec2 describe-images --region ap-northeast-1 \
   --image-ids ami-7f7df47e
```

생성된 AMI를 기동해 본다.

```
$ aws ec2 run-instances --region ap-northeast-1 \
  --image-id ami-7f7df47e --instance-type t1.micro
```

명령 결과에는 i-9da8339b와 같이 i-로 시작하는 문자열이 포함돼 있다. 이것이 기동한 인스턴스의 ID다. 이 인스턴스에 SSH로 로그인하고 wget으로 올바르게 응용프로그램 서버가 기동 됐는지 확인한다.

```
% wget -q0- http://localhost:4567/
hello, world
```

▣ ELB에 내장

시작한 응용프로그램 서버를 로드 밸런서 ELB에 내장해 보자.

우선 ELB를 생성한다.

```
$ aws elb create-load-balancer --region ap-northeast-1 \
  --load-balancer-name iitest
  --listeners Protocol=HTTP,LoadBalancerPort=80,\
    InstanceProtocol=HTTP,InstancePort=4567 \
  --availability-zones ap-northeast-1a
```

생성한 ELB에 조금 전 시작한 인스턴스를 할당한다. i-9da8339b는 AMI를 시작했을 때 얻을 수 있는 인스턴스 ID로 바꾼다.

```
$ aws elb register-instances-with-load-balancer \
  --load-balancer-name iitest --instances i-9da8339b
```

인스턴스를 할당했다면 올바르게 작동하는지 확인해보자.

```
$ wget -q0- \
  http://iitest-111.ap-northeast-1.elb.amazonaws.com/
hello, world
```

Blue-green Deployment 구현

AWS에서 Blue-green Deployment는 몇 가지 구현 방법이 있지만, 가장 간단한 방법은 다음과 같다.

> ❶ 새로운 응용프로그램 코드가 들어있는 AMI를 생성한다.
>
> ❷ 생성한 AMI에 응용프로그램 서버를 필요한 수만큼 생성한다.
>
> ❸ 실행 중인 ELB에 생성한 새로운 인스턴스를 추가하고 기존 인스턴스를 분리한다.

❶에서는 응용프로그램 코드가 갱신되면 조금 전과 같이 패커로 AMI를 생성한다.

❷에서는 응용프로그램 서버 생성을 조금 전과 같이 run-instances로 수행한다. 여러 대의 인스턴스를 기동할 때는 --count 옵션으로 대수를 지정할 수 있다. 명령 실행 결과에 인스턴스 ID가 포함돼 있으므로 저장해 둔다.

❸에서는 ELB의 전환 명령을 다음과 같이 실행한다. 아래에서는 인스턴스 ID를 1개만 입력했지만 여러 대일 때는 공백으로 구분해 입력할 수 있다.

```
$ aws elb register-instances-with-load-balancer \
    --region ap-northeast-1 \
    --load-balancer-name iitest \
    --instances i-9da8339b && \
  aws elb deregister-instances-from-load-balancer \
    --region ap-northeast-1 \
    --load-balancer-name iitest \
    --instances i-83a33885
```

ELB도 새로운 것을 준비하고 ELB별로 전환하는 방법도 있지만, 다음과 같은 이유로 1개의 ELB로 처리하는 것이 안정적이다.

> ■ 전환작업이 DNS(Domain Name System)에 의존하고 있어 클라이언트별로 전환 시점이 달라진다.
>
> ■ 높은 트래픽에 의해 ELB가 확장됐을 때, ELB가 전환하기 전에 적절한 워밍업이 필요하다.

각 버전이 일시적으로 존재해도 문제가 없을 때는 새로운 인스턴스를 추가하고 해당 인스턴스 동작이 확인된 후에 기존 인스턴스를 분리하는 편이 좀 더 안전하게 운용할 수 있다.

도커를 이용한 II와 AWS를 이용한 II의 차이

도커와 AWS 둘 다 기본적으로 II는 이미지를 준비한 호스트에 설치하고 로드 밸런서를 설정해 구현한다. 양쪽의 가장 큰 차이점은 리소스 양에 대한 개념과 필요한 비용 두 가지다.

도커에서는

이번 장에서 소개한 도커를 이용한 Blue-green Deployment에서는 같은 서버에 새로운 컨테이너과 기존 컨테이너를 모두 기동한다. 따라서 배포 전후에도 이중으로 컨테이너가 기동돼 있어 CPU와 메모리에 여유가 필요하다. 안정적인 배포를 위해서는 보통보다 여유 있게 리소스를 운영해야 한다.

리소스 양을 최적화하려면 1개의 서버에 여러 개의 컨테이너를 기동하지 않고 각 컨테이너별로 서버를 할당해야 한다. 이는 다음 장에서 설명하는 아파치 메소스와 같이 클러스터 관리 도구를 사용해 구현할 수 있다.

AWS에서는

한편 AWS에서는 새로운 응용프로그램 서버와 기존 응용프로그램 서버가 다른 인스턴스에서 기동되므로 지금까지와 마찬가지로 인스턴스를 사용할 수 있다. 다만 AWS 인스턴스는 1시간 단위로 요금이 부과되므로 배포 전후에 기존의 인스턴스를 정지해도 평균 30분의 요금이 낭비된다. 따라서 30분에 한 번 하루에 48회 배포하면 AWS 요금이 두 배가 돼 버린다. 또한, 기존 인스턴스 정지가 늦어지면 추가로 요금이 부과되므로 주의가 필요하다.

요약

이번 장에서는 기본적인 II의 구현 방법을 소개했다. II는 개발 프로세스 개선으로 이어지므로 여러분도 사용해보기 바란다.

14

클러스터 관리 도구를
이용한 구현

아파치 메소스로 리소스 관리 자동화

㈜하테나, 타나카 신지

이번 장에서는 클라이언트 단위로 II를 구현하기 위해 클러스터 관리 도구인 아파치 메소스(Apache Mesos)를 사용하는 방법을 설명한다. AWS상에서의 도커를 사용하고 OS는 우분투를 사용한다. 또한, 응용프로그램은 깃에서 관리되고 있다고 가정한다.

각 버전은 다음과 같다.

- 우분투 14.04(64bit)
- 도커 0.9.1
- 아파치 메소스 0.19.0
- 아파치 주키퍼 3.4.5
- 마라톤 0.5.0
- Deimos

아파치 주키퍼 등 아직 설명하지 않은 도구는 뒤에서 설명한다.

아파치 메소스와 아파치 주키퍼

아파치 메소스는 분산 환경에서 사용되는 리소스 관리 소프트웨어다. 대규모 환경에서 효과적으로 리소스를 관리하기 위한 목적으로 개발됐고 트위터 등에 사용되고 있다. 또한, 아파치 주키퍼는 아파치 메소스의 이중화를 위해서 사용한다.

아파치 메소스

아파치 메소스는 다음과 같이 4개의 구성 요소로 돼 있다.

- 전체를 총괄하는 메소스 마스터
- 리소스를 제공하는 메소스 슬레이브
- 리소스의 확보, 스케줄링을 수행하는 프레임워크
- 메소스 슬레이브에서 기동하는 구체적인 실행 명령인 Executor

메소스 마스터와 메소스 슬레이브는 리소스와 API만 제공하고, 프레임워크는 응용프로그램에서 필요한 리소스를 확보하고 스케줄링을 수행한다. 다양한 응용프로그램에 맞춰 많은 프레임워크가 개발돼 있으며 예를 들면 다음과 같은 프레임워크가 있다.

- 분산 처리의 기본인 하둡의 아파치 메소스로 포트[1]
- 메소스에서 cron을 실행하는 Chronos[2]
- 분산 컴파일 mesos-distcc[3]
- 장시간 기동하는 데몬을 대상으로 하는 마라톤[4]

이번에는 프레임워크로 마라톤을, Executor로 Deimos를 사용한다.

▣ 마라톤

마라톤(Marathon)은 프레임워크의 하나다. 원래는 배치 처리용으로 만들어진 아파치 메소스에서 장시간 기동하는 데몬을 운영하기 위해서 개발됐다. 할당된 리소스상에서 데몬의 기동부터 상태 취득, 확장/축소까지 REST API를 통해서 수행한다. 또한, 장시간 기동하는 데몬이므로 메타 프레임워크로의 측면도 가지고 있어 마라톤에서 별도의 프레임워크를 움직일 수도 있다.

---

1 https://github.com/mesos/hadoop
2 https://github.com/airbnb/chronos
3 https://github.com/mesos/mesos-distcc
4 https://github.com/mesosphere/marathon/

▣ Deimos

Deimos[5]는 메소스에서 도커를 다루기 위해서 생성된 Executor다. 메소스 슬레이브에서 도커 컨테이너를 실행해 어떤 슬레이브에 실행되어도 같은 유저랜드 환경을 제공할 수 있다. 마라톤에서 할당받은 포트와 도커 컨테이너의 공개 포트의 연결에 대해서도 관리를 하고 있다.

아파치 주키퍼

아파치 주키퍼[6]는 분산 환경에 설정을 공유하거나 이중화를 구현하기 위한 소프트웨어다. 하둡의 서브 프로젝트로 개발돼 분산 환경에 가용성, 일관성 등 다양한 문제를 해결해주는 소프트웨어다. 메소스 마스터도 이중화를 위해서 아파치 주키퍼를 사용하고 있다.

아파치 메소스 환경구성

이번 장에서는 아마존 EC2에서 아파치 메소스를 사용해 도커에 서비스를 기동하고 II의 기본이 되는 구성을 생성할 때까지의 절차를 설명한다.

서버는 3대를 사용하며 편의상 mesos1, mesos2, mesos3라고 한다.

아파치 메소스 기본 설정

EC2 인스턴스에 아파치 메소스를 설치하고 실제로 기동해 보자.

▣ 아파치 메소스와 아파치 주키퍼의 설치

아파치 메소스의 설치는 아파치 메소스를 지원하는 Mesosphere[7]에서 제공하고 있는 패키지를 사용해 실시한다. 최신 버전은 내려받기 페이지[8]에서 받을 수 있다. 또한, 아파치 주키퍼도 같이 설치한다.

---

5 https://github.com/mesosphere/deimos

6 http://zookeeper.apache.org/

7 http://mesosphere.io/

8 http://mesosphere.io/downloads/

```
$ echo "deb http://repos.mesosphere.io/ubuntu trusty main" | sudo tee /etc/apt/sources.list.d/
mesosphere.list
$ sudo apt-key adv --keyserver keyserver.ubuntu.com --recv E56151BF
$ sudo apt-get -y update
$ sudo apt-get -y install curl python-setuptools pythonpippython-dev python-protobuf
$ sudo apt-get -y install zookeeperd
$ sudo apt-get -y install mesos
```

▣ 마스터/슬레이브 동작 확인

곧바로 메소스 마스터/메소스 슬레이브를 기동할 수 있다[9].

```
$ sudo service mesos-master start
$ sudo service mesos-slave start
```

이 상태로 브라우저에서 메소스 마스터의 5050 포트(http://mesos1:5050/)에 접속하면 실제 기동된 관리 화면을 볼 수 있다(그림 14-1).

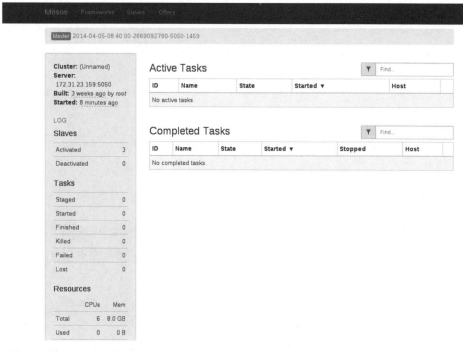

그림 14-1 메소스 마스터 관리 화면

---

9   호스트명의 역방향 조회를 할 수 없는 환경에서는 기동에 실패하므로 적당하게 hosts에 추가한다.

아파치 주키퍼를 이용한 가용성 확보

이대로라면 1대만 구성돼 있으므로 아파치 주키퍼를 사용해 이중화를 구성한다. 우선 각종 데몬을 종료한다.

```
$ sudo service mesos-slave stop
$ sudo service mesos-master stop
$ sudo service zookeeper stop
```

■ 아파치 주키퍼를 여러 대로 구성한다.

추가로 2대의 서버를 준비하고 위와 같이 각종 패키지를 설치한다. AWS에서 작업할 때는 서버 간의 통신은 미리 보안 그룹에서 전부 허용해 주자.

각 아파치 주키퍼가 기동되므로 중지해 둔다.

```
$ sudo service zookeeper stop
```

이 상태로 아파치 주키퍼를 설정한다. /etc/zookeeper/conf/zoo.cfg를 3대 모두 다음과 같이 설정한다(mesos1~3 부분에는 IP 주소나 호스트명을 넣는다. 이후도 마찬가지다).

`/etc/zookeeper/conf/zoo.cfg`
```
tickTime=2000
initLimit=10
syncLimit=5
dataDir=/var/lib/zookeeper
clientPort=2181
server.1=mesos1:2888:3888
server.2=mesos2:2888:3888
server.3=mesos3:2888:3888
```

각 서버의 /etc/zookeeper/conf/myid에 각 서버 ID를 넣는다. 1~255사이의 임의의 숫자를 입력할 수 있지만 중복되지 않게 주의한다.

```
$ echo 1 | sudo tee /etc/zookeeper/conf/myid
$ echo 2 | sudo tee /etc/zookeeper/conf/myid
$ echo 3 | sudo tee /etc/zookeeper/conf/myid
```

각 서버에 아파치 주키퍼를 기동한다.

```
$ sudo service start zookeeper
```

여러 대의 아파치 주키퍼가 기동되면 리더 선정 알고리즘에 의해서 1대가 리더로 선정된다. 로그 파일 /var/log/zookeeper/zookeeper.log에 리더 선정이 진행됐다는 로그가 남는다. 이것으로 여러 대로 구성한 아파치 주키퍼의 설정이 완료된다.

▣ 아파치 주키퍼를 이용한 마스터 이중화

다음은 아파치 주키퍼를 사용한 메소스 마스터의 이중화를 구성한다. 마스터와 슬레이브 모두 /etc/mesos/zk를 아파치 주키퍼 설정 파일로 사용하므로 여기에 아파치 주키퍼 주소와 포트를 기재한다. 서버는 mesos1부터 mesos3의 3대를 사용하고 포트는 모두 2181번을, 아파치 주키퍼의 경로는 /mesos로 할 경우 /etc/mesos/zk를 다음과 같이 설정한다.

```
zk://mesos1:2181,mesos2:2181,mesos3:2181/mesos
```

이 상태에서 메소스 마스터를 기동하면 메소스 마스터 서버에서 리더가 한 대 선정된다.

1대씩 메소스 슬레이브를 기동하면서 슬레이브 관리 화면(http://mesos1:5050/#!/slaves)에 접속하면 슬레이브가 1대씩 추가되는 모습을 볼 수 있다.

```
$ sudo service mesos-slave start
```

이중화된 것을 확인하기 위해 여러 대로 기동한 메소스 마스터 중 1대를 정지해 보자

```
$ sudo service mesos-master stop
```

잠시 후에 다른 서버의 관리 화면에 접속하면 조금 전 슬레이브와 마찬가지로 목록이 표시되고 페일오버가 성공됐음을 알 수 있다.

마라톤을 이용한 워커 확보

기동된 아파치 메소스에 마라톤을 기동하고 웹 서버와 같이 장기간 기동할 작업을 실행해보자.

▣ 마라톤 설치

마라톤을 다음 절차에 따라 설치한다.

```
$ sudo apt-get -y install marathon
```

그대로 기동한다.

```
$ sudo service marathon start
```

브라우저에서 8080 포트로 접속하면 관리 화면이 표시된다.

▣ 마라톤을 이용한 리소스 확보

마라톤에서 실제로 리소스를 확보하고 실행해 보자. 브라우저에서 마라톤 실행 호스트의 8080 포트에서 기동 중인 웹 UI에 접속하자(그림 14-2).

다음의 예제 응용프로그램을 기동한다.

❶ 오른쪽 위에 있는 new app을 누른다.

❷ 리소스 command에 (echo "HTTP/1.0 200OK"; echo; echo "hello, world") | nc -l10000.ID에 app_1이라고 입력한다[10].

❸ 그 외에 확보한 리소스는 건드리지 않고 create 버튼을 누른다.

❹ 잠시 기다린 후 기동한 응용 app_1을 클릭하면 mesos1:31674 등이 표시된다. 이 서버의 10000번 포트에 브라우저로 접속한다.

다시 리소스의 확장과 축소를 해본다.

❶ 작업 상세 화면에서 scale 버튼을 누르고 2를 입력한 후 실행한다.

❷ 잠시 기다리면 두 개의 인스턴스가 기동된다.

이 상태에서 아파치 메소스의 관리 화면(http://mesos1:5050/#/frameworks)을 보면 마라톤이 조금 전 설정한 리소스를 사용하고 있는 것을 알 수 있다.

---

10 @sonots 씨의 기사 「nc 명령으로 간단한 HTTP 서버 - sonots:blog」(http://blog.livedoor.jp/sonots/archives/34703829.html)에 소개된 간단한 웹 서버를 사용했다.

이처럼 간단하게 리소스를 확보하고 명령을 실행할 수 있었다. 이번에는 기본 Command Executor를 사용했기 때문에 간단한 실행만 했지만, 다음으로 실제 도커 컨테이너를 기동하고 실행해 보자.

그림 14-2 마라톤의 웹 UI

Deimos를 이용한 도커 조작

기본 Command Executor에서는 단지 명령만 실행하지만, Executor로 Deimos를 사용하면 도커의 기동부터 포트 바인딩까지 할 수 있다.

▣ Deimos 설치

다음과 같이 필요한 mesos 라이브러리를 설치하고 각 서버에 Deimos를 배치한다.

```
$ sudo mkdir -p /etc/mesos-slave
$ echo /usr/local/bin/deimos | sudo dd of=/etc/mesosslave/containerizer_path
$ echo external | sudo dd of=/etc/mesos-slave/isolation
$ sudo apt-get -y install docker.io
$ sudo ln -s /usr/bin/docker.io /usr/logal/bin/docker
$ sudo apt-get -y install deimos
$ sudo service zookeeper restart
$ sudo service marathon restart
$ sudo service mesos-master restart
$ sudo service mesos-slave restart
```

▣ 도커를 기동하고 접속

실제로 마라톤에서 도커 컨테이너를 기동해 접속할 때까지를 수행한다.

마라톤 조작은 전부 API를 경유한다. cURL로 다음과 같이 API를 사용해 컨테이너를 기동해보자.

```
$ curl -v -X POST -H "Content-Type: application/json" \
http://localhost:8080/v2/apps \
-d '
{
    "container": {
    "image": "docker:///nginx",
    "options" : []
  },
  "id": "nginx",
  "instances": "1",
  "cpus": ".5",
  "mem": "16",
  "uris": [ ]
}'
```

처음에는 docker pull이 돌기 때문에 조금 시간이 걸린다. 작업이 시작돼 있는지 확인하고 바인딩된 포트 번호를 확인해 접속한다. 도커 컨테이너의 공개 포트(이번에는 80번)가 바인딩돼 있다.

이것으로 아파치 메소스를 사용해 각 서버에 임의의 도커 이미지를 기동할 수 있게 됐다.

아파치 메소스를 이용한 II 구현

아파치 메소스를 이용해 II를 구현하기 위해서 Blue-green Deployment로 간단하게 구현해보자.

아파치 메소스를 이용한 도커 컨테이너 기동

아파치 메소스를 사용해 도커 컨테이너의 생성과 기동부터 로드 밸런서의 추가까지 수행해보자. 자동화하려면 마라톤 API를 경유해 기동하고 콜백 API를 사용한 로드 밸런서를 설치한다.

▣ 개인의 도커 이미지 생성

도커 이미지의 저장을 위해서 앞장에서 소개한 이미지 저장소 docker-registry를 사용한다. 공식 이미지 저장소는 속도 면에서 문제가 있으므로 개인 저장소를 만드는 게 좋다.

컨테이너를 빌드할 때는 깃 커밋 해시를 도커 컨테이너 태그로 붙여두면 버전 관리가 쉽다.

```
$ REV=`git rev-parse --short HEAD`
$ sudo docker build \
  -t registry:5000/sample-app:$REV .
```

다음과 같이 API를 실행해 개인 도커 이미지 컨테이너를 기동해 보자

```
$ curl -v -X POST -H "Content-Type: application/json" \
http://localhost:8080/v2/apps \
-d '
{
    "container": {
    "image": "docker://localhost:5000/sample-app",
    "options" : []
  },
  "id": "sample-app",
  "instances": "1",
  "cpus": ".5",
  "mem": "64",
  "uris": [ ]
}'
```

각 작업 상태는 /v2/apps/$id에 GET 요청으로 취득할 수 있다. app.tasks 이하에 호스트, 포트를 취득할 수 있다[11].

```
$ curl -s http://mesos1:8080/v2/apps/sample-app | ~/jq .
{
  "app": {
    "id": "nginx",
    "cmd": "",
    "env": {},
    "instances": 1,
    "cpus": 0.5,
    "mem": 64,
    "disk": 0,
    "executor": "",
    "constraints": [],
    "uris": [],
```

---

11 JSON 데이터의 가독성을 높이기 위해서 jq 명령(http://stedolan.github.io/jq/)을 사용한다.

```
      "ports": [
        16886
      ],
      "taskRateLimit": 1,
      "container": {
        "image": "docker://localhost:5000/sample-app",
        "options": []
      },
    "version": "2014-08-18T11:21:40.250Z",
    "tasksStaged": 0,
    "tasksRunning": 1,
    "tasks": [
      {
        "id": "nginx.d3759dd7-26c9-11e4-b1db-228a65173803",
        "host": "iitest4",
        "ports": [
         31732
        ],
        "startedAt": "2014-08-18T11:21:45.900Z",
        "stagedAt": "2014-08-18T11:21:40.597Z",
        "version": "2014-08-18T11:21:40.250Z"
      }
    ]
  }
}
```

API에 대한 자세한 내용은 마라톤의 REST API 문서[12]를 참고하자.

▣ 마라톤 이벤트 통지

마라톤에서 기동한 응용프로그램을 외부에서 보려면 마라톤의 상태를 바탕으로 로드 밸런서 설정을 생성해야 한다. 응용프로그램은 인스턴스 기동과 스케일 조정, 하드웨어 장애로 인해 언제든지 재배치될 가능성이 있으므로 이벤트별로 로드 밸런서 설정을 새로 만들어야 한다. 마라톤에서는 전용 구성으로 이벤트 통지 기능이 준비돼 있다.

---

12 https://github.com/mesosphere/marathon/blob/master/REST.md

마라톤 기동 시 인수에 --event_subscriber http_callback --http_endpoints http://
mesos1:18000/callback 등을 붙여서 이벤트별로 콜백을 받을 수 있다[13].

```
마라톤 이벤트 통지 예제
POST /callback HTTP/1.1
Host: mesos1
Accept: application/json
User-Agent: spray-can/1.2-RC4
Content-Type: application/json; charset=UTF-8
Content-Length: 135

{"taskId":"app_236_0-1396694482873",
"taskStatus":5,"appID":"app_236",
"host":"mesos1","ports":[31746],
"eventType":"status_update_event"}
```

▣ 로드 밸런서 설정

마라톤의 이벤트를 핸들링해 로드 밸런서 설정을 동적으로 전환할 수 있다. HTTP 레이어에서의
Blue-green Deployment이기 때문에 이번에는 로드 밸런서로 엔진엑스를 사용한다.

다음은 nginx.conf와 콜백 이벤트를 받는 스크립트(callback.rb)를 사용한다.

```
/etc/nginx/nginx.conf
user www-data;
pid /run/nginx.pid;
events {
  worker_connections 768;
}

http {
  include /etc/nginx/mime.types;
  default_type text/plain;
  access_log /var/log/nginx/access.log;
  error_log /var/log/nginx/error.log;
  include /etc/nginx/conf.d/*.conf;
```

---

13 마라톤 0.5.0에서는 콜백 등록을 API로 수행할 수 있다.

```
  server {
    listen 80;
    location / {
      if ($host ~ "^ii-([^.]*)\.example\.com$") {
        set $upstream $1;
        proxy_pass http://$upstream;
      }
      root /usr/share/nginx/html;
    }
  }
}
```

callback.rb

```ruby
#!/usr/bin/env ruby
require 'webrick'
require 'json'
require 'net/http'

MARATHON_SERVER = 'mesos1'
MARATHON_PORT = 8080
NGX_CONF_DIR = "/etc/nginx/conf.d"

def update_nginx_conf(event)
  generate_nginx_conf event["appID"]
  reload_nginx
end

def generate_nginx_conf(app)
  @erb ||= ERB.new(DATA.read)
  servers = fetch_app_servers app
  File.open("#{NGX_CONF_DIR}/#{app}.conf", 'w') do |f|
    f.puts @erb.result(binding)
  end
end

def fetch_app_servers(app)
  apps = JSON.parse(
    Net::HTTP.get(
      MARATHON_SERVER, "/v2/apps",
```

```ruby
      MARATHON_PORT))
  unless apps["apps"].any? { |a| a["id"] == app }
    return []
  end
  app_info = JSON.parse(
    Net::HTTP.get(
      MARATHON_SERVER, "/v2/apps/#{app}/tasks",
      MARATHON_PORT))
  servers = app_info["tasks"].map do |t|
    t["host"] + ":" + t["ports"].first.to_s
  end
  return servers
end

def reload_nginx
  system '/etc/init.d/nginx reload'
end

def activate(app)
  File.open("#{NGX_CONF_DIR}/ii.conf", 'w') do |f|
    f.puts <<EOS
server {
    listen 80;
    server_name 'ii-production.example.com';
    location / {
      proxy_pass http://#{app};
    }
}
EOS
  end
  reload_nginx
end

server = WEBrick::HTTPServer.new(
  :BindAddress => '0.0.0.0',
  :Port => 18000,
)

server.mount_proc('/callback') do |req, res|
```

```
    event = JSON.parse req.body
    puts event
    if event["eventType"] == 'status_update_event'
      update_nginx_conf event
    end
  end

  server.mount_proc('/activate') do |req, res|
    app = req.query['app'] || ''
    if File.exists? "#{NGX_CONF_DIR}/#{app}.conf"
      activate app
    end
  end

  trap(:INT){server.shutdown}
  server.start

  __END__
  <% unless servers.empty? %>
  upstream <%= app %> {
  <% servers.each do |server| %>
    server <%= server %>;
  <% end %>
  }
  <% end %>
```

이 callback.rb를 mesos1로 기동한다[14].

```
$ sudo /etc/init.d/nginx start
$ sudo ./callback.rb
```

엔진엑스와 callback.rb는 다음과 같이 동작한다.

❶ 콜백을 받아서 엔진엑스 리버스 프락시 대상 upstream 설정을 생성한다.

❷ ii-*.example.com이라는 서버명으로 접속하면 * 부분에 해당하는 upstream에 프락시한다.

❸ /activate에 요청해 ii-production.example.com에 해당 응용프로그램에 접속할 수 있게 한다.

---

14 이후의 예제 중에는 mesos1을 기동하는 것을 전제로 하고 있지만, 상태를 가지지 않기 때문에 모든 호스트에 기동해 로드 밸런서를 통해 이중화할 수 있다.

이제 마라톤에서 움직이고 있는 임의의 응용프로그램에 동일하게 접속할 수 있게 됐다.

Blue-green Deployment의 실행

조금 전 생성한 환경을 사용해 Blue-green Deployment를 구현해 본다. 13장에서 사용한 응용프로그램을 ii-production.example.com이라는 도메인에 배포해 보자.

또한, 다음에 사용할 ii-sample-*.example.com에서 로드 밸런서에 접속할 수 있도록 미리 /etc/hosts 등을 설정해야 한다.

▣ 새로운 호스트 기동

우선 새로운 호스트를 기동한다. 응용프로그램 이름에 커밋 해시(여기서는 b6c9211)를 적고 배포하고 기동한다.

```
$ curl -v -X POST -H "Content-Type: application/json" \
http://mesos1:8080/v2/apps \
-d '
{
  "container": {
    "image": "docker://registry:5000/sample-app:b6c9211",
    "options" : []
  },
  "id": "sample-app-b6c9211",
  "instances": "1",
  "cpus": ".5",
  "mem": "64",
  "uris": [ ]
}'
```

잠시 후 새로운 호스트 환경이 기동되고 콜백에서 엔진엑스 설정까지 이뤄진다.

배포된 http://ii-sample-app-b6c9211.example.com/에 접속하고 동작을 확인한다.

```
$ curl http://ii-sample-app-b6c9211.example.com/
hello, world
```

▣ 새로운 호스트로 전환과 복구

문제가 없는 것을 확인했으면 조금 전 생성한 서버를 프로덕션 환경이 되도록 로드 밸런서를 전환해 배포한다.

```
$ curl -X POST \
http://mesos1:18000/activate?app=sample-app-b6c9211
```

이것으로 이 버전의 응용프로그램이 배포됐다.

```
$ curl http://ii-production.example.com/
hello, world
```

다음으로 응용프로그램을 갱신해보자. app.rb를 다음과 같이 수정한다.

`app.rb`
```
require 'rubygems'
require 'sinatra/base'

class App < Sinatra::Base
  get '/' do
    "hello, kyoto!!"
  end
end
```

도커 컨테이너를 생성하고 배포한다.

```
$ git commit -a -m "fix typo"
[master f6164c8] fix typo
1 file changed, 1 insertion(+), 1 deletion(-)
$ sudo docker build -t registry:5000/sample-app:f6164c8
.
$ sudo docker push registry:5000/sample-app:f6164c8 .
$ curl -v -X POST -H "Content-Type: application/json" \
http://mesos1:8080/v2/apps \
-d '
{
  "container": {
    "image": "docker://registry:5000/sample-app:f6164c8",
```

```
      "options" : []
    },
    "id": "sample-app-f6164c8",
    "instances": "1",
    "cpus": ".5",
    "mem": "64",
    "uris": [ ]
    }'
```

동작을 확인해본다.

```
$ curl http://ii-sample-app-f6164c8.example.com/
hello, kyoto!!
```

문제가 없다면 본 서버 환경으로 전환한다.

```
$ curl -s -X POST \
http://mesos1:18000/activate?app=sample-app-f6164c8
$ curl http://ii-production.example.com/
hello, kyoto!!
```

만약 문제가 있다면 조금 전의 리비전 b6c9211으로 되돌릴 수 있다.

```
$ curl -X POST \
http://mesos1:18000/activate?app=sample-app-b6c9211
$ curl http://ii-production.example.com/
hello, world
```

잠시 후 기동해 문제가 없다면 기존 호스트를 정지한다.

```
$ curl -v -X DELETE \
  -H "Content-Type: application/json" \
  http://mesos1:8080/v2/apps/sample-app-b6c9211
```

이처럼 응용프로그램의 배포에서 확인, 전환까지 간단하게 진행할 수 있었다.

▣ 아파치 메소스를 사용한 개발 흐름

이 환경에서 응용프로그램 개발의 워크플로우를 다시 한 번 정리해보자.

❶ 저장소에 커밋해 도커 이미지를 빌드한다.

❷ 태그를 추가해 이미지 저장소에 푸시한다.

❸ 마라톤 API를 실행해 기동한다.

❹ 기동한 환경에 접속하고 동작을 확인한다.

❺ 문제가 없으면 로드 밸런서 설정을 갱신하고 본 서버 환경에 배포한다.

❻ 배포 후 문제가 발생한 경우 로드 밸런서 설정을 갱신하고 기존 환경으로 되돌린다.

❼ 문제가 없으면 마라톤 API를 실행해 기존 환경을 파기한다.

13장의 구현에 비해서 도커 컨테이너를 기동한 서버의 선정이 자동화되고 컨테이너 삭제도 API 한 번으로 실행할 수 있게 됐으며 본격적인 운영에 사용할 수 있는 기능을 제공하고 있다.

더구나 젠킨스와 같은 도구와 함께 사용하면 대부분 프로세스를 자동화할 수 있다.

요약

이번 장에서는 아파치 메소스를 사용한 클러스터 관리에서 간단한 II의 구축 방법까지 설명했다.

아파치 메소스를 이용한 클러스터 관리에는 아직 다음과 같은 과제가 남아있다.

■ 젠킨스 등을 사용한 테스트부터 워크플로우까지의 자동화

■ 부하에 따른 자동 확장 구현

이번에 채택한 아파치 메소스는 계속 개발이 진행 중이다. 예를 들어 아파치 메소스의 현재 버전인 0.19.0에서는 프로덕션 환경에서 사용되는 것을 전제로 한 도커에 대응하는 Executor의 deimos[15]가 정식으로 포함돼 있어서 도커와의 호환성이 향상됐다. 클러스터 관리 도구의 대표로 정착할 것인지 원래 클러스터 관리 도구가 필요한 것인가 하는 점도 포함해서 앞으로의 움직임에 주목하고 있다.

---

15 https://github.com/mesosphere/deimos

맺음말

4부에서는 II의 개념부터 구현 방법까지 소개했다. 소개한 도구 대부분은 계속 개발이 진행 중이다. 기능성과 안정성을 높여나가면서 서서히 웹 서비스 운영 실무에 녹아 들어갈 것이다.

앞으로는 데이터베이스와 같은 상태를 가진 서버를 어떻게 잘 운영하느냐가 관건이 될 것으로 생각하지만 우선 II의 개념과 도구가 여러분의 웹 서비스의 운영을 개선하는 데 도움이 됐으면 한다.

엔진엑스
상세 풀이

유연한 설정과 확장성

웹 서버, 리버스 프락시 등에서 사용할 수 있는 엔진엑스는 유연한 설정이 가능하고 높은 부하에도 성능 저하가 적다는 장점이 있다.

5부에서는 대규모 서비스를 엔진엑스로 구성, 운영하고 있는 집필진이 기본적인 사용 방법부터 현장에서 경험하지 않고는 알 수 없는 실질적인 노하우까지 설명한다.

15

엔진엑스 세계에 오신 것을 환영합니다

아키텍처, 용도, 장점, 단점

쿠보 타츠히코

엔진엑스란

엔진엑스(nginx)[1]는 가볍고 빠른 오픈 소스 웹 서버다. 오픈 소스로 개발된 웹 서버라고 하면 아파치가 대표적이지만 엔진엑스는 최근 급속도로 사용자가 늘어나고 있고, 2014년 8월에 점유율은 아파치, 마이크로소프트 IIS(Internet Information Services) 다음으로 전 세계 웹 사이트의 약 10% 이상을 점유하고 있다[2].

5부에서는 pixiv[3]라는 대규모 웹 서비스에 엔진엑스를 활용해 시스템을 구성하고 운영해 본 집필진이 엔진엑스의 실제 사용 방법에 관해서 설명한다.

보유 기능

단순히 가볍고 빠르다고 하면 그 대신 기능은 적지 않을까?라는 생각을 할지도 모른다. 하지만 엔진엑스는 웹 서버로서의 기본적인 기능은 물론 리버스 프락시, 부하 분산, URL Rewrite, WebDAV, 그 외에도 다양한 실용적인 기능이 있다.

---

[1] 엔진X(엑스)라고 읽는다.

[2] August 2014 Web Server Survey | Netcraft
http://news.netcraft.com/archives/2014/08/27/august-2014-web-server-survey.html

[3] http://www.pixiv.net/pixiv의 시스템에 대한 자세한 사항은 『웹 서비스 개발 철저 공략』(WEB+DB PRESS plus 시리즈) 특집3 「pixiv [실록] 단계적 서비스 확장」을 참고하자.

왜 만들어졌는가?

엔진엑스는 C10K 문제를 해결하기 위해서 카자흐스탄 출신 엔지니어인 이고르 시셰프가 개발했다[4]. C10K 문제는 1대의 웹 서버가 1만의 클라이언트(C10K)로부터의 접속을 동시에 처리할 때, 처리해야 할 클라이언트 수가 너무 많아서 서버 처리가 따라가지 못하게 되는 것을 말한다.

엔진엑스는 이 문제를 해결하기 위해서 기존의 웹 서버와는 다른 아키텍처를 채용하고 있다.

C10K 문제와 웹 서버의 주도 아키텍처

C10K 문제는 웹 서버의 주도 아키텍처, 즉 웹 서버가 「요청을 어떻게 처리할 것인가」와 밀접하게 관련 돼 있다.

여기서는 웹 서버 주도 아키텍처의 두 가지 종류를 구체적으로 설명한다.

프로세스 주도 아키텍처

프로세스 주도 아키텍처는 아파치의 MPM(Multi Processing Module)의 경우라면 prefork에 해당 하는 아키텍처를 말하며 요청을 프로세스 단위로 처리한다. 즉 1개의 요청에 대해 1개의 프로세스가 할당된다(그림 15-1).

각 프로세스는 개별적으로 각 요청을 처리하므로 여러 개의 요청을 병행/병렬로 처리할 수 있지만 동시 에 처리하는 요청의 수만큼 프로세스가 생성되므로[5] 메모리 소비나 각 프로세스 사이의 컨텍스트 전환 에 의한 오버헤드가 커지는 문제가 있다.

이것이 바로 C10K 문제 중 하나다. 즉 1만 개의 클라이언트(C10K)가 동시에 접속할 때 1만 개의 프로 세스를 생성해 동시에 처리하려고 하면 대량의 프로세스를 동시에 가동하기 위한 오버헤드가 너무 커 서 웹 서버의 처리가 이를 따라가지 못하게 된다.

---

4 The Architecture of Open Source Applications (Volume 2):nginx
http://www.aosabook.org/en/nginx.html

5 실제로는 최대 프로세스 수를 웹 서버에서 설정할 수 있다. 아파치라면 MaxClients로 설정한다.

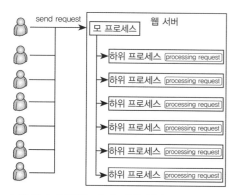

그림 15-1 요청별로 프로세스가 할당된다.

이벤트 주도 아키텍처

프로세스 주도 아키텍처의 웹 서버가 각 요청을 프로세스별로 처리하는 데 반해 이벤트 주도 아키텍처의 웹 서버는 대량의 요청을 단일 또는 소수의 프로세스만으로 처리한다(그림 15-2).

웹 서버가 요청을 수행하는 처리는 예를 들면 그림 15-3과 같이 여러 단계(발생하는 이벤트)로 나누어져 있다[6]. 그러므로 그림 15-4와 같이 사용자 A의 accept가 완료되면 다음 read 처리가 시작할 준비가 될 때(이벤트가 발생한다)까지 사용자 B의 accept를 수행하는 것처럼 각 요청에 대한 처리를 조금씩 실행할 수 있다.

이처럼 이벤트 주도 아키텍처의 웹 서버는 프로세스 사이의 컨텍스트 전환을 발생시키지 않고 단일 프로세스 안에서 각 요청의 처리 컨텍스트를 전환하면서 동작한다. 그러므로 단일 혹은 소수의 프로세스로도 만 단위의 대량 요청을 동시에 처리할 수 있다.

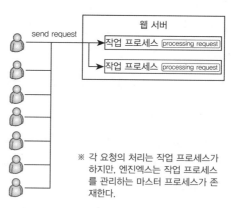

※ 각 요청의 처리는 작업 프로세스가 하지만, 엔진엑스는 작업 프로세스를 관리하는 마스터 프로세스가 존재한다.

그림 15-2 소수의 프로세스(작업 프로세스)만으로 대량의 요청을 처리한다.

---

6 어떤 식으로 단계가 나누어질지는 웹 서버 구현에 따라 달라지고 실제는 좀 더 복잡하다.

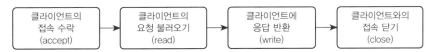

그림 15-3 웹 서버가 요청에 대한 처리(발생하는 이벤트) 전환

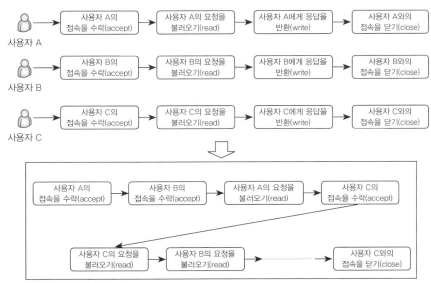

각 요청에서 발생하는 이벤트별로 여러 개의 요청을 정리해 처리한다.

그림 15-4 각 요청을 단계(발생하는 이벤트)별로 전환하며 처리

용도

지금부터 엔진엑스의 구체적인 용도에 관해서 설명한다.

리버스 프락시

먼저 설명할 것은 리버스 프락시다. 예를 들어 여러 웹 사이트를 단일 네트워크에서 운영할 경우 그림 15-5와 같이 각 웹 사이트용 서버의 앞단에 리버스 프락시를 배치하고 사용자에게는 마치 1대의 서버처럼 보이게 해야 할 경우가 있다.

엔진엑스에 코드 15-1과 같이 설정하면 구축할 수 있다.

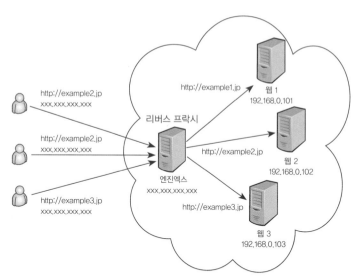

그림 15-5 실제로는 여러 개의 웹 서버가 가동되고 있지만, 사용자에게는 1대의 서버로 보인다.

▼ 코드 15-1 example1.jp, example2.jp, example3.jp에 대한 요청을 각각 다른 웹 서버에 보낸다.

```
server {
  listen 80;
  server_name example1.jp;
  location / {
    proxy_pass http://192.168.0.101;
  }
}
server {
  listen 80;
  server_name example2.jp;
  location / {
    proxy_pass http://192.168.0.102;
  }
}
server {
  listen 80;
  server_name example3.jp;
  location / {
    proxy_pass http://192.168.0.103;
  }
}
```

정적 콘텐츠 제공

다음은 텍스트나 이미지와 같은 정적 콘텐츠의 배포에 관해서 설명한다. 이는 일반적인 웹 서버가 수행하는 가장 기본적인 작업 중의 하나이지만 엔진엑스는 이벤트 주도 아키텍처에 의해 대량의 요청을 동시에 처리할 수 있는 확장성을 갖추고 있어서 수만 단위의 동시 접속이 발생하는 대규모 환경에서도 충분히 견딜 수 있는 성능을 발휘한다.

엔진엑스를 사용했을 때의 장점

여러 번 설명했듯이 대량의 요청을 동시에 처리할 수 있는 확장성이 엔진엑스의 가장 큰 특징이지만 성능 외에 부분에서도 많은 장점이 있다.

설정의 유연성

엔진엑스의 동작 설정은 앞에서 소개한 코드 15-1과 같이 독자적인 DSL(Domain Specific Language, 도메인 특화 언어)로 작성한다.

이 DSL은 변수나 if 문과 같은 프로그래밍 방식의 기능을 지원하고 있어서 매우 유연한 설정을 할 수 있다.

다양한 모듈

엔진엑스의 웹 서버로써의 기능은 HTTP 프런트 서버나 이벤트 주도 엔진 등의 핵심적인 부분을 제외하면 대부분이 확장 모듈로 구성돼 있다.

엔진엑스의 소스 코드에 포함된 공식 모듈만 해도 상당수에 이르며 독자적인 확장 모듈을 엔진엑스의 소스 코드 내에 포함하지 않는 형태로 생성, 빌드인 할 수 있어서 공식으로 제공되는 것 외에도 다양한 기능을 구현하기 위한 모듈이 존재한다.

엔진엑스를 이용했을 때의 단점

한편 엔진엑스는 웹 서버로서는 후발 주자이고 이벤트 주도 아키텍처라는 점 때문에 생기는 단점도 있다.

문서의 부족

우선 엔진엑스의 약점으로 꼽는 것은 문서가 부족하다는 점이다. 특히 한국어 정보는 아직 적기 때문에 한국어로 정보를 보기보다는 영어로 된 정보를 보는 편이 좋을 때도 있다.

다만 엔진엑스 자체의 개발은 활발하기도 하고 영어도 종종 오래된 정보가 있기 때문에 결국에는 소스 코드를 읽는 편이 좋은 경우도 있다.

5부에서는 각 집필진이 오랜 기간 엔진엑스의 운영 경험에서 얻은 노하우를 중심으로 엔진엑스의 기본 및 실무 활용 방법을 설명하고 있으므로 문제 해결에 도움이 됐으면 한다.

CPU 리소스 사용이 많은 처리에 적합하지 않다.

앞에서 설명한 것처럼 이벤트 주도 아키텍처의 웹 서버는 단계(이벤트가 발생한다)별로 요청에 대한 처리를 실행한다. 그리고 한 단계에서 요청을 처리하는 동안 다른 요청을 처리할 수 없다[7]. 그러므로 처리 시간이 상당히 길어지는 단계[8]가 있다면 그 부분이 차단돼 처리 능력이 급속히 떨어진다.

이런 문제가 있기 때문에 엔진엑스는 비동기 I/O나 비차단(non-blocking) I/O를 사용해 I/O 관련 처리를 최대한 차단하지 않게 설계돼 있지만, 대량의 CPU 리소스를 사용하는 경우에는 그곳에서 차단 될 가능성이 커진다. 프로세스 주도 아키텍처와 달리 프로세스 수가 적기 때문에 발생할 수 있는 문제 라고 할 수 있다.

---

7   싱글스레드의 경우이다.

8   검색, 이미지 변환 등

5부의 구성

5부에서는 16장에서 엔진엑스의 내려받기와 설치, 설정 파일의 작성 방법을 설명하고 17장에서는 가상 호스트나 URL 재작성, 로깅과 같은 엔진엑스가 가진 기본적인 기능을 설명한다. 18장 이후에서는 진보에 대해서 설명한다. 18장에서는 유니콘(Unicorn)이나 PHP-FPM과 엔진엑스를 연계해 실질적인 웹 응용프로그램 서버를 구성하는 방법, 19장에서는 엔진엑스를 이용한 대규모 시스템 구성 방법 그리고 20장에서는 확장 모듈의 생성 방법에 관해 설명한다.

▣ 참고문헌

- 『웹 프로토콜 상세 풀이』(Balachander Krishnamurthy, Jennifer Rexford 지음, 이나미 토시히로 옮김, 피어슨 에듀케이션 2002년)

엔진엑스를
시작하며

설치, 시작과 종료, 기본 설정

피쿠시부㈜, 미치이 슌스케

엔진엑스 설치

엔진엑스의 설치는 공식 웹 사이트에서 소스 코드를 내려받아 빌드하는 방법과 각 배포판에서 제공하는 패키지를 사용하는 방법이 있다. 용도에 맞게 관리하기 쉬운 방법을 선택하면 된다.

엔진엑스는 같은 웹 서버인 아파치와는 다르게 내장 모듈의 선택이나 서드파티 모듈의 추가를 동적으로 할 수 없다[1]. 그러므로 서드파티 모듈이나 표준으로 사용할 수 없는 모듈을 사용하려면 빌드할 때 포함해야 하고 반드시 소스 코드에서 빌드해야 한다. 자주 사용하는 기능도 일부는 표준으로 포함돼 있지 않아서 필자는 소스 코드로 빌드하는 방법을 택하고 있지만, 최소한의 기능 외에는 사용하지 않을 때는 각 배포판의 패키지를 사용해도 좋다.

소스 코드로 설치

소스 코드로 설치하려면 일반적인 C 컴파일러와 Make 프로그램을 사용하고 설정에는 소스 코드에 포함된 configure 스크립트를 사용한다. 또한 SSL, gzip 압축 기능을 사용하려면 다음 라이브러리를 설치해야 한다.

---

1 2012년 1월 개발자의 인터뷰에 따르면 차기 메이저 릴리즈에서 동적 모듈 로드를 포함하고 있는 것 같다.
http://www.freesoftwaremagazine.com/articles/interview_igor_sysoev_author_apaches_competitor_nginx

- zlib 라이브러리

- OpenSSL 라이브러리

◼ 소스 코드 내려받기

소스 코드는 공식 사이트의 내려받기 페이지[2]에서 받는다. 집필 시점(2014년 9월)에 최신 버전은 mainline 버전에서 1.7.5[3], 안정화 버전은 1.6.2[4]다[5].

최신 버전인 1.7에서는 SPDY/3.1[6]에 대응하고 있다. 특별한 플러그인을 사용하지 않는 경우 mainline 버전인 1.7을 사용하는 것을 추천한다.

◼ 설치

설치는 소스 코드의 압축을 푼 후 configure 스크립트를 실행하고 make 한다. 표준 설치 방법은 다음과 같다.

```
$ tar xzf nginx-1.7.5.tar.gz
$ cd nginx-1.7.5
$ ./configure \
    --prefix=/usr/local \
    --conf-path=/etc/nginx/nginx.conf
$ make
$ sudo make install
```

빌드 시 설정은 모두 configure 스크립트의 인수로 지정한다. 설치 폴더의 위치, 각종 파일 경로(표 16-1), 모듈을 포함할 때는 이 configure 스크립트에 의해 수행된다. 그 외에 지정할 수 있는 옵션은 ./configure --help에서 확인할 수 있다.

2　http://nginx.org/en/download.html

3　http://nginx.org/download/nginx-1.7.5.tar.gz

4　http://nginx.org/download/nginx-1.6.2.tar.gz

5　번역 시점인 2015년 5월에 최신 버전은 1.9.0이고 안정화 버전은 1.8.0이다.

6　구글이 제창하는 HTTP를 대체할 새로운 프로토콜

표 16-1 각종 파일 경로 지정(괄호 안은 기본 설정값)

인수	설명
---prefix=(/usr/local/nginx)	엔진엑스를 설치하는 폴더
---sbin-path=($prefix/sbin/nginx)	엔진엑스의 실행 파일이 설치되는 경로
---conf-path=($prefix/nginx/conf)	엔진엑스 설정 파일이 있는 nginx.conf 경로
---error-log-path=($prefix/logs/error.log)	에러 로그 파일 경로
---pid-path=($prefix/logs/nginx.pid)	pid 파일 경로
---http-log-path=($prefix/logs/access.log)	접속 로그 경로
---http-client-body-temp-path=	요청 body의 임시 파일을 출력하는 경로

▣ 정규 표현 사용하기

엔진엑스는 정규 표현의 처리에 PCRE(Perl Compatible Regular Expressions) 라이브러리를 사용한다. PCRE 라이브러리를 사용하지 않으면 URL의 rewrite나 Location의 지정에서 정규 표현을 이용해 매칭을 할 수 없어서 설정의 유연성이 크게 제한되므로 소스 코드를 빌드할 때 미리 포함해 두는 게 좋다.

PCRE 라이브러리를 포함하려면 웹 사이트[7]에서 내려받은 소스 코드의 압축을 풀고 --with-pcre= 매개 변수를 지정한다. 지정하지 않을 경우 배포판 표준 라이브러리가 있다면 그것을 사용할 수 있다. 엔진엑스 1.2에서는 PCRE JIT(Just In Time) 기능을 지원한다(PCRE 8.20이상 필요). PCRE JIT 기능을 사용하려면 빌드 시에 --with-pcre-jit 매개변수를 지정해야 한다.

PCRE 라이브러리를 포함하지 않을 때에는 빌드 시에 --without-http_rewrite_module 매개 변수를 지정해 rewrite 기능을 사용하지 않게 한다.

▣ 모듈 포함하기

엔진엑스에서는 표준으로 포함된 모듈 외에 표준에 포함돼 있지 않은 확장 모듈이 첨부돼 있다(표 16-2). 이런 선택적 모듈을 포함할 때는 --with-모듈명을 configure 스크립트에 지정한다[8]. 반대로 표준에 포함된 모듈을 사용하지 않을 때는 --without-모듈명을 지정한다.

---

7 http://www.pcre.org

8 SSL 모듈처럼 일부 모듈은 내장할 때 별도의 라이브러리가 필요하다.

표 16-2 엔진엑스에 첨부된 주요 확장 모듈

모듈명	설명	필요한 옵션
addition	페이지에 텍스트를 추가	–with–http_addition_module
Stub Status	서버의 상태를 HTTP로 표시	–with–http_stub_status_module
WebDav	WebDav 기능	–with–http_dav_module

■ 서드파티 모듈 설치

엔진엑스에는 표준으로 첨부된 모듈 외에 공식적으로 지원하지 않는 서드파티 모듈이 있다. 이런 모듈은 각 소스 코드를 내려받아 그 폴더를 --add-module=매개변수로 지정한다. 예를 들면 설정 파일의 디버그에 편리한 echo 폴더를 추가하는 nginx-echomodule[9]을 포함할 때는 다음과 같이 작성한다.

```
$ tar xzf echo-nginx-module-master.tar.gz
$ tar xzf nginx-1.7.5.tar.gz
$ cd nginx-1.7.5
$ ./configure \
  --add-module=../echo-nginx-module-master
$ make
$ sudo make install
```

배포판 표준 패키지 설치

엔진엑스는 페도라나 데비안 GNU/리눅스(이하 데비안)와 같은 주요 배포판 패키지 관리 시스템에도 배포돼 있다. 특별한 모듈이 필요 없을 때는 이 배포판을 사용해도 좋다. 또한, 레드햇 엔터프라이즈 리눅스, CentOS, 데비안 GNU/리눅스, 우분투 용으로는 엔진엑스 제작사의 공식 안정화 버전이 빌드된 패키지도 출시돼 있다[10].

9　https://github.com/agentzh/echo-nginx-module
10　http://wiki.nginx.org/Install

엔진엑스의 기동, 다시 불러오기, 종료

기동

엔진엑스를 기동하려면 단순히 엔진엑스 명령을 실행하면 된다(표 16–3). 엔진엑스 명령을 실행하면 마스터 프로세스가 모듈화된 상태로 기동한다. 설치 직후의 설정은 80번 포트에서 서버가 기동되게 돼 있으므로 특권 포트에 접속할 수 있는 유저로 기동해야 한다.

엔진엑스 시작

```
$ sudo nginx
```

또한, 각 배포판에서 사용할 수 있는 Init 스크립트가 공개돼 있다[11]. 본 서버 환경에서 본격적인 운영을 할 경우 관리하기 편한 이런 Init 스크립트를 사용하는 게 좋다.

표 16–3 엔진엑스 기동, 다시 불러오기, 종료 명령

조작	명령	신호
기동	$ sudo nginx	없음
종료	$ sudo nginx –s stop	SIGTERM, SIGINT
지연된 종료	$ sudo nginx –s quit	SIGQUIT
설정 다시 불러오기	$ sudo nginx –s reload	SIGHUP

다시 불러오기, 종료

설정 다시 불러오기와 엔진엑스의 종료는 마스터 프로세스에 신호를 보내서 수행한다. 신호 송신에 kill 명령을 사용해도 되지만 엔진엑스 명령을 사용하면 마스터 프로세스에서 이런 명령을 간단하게 실행할 수 있다.

---

11 http://wiki.nginx.org/InitScripts

기동 확인

엔진엑스에 -t 옵션을 지정해 실행하면 설정 테스트를 수행할 수 있다. 이를 통해 설정 파일의 작성에 실수가 없는지, 기록할 폴더가 실제로 생성돼 있는지 확인할 수 있다. 설정을 다시 불러오기 전에 반드시 실행하자.

설정 파일 확인

```
$ nginx -t
```

설정 파일의 구성

엔진엑스 설정은 모두 단일 nginx.conf에 작성한다. 이 파일의 경로는 기본적으로 빌드할 때 지정하거나 재기동할 때 -c 옵션으로 지정할 수 있다.

설치 직후 nginx.conf에는 그림 16-1과 같은 내용이 작성돼 있다. 설정 파일은 공백 문자나 탭 문자로 자유롭게 들여쓰기 할 수 있고, 각 행의 샵 기호(#) 이후의 문자열은 모두 주석으로 처리된다.

지시어

각 설정 항목은 지시어라고 불리며 문장 끝에 세미콜론(;)이 붙는다. 지시어 이름과 설정값은 공백 문자나 탭 문자로 구분한다.

각 지시어의 설정값은 수치, 문자열, 논리값, 「$」로 시작하는 변수를 사용할 수 있다. 논리값을 지정할 때 1, on, true, yes는 참으로 0, off, false, no는 거짓으로 처리된다. 문자열의 공백 문자가 포함된 경우에는 큰 따옴표(" ")로 둘러싼다. 사이즈를 지정할 때는 k(킬로바이트), m(메가바이트), g(기가바이트) 등을 사용할 수 있고 기간을 지정할 때는 ms(밀리초), s(초), m(분), h(시), d(일), w(주:7일), M(월:31일), y(년:365일)의 단위를 사용할 수 있다.

구조체(이하 컨텍스트)

지시어 일부는 세미콜론(;)으로 끝나지 않고 중괄호({ })가 계속되는 구문이 있다. 이러한 지시어는 그 내용에 작성된 설정 항목의 범위(컨텍스트)를 지정한다(그림 16-1). 이러한 지시어는 블록이라고 한다.

각 지시어에는 작성할 수 있는 컨텍스트가 제한돼 있다. 예를 들어 URL의 재작성을 수행하는 rewrite 지시어는 server 컨텍스트, location 컨텍스트, if 컨텍스트 안에서만 사용할 수 있다.

HTTP 기능에 대한 주요 블록은 http 지시어, server 지시어, location 지시어 등이 있다. 이 지시어에 의해 각 설정 항목의 사용 범위를 유연하게 지정할 수 있고 간결하고 읽기 쉬운 설정 파일을 작성할 수 있다.

```
worker_processes    1;      # 작업 프로세스 수를 1로 한다.
지시어 이름        설정값     주석

events {                                    event 컨텍스트
    worker_connections  1024;
}

http {                                      http 컨텍스트
    include      mime.types;
    default_type  application/octet-stream;

    server {                                server 컨텍스트
        listen      80;
        server_name  localhost;

        location / {                        location 컨텍스트
            root    html;
            index   index.html index.htm;
        }

        error_page   500 502 503 504  /50x.html;
        location = /50x.html {              location 컨텍스트
            root    html;
        }
    }
}
```

그림 16-1 기본적인 nginx.conf의 예

기본적인 지시어

요청이 처리되는 흐름

엔진엑스가 요청을 처리하는 흐름은 다음과 같다.

❶ Host 헤더, 포트에 어떤 server 지시어가 일치하는지 할당한다.

❷ 일치하는 server 지시어의 처리를 수행한다.

❸ server 지시어의 일치하는 location 컨텍스트의 처리를 수행한다.

HTTP 서버가 어떤 호스트명, 포트 번호에서 동작하는지 server 지시어에 작성하고 그 서버의 동작을 server 컨텍스트의 location 지시어에 작성한다. 또한, 경로에 의해 일치할 필요가 없는 경우에는 server 컨텍스트에 직접 작성할 수도 있다.

HTTP 서버를 동작시키는 데 필요한 지시어

여기서는 기본적인 HTTP 서버를 동작시키는 데 필요한 설정을 소개한다.

▣ server 지시어

HTTP 서버의 가상 호스트를 정의한다. 특별히 인수를 정하지 않고 server 컨텍스트를 정의한다. 정의한 호스트가 수신하는 포트 번호나 도메인은 server 컨텍스트에 작성한다. 예를 들면 www.example.com을 80번 포트로 수신하는 서버는 다음과 같이 정의한다.

```
server {
  listen 80;
  server_name www.example.com

    이 안에 작성한 설정은 www.example.com에 적용된다.
}
```

▣ location 지시어

지정한 조건에 일치하는 경로에 대한 처리를 작성하기 위해서 사용한다. 예를 들면 /images/ 이하의 파일에만 설정을 적용하고 싶을 때는 다음과 같이 작성한다.

```
location /images/ {
    /images/에 적용할 설정
}
```

location 지시어는 단순하게 일치하는 경로를 기록하는 것 외에 정규 표현 등도 쓸 수 있다. 이 기능 덕분에 경로에 따라 동작을 배분하는 복잡한 설정도 간단하게 작성할 수 있다.

▣ root 지시어

실제 콘텐츠가 있는 폴더를 지정한다. 지시어는 절대 경로이거나 엔진엑스 설치 폴더에 대한 상대 경로를 지정한다. root 폴더는 http 컨텍스트, server 컨텍스트, location 컨텍스트에 작성할 수 있다. location 컨텍스트에 작성한 경우는 일치하는 경로 아래가 루트가 된다.

```
# http://www.example.com/이 루트가 된다.
location / {
  root html;
}
```

```
# http://www.example.com/html/이 루트가 된다.
location /html/ {
  root html;
}
```

▣ error_page 지시어

에러 시에 표시되는 URL을 지정한다. 인수는 공백 문자로 구분해 정렬된 HTTP 상태 코드를 지정하고 마지막 인수로 그 상태 코드와 일치하는 경우에 표시할 URL을 지정한다. 다음 예에서는 404일 때 /404.html를 표시하고 502, 503, 504일 때 /5xx.html를 표시한다.

```
error_page 404 /404.html;
error_page 502 503 504 /5xx.html;
```

error_page 지시어는 @로 시작하는 경로를 사용해 다른 서버로 대체하는 설정을 작성할 수 있다. @로 시작하는 경로는 특별한 location으로 엔진엑스 내부에서만 사용된다. 예를 들어 다음 예와 같이 '이 서버의 파일을 찾을 수 없을 때는 fallback_server로 정의한 서버에 요청한다'라고 작성할 수 있다.

```
error_page 404 @fallback;
location @fallback {
  proxy_pass http://fallback_server;
}
```

엔진엑스 동작을 지정하는 지시어

여기서부터는 엔진엑스의 기본적인 동작을 지정하는 지시어를 소개한다.

▣ user 지시어

작업 프로세스를 실행하는 사용자, 그룹을 지정한다. 그룹을 지정하지 않으면 사용자와 같은 이름의 그룹이 지정된다. 아무것도 지정하지 않으면 nobody 사용자, nobody 그룹이 된다.

```
user www-data; # www-data:www-data로 동작
user nginx www-data; # nginx:www-data로 동작
```

▣ worker_processes 지시어

작업 수를 지정한다. 엔진엑스는 1개의 작업 프로세스가 요청을 처리하지만 각 작업은 싱글 스레드로 동작한다. 그러므로 기본적으로는 CPU 코어 수와 같은 수를 지정한다. 하지만 엔진엑스가 대량의 정적 파일을 처리할 때는 CPU 처리 시간보다 I/O 대기 시간이 길어지게 된다. 이 경우에는 CPU 코어 수보다 약간 여유 있게 설정해 성능을 향상한다.

```
worker_processes 4;
```

▣ worker_connections 지시어

각 작업이 처리하는 커넥션 수를 지정한다. 각 작업이 이 값을 넘는 커넥션을 받으려고 하면 503을 반환한다. 각 작업이 처리할 수 있는 부하를 생각하고 설정하는 것이 좋다.

▣ worker_rlimit_nofile 지시어

각 작업이 열 수 있는 파일 디스크립터의 최대 수를 지정한다. 엔진엑스에서 대량 파일을 처리할 때는 이 값을 크게 해야 한다. 또한, 엔진엑스의 캐시 기능은 파일을 사용해 구현하므로 캐시 기능을 사용할 때도 주의해야 한다.

```
worker_rlimit_nofile 65535;
```

요약

이번 장에서는 엔진엑스의 설치부터 기본적인 HTTP 서버로서 동작하기 위한 최소한의 설정까지 소개했다. 이 정도의 설정만으로도 정적 파일을 처리하는 데 충분한 기능을 가진 HTTP 서버를 구축할 수 있다. 이러한 기본적인 설정이나 엔진엑스 동작에 관한 설정은 서버의 기본적인 동작을 결정하는 부분이므로 충분히 확인해 두는 것이 좋다.

17

일반적인 웹 서버 구성

가상 호스트, 접근 제어, SSL 통신, 기본 인증

㈜SKIYAKI, 이이다 유키

이번 장에서는 일반적인 웹 서버에서도 자주 사용하는 엔진엑스의 기본 기능을 소개한다.

가상 호스트 이용하기

1개의 웹 서버로 여러 웹 사이트를 운영하는 기능이다. 가상 호스트를 정의하려면 server 지시어를 사용한다. 다음과 같이 중괄호({ })로 구분된 부분이 1개의 가상 호스트로 간주되며, 그 안에 다양한 설정을 작성해 그 호스트에 대한 설정을 수행할 수 있다.

```
server 지시어
server {
    server 지시어(이 호스트의 설정을 작성)
}
```

server 지시어로 server 컨텍스트에 여러 대를 정의해 여러 대의 가상 호스트를 정의할 수 있다.

여러 대로 정의된 각 가상 호스트에 접속을 배분하려면 다음 두 가지 방법을 사용할 수 있다.

- IP주소 기반
- 네트워크 기반

각 방법으로 설정하는 방법을 구체적으로 살펴보자.

IP 주소 기반의 가상 호스트

IP 주소로 접속 위치를 변경하는 방법으로 listen 지시어를 사용한다.

listen 지시어는 server 컨텍스트에서 사용하며 가상 호스트가 요청을 받는 IP 주소와 포트 번호를 지정하기 위한 지시어다. 사용 방법은 다음과 같다.

listen 지시어
```
server {
  listen IP주소:포트번호;
  ......
}
```

IP 주소를 기반으로 여러 가상 호스트를 지정할 때는 다음과 같이 listen 지시어에서 별도의 주소를 지정한다.

가상 호스트1
```
server {
  listen 192.168.0.10:80;
  ......
}
```

가상 호스트2
```
server {
  listen 192.168.0.11:80;
  ......
}
```

이름 기반 가상 호스트

호스트명으로 접속 위치를 변경하는 방법으로 server_name 지시어를 사용한다.

server_name 지시어를 설정하면 HTTP 요청의 Host 헤더 값을 참조하고 일치하는 server_name 지시어의 값을 포함하는 server 지시어가 적용된다.

```
server {
  server_name www.example.com;
```

```
      ......
  }
```

공백 문자로 구분해 여러 호스트명을 지정하거나 와일드카드(*)를 사용해 여러 호스트명과 일치시킬 수도 있다.

또한, 공백 문자로 구분하는 대신 여러 server_name 지시어를 사용해 설정할 수 있다. 설정할 호스트 수가 많을 때는 여러 server_name을 사용하는 쪽이 가독성이 높아진다.

여러 개 지정
```
server_name www.example.com, www.example.net, www.example.org;
```

와일드카드를 이용한 지정
```
server_name *.example.com;
```

여러 지시어를 이용한 지정
```
server_name www.example.com;
server_name www.example.net;
server_name www.example.org;
```

또한, 정규 표현도 지정할 수 있다. 정규 표현을 지정해 사용하려면 값의 앞쪽에 「~」을 붙여야 한다. 연번을 가진 대량의 호스트명을 한 번에 지정할 때 편리한 방법이다.

```
server_name ~^www\d+\.example\.com$;
```

또한, listen 지시어에 default_server 값을 지정해 같은 주소, 같은 포트에 가상 호스트가 여러 대 정의된 경우에 가장 우선순위가 높은 가상 호스트를 지정할 수 있다. 다음과 같이 여러 대의 가상 호스트를 정의하는 경우 「192.168.0.10」의 IP 주소로 직접 접속하거나 「www.example.co.jp」와 같이 server_name 지시어로 정의한 값과 일치하지 않는 호스트명에 접속할 때는 「www.example.com」이 표시된다.

```
server {
  listen 192.168.0.10:80 default_server;
  server_name www.example.com;
  ......
}
```

```
server {
  listen 192.168.0.10:80;
  server_name www.example.net;
  ......
}

server {
  listen 192.168.0.10:80;
  server_name www.example.org;
  ......
}
```

접속 제한하기

엔진엑스에서는 받은 요청에 맞게 적용하는 설정을 유연하게 전환하는 기능이 많다. 여기서는 그 기능의 일부를 소개한다.

location 지시어

요청 URI의 경로를 지정한 조건과 비교해, 조건이 일치하면 설정을 적용하는 지시어다.

```
location 접두사 경로 {
    location 컨텍스트
}
```

접두사는 경로의 일치 방법을 지정하기 위한 것이다. 종류와 용도는 표 17-1을 참고하자. 「없음」, 「^~」 모두 전방 일치이지만, 여러 개의 location을 동시에 사용할 때의 처리 방법과 달리 우선순위에 영향을 받는다[1]. 「없음」은 일치할 때에도 뒤쪽을 계속 참조해 우선도가 높은 것이 적용돼 버리므로 「^~」를 사용하는 편이 작성한 순서대로 동작시키기 쉽다.

그러면 조금 더 구체적인 예를 살펴보자. 예를 들어 다음과 같이 지정한다고 하자.

---

1 우선순위에 대해서는 조금 복잡하며 기본적으로 사용할 때에는 여러 location을 동시에 사용하는 경우가 적기 때문에 이번에는 생략한다. 한마디로 말하면 작성 순서뿐 아니라 일치도가 높은 것이 우선순위가 높아지는 경우가 있다.

```
location /member/ {
  기본 인증 설정
}
```

URI의 경로가 /member/와 전방 일치하는 경우에 기본 인증을 설정한다. 즉 /member/ 이하의 콘텐츠는 비밀번호를 알고 있는 사람에게만 공개된다.

```
location ~* \.(css|js|html)$ {
  gzip 압축 설정
}
```

그러면 위의 예는 어떨까? 요청 URI의 경로 끝이 「.css」, 「.js」, 「.html」 중 하나일 때 gzip으로 압축한다는 설정이다. 요점은 스타일 시트처럼 동적 파일일 때는 gzip으로 압축해 용량을 줄여 응답을 반환한다.

또한, 리버스 프락시로서 이용할 때 등 이런 예와 비슷한 사용법은 그 외에도 많이 있다.

이처럼 location 지시어는 엔진엑스의 기능 중 가장 많이 사용하는 지시어다. 자세하게 알아두면 다양한 경우에 활용할 수 있다.

표 17-1 접두사 목록

접두사	매칭 방법
없음	전방 일치(전방에 있는 location의 참조 시행)
^~	전방 일치(후방에 있는 정규표현에 작성된 location 참조는 하지 않음)
~	정규 표현 대문자(소문자를 구별한다.)
~*	정규 표현 대문자(소문자를 구별하지 않는다)
=	완전히 일치

▣ error_page 지시어

HTTP 상태 코드가 400, 500번대의 에러가 발생할 때 표시하는 페이지를 지정할 수 있다. 예를 들어 404 에러가 발생할 때 /404.html을 표시하려면 다음과 같이 설정한다.

```
error_page 404 /404.html;
```

또한, error_page 지시어에는 「=」로 응답 HTTP 상태 코드를 임의로 설정할 수 있다. 예를 들어 403 에러가 발생한 경우 404로 에러를 반환하고 파일이 존재하지 않는 것처럼 보이게 하려면 다음과 같이 설정한다.

```
error_page 403 =404 /404.html;
```

또한, 「=」만 지정하는 경우는 다음으로 설명할 명명된 location에서의 사용 예처럼 별도의 처리를 실행한 결과 발생하는 HTTP 상태 코드를 그대로 돌려준다.

▣ 명명된 location

명명된 location은 그 이름처럼 location 지시어에 이름을 명명하는 기능이다. 다음 설정은 favicon이 없을 때 대신 화면을 표시하는 설정이다.

```
location = /favicon.ico {
  error_page 404 = @empty;
}
location @empty {
  empty_gif;
}
```

favicon이 없는 경우에 404 에러가 발생한다. 이때 error_page 지시어에서 지정하는 @empty가 호출된다. @empty에는 empty_gif 지시어(1×1픽셀의 투명 GIF를 표시하는 지시어)를 사용해 더미 이미지를 표시한다. 또한, error_page 지시어에서 「=」을 사용해 설정하고 있으므로 더미 이미지를 표시하는 처리에 의해 발생하는 HTTP 상태 코드 200이 최종적으로는 사용자에게 응답으로 반환된다.

rewrite 지시어

요청 URI를 조건에 따라 재작성하거나 리다이렉트하는 기능을 제공한다. 우선 구체적인 예를 살펴보자.

```
rewrite ^/users/(.*)$ /show?user=$1?;
```

이는 웹 응용프로그램 프레임워크에서 자주 볼 수 있는 경로를 쿼리 문자열로 변환하는 설정의 예다. 예를 들어 「/users/1」에 접속하면 「/show?user=1」로 재작성돼 처리된다. 이 예에서도 사용하고 있는 것처럼 rewrite 지시어에는 후방 일치를 사용할 수 있다. 정규 표현 부분의 ( )안의 값을 같은 명령의 $1에서 참조한다.

$1 다음의 물음표(?)는 원래 요청 쿼리 문자열을 무시하는 것을 의미한다. 예를 들어 「/user/1?key=value」로 접속했을 때 「/user/show?user=1?key=value」와 같이 재작성이 발생하는 것을 막을 수 있다.

이처럼 rewrite 지시어는 다음과 같은 작성 방법으로 설정한다.

```
rewrite 정규표현 대체플래그;
```

대체 부분은 재작성한 뒤의 URI를 지정한다. 「http://」로 시작하는 경우는 리다이렉트를 수행하고 처리를 종료한다.

플래그는 처리 방법을 제한하는 것으로 표 17-2의 값을 사용할 수 있다. last, break은 어떤 쪽이든지 재작성 처리를 수행한 후 location 컨텍스트에 rewrite 지시어만을 대상으로 다시 처음부터 처리를 수행하기 위한 플래그다. 두 개의 차이는 location 컨텍스트에 지정할 때 location 컨텍스트의 rewrite 지시어를 다시 처리 대상으로 할 것인가 아닌가의 여부다.

표 17-2 플래그 목록

플래그	처리 방법
없음	rewrite를 수행하고 그대로 처리를 계속
last	rewrite를 수행하고 모든 location을 대상으로 처리를 다시 처음부터 수행
break	rewrite를 수행하고 한번 실행한 location은 대상에서 제외하고 처리를 처음부터 실행
redirect	상태 코드 302로 리다이렉션
permanent	상태 코드 301로 리다이렉션

set, if 지시어

set, if 지시어는 엔진엑스를 특징짓는 매우 강력한 지시어의 하나다. 이 두 가지 지시어를 활용해 엔진엑스에서는 굉장히 유연한 설정을 할 수 있다.

▣ 변수와 set

엔진엑스에서는 설정에 변수를 사용할 수 있다. set 지시어를 사용하면 변수를 정의할 수 있다.

```
set 변수명 값;
```

시스템 자체가 처음부터 정의된 변수도 많아서 이를 사용하면 유연한 설정이 가능하다.

예를 들면 1대의 서버에 사용자별로 개별 서브 도메인과 문서루트(DocumentRoot)를 설정하고 싶을 때 어떤 설정을 할 것인가? 바로 떠오르는 방법으로는 사용자별로 가상호스트를 각각 설정하고 각각 문서루트를 지정하는 방법을 들 수 있다. 하지만 이 방법은 사용자가 늘어날 때마다 가상 호스트를 추가해야 하므로 힘들다. 대신 이 경우 $host라는 요청 헤더의 Host 값을 유지하는 변수를 사용해 다음과 같이 간단히 설정을 구현할 수 있다[2].

```
server {
  server_name *.example.com;

  location / {
    root /home/www/$host/htdocs/;
  }
}
```

그 외에도 원격 주소와 Cookie 값 등 다양한 값이 변수로 정의돼 있다[3].

▣ if에서 조건 지정

if 지시어를 사용하면 조건에 맞는 설정을 사용할 수 있다.

```
if (조건) {
  조건에 맞는 경우 사용할 설정
}
```

조건에 맞는 경우 괄호 안의 설정을 사용한다. 조건 판단 방법은 표 17-3에 쓰인 대로 사용할 수 있다. 예를 들어 192.168.0.10에서 접속을 금지하는 경우는 다음과 같이 작성한다.

---

2 일반적으로 이와 같은 방법은 가상 문서루트(Virtual DocumentRoot)라고 불린다.
3 http://wiki.nginx.org/HttpCoreModule#Variables

```
if ($remote_addr = 192.168.0.10) {
  return 403;
}
```

매우 편리한 if 지시어이지만 소위 프로그래밍 언어의 if와 다르게 중첩 사용이나 AND, OR는 사용할 수 없으므로 주의해야 한다.

표 17-3 사용할 수 있는 판단 방법

판단 방법	제공 기능
=	변수의 비교(일치)
~	정규 표현 일치(대문자, 소문자를 구별)
~*	정규 표현 일치(대문자, 소문자를 구별하지 않는다)
-f	지정한 파일이 존재하는지
-d	지정한 폴더가 존재하는지
-e	지정한 파일, 폴더 또는 심볼릭 링크가 존재하는지
-x	지정한 파일에 실행 권한이 있는지

※각 판단 방법은 구문 앞에 「!」를 붙여서 가부의 조건으로 사용할 수 있다.

▣ 구체적인 사용 예

그러면 구체적으로 set과 if 지시어를 사용한 설정 예를 살펴보자. 코드 17-1은 유지 보수 화면으로 간단하게 전환하기 위한 설정이다.

❶에서 정의한 변수 $mnt가 ❹에서 true인 경우는 유지 보수 화면을 표시하도록 설정한다. 유지 보수 화면을 표시/표시하지 않음은 ❷와 ❸에서 컨트롤하고 있다. ❷는 /var/tmp/do_mnt 파일이 있는 경우에 유지 보수 화면을 바꾸는 설정이다. 이렇게 하면 엔진엑스를 다시 불러오지 않고 파일을 올려두는 것만으로 유지 보수 화면으로 전환할 수 있다. 또한 ❸에 의해 유지 보수 중에도 관리자가 원래의 화면에 접속할 수 있다.

❹에서는 return 지시어를 사용해 HTTP 상태 코드 503으로 응답을 반환한다. 503을 반환할 때 error_page 지시어에서 지정하고 있는 @maintenance가 호출돼 @maintenance의 rewrite 지시어 ❺에 의해 요청이 재작성되고, /maintenance.html이 표시된다.

▼ 코드 17-1 if와 set을 사용한 설정 예

```
set $mnt false; ❶

if (-e /var/tmp/do_mnt) { ❷
  set $mnt true;
}

if ($remote_addr = 관리자 IP주소) { ❸
  set $mnt false;
}

location ^~ / {
  if ($mnt = true) { ❹
    error_page 503 = @maintenance;
    return 503;
  }
}

location @maintenance {
  rewrite ^(.*)$ /maintenance.html break; ❺
}
```

SSL 통신

엔진엑스에서 SSL(Secure Socket Layer)을 사용하는 것은 매우 편리하다. 해야 할 일은 크게 두 가지 뿐이다.

- SSL을 사용하는 것을 명시[4]
- 서버 인증서와 개인키를 지정

한 가지 주의할 점은 엔진엑스에서는 중간 CA 인증서를 지정하는 지시어가 없기 때문에 서버 인증서의 파일에 중간 CA 인증서를 맞춰서 직접 기재해야 한다.

---

4   listen에서 지정하거나 ssl 지시어로 지정한다.

`listen에 명시`

```
listen 443 ssl;
```

`서버 증명서와 중간 CA 인증서`

```
ssl_certificate /etc/nginx/cert.pem;
```

`개인키`

```
ssl_certificate_key /etc/nginx/cert.key;
```

`ssl 지시어`

```
listen 443;
ssl on;
ssl_certificate /etc/nginx/cert.pem;
ssl_certificate_key /etc/nginx/cert.key;
```

기본 인증 설정

기본 인증에 관해서도 아주 쉽게 설정할 수 있다. 사용되는 지시어는 auth_basic 지시어와 auth_basic_user_file 지시어다. auth_basic_user_file 지시어에 인증된 사용자 목록이 기록된 파일을 nginx.conf에서 상대 경로 혹은 절대 경로로 지정한다.

```
auth_basic "members only";  ← 표시할 문자열
auth_basic_user_file "/etc/nginx/.htpasswd";
```

location 지시어 설명에도 나와 있는 것처럼 어떤 컨텍스트를 작성하느냐에 따라서 적용 범위를 제어할 수 있다.

로그 출력 제어

운영하면서 로깅은 매우 중요하다. 엔진엑스에도 당연히 로그를 출력하기 위한 지시어가 있다.

접속 로그

접속 로그는 log_format 지시어와 access_log 지시어로 제어한다. 우선 예를 살펴보자.

```
log_format example '$remote_addr\t$http_user_agent';
access_log /var/log/nginx/access.log example;
```

이 설정은 /var/log/nginx/access.log에 원격 주소와 사용자 에이전트를 탭으로 구분해 출력하는 설정이다.

접속 로그는 다음과 같은 작성 방법으로 설정한다.

```
log_format 형식명 문자열;
access_log 출력 파일의 경로 형식명;
```

log_format 지시어로 출력 로그의 형식을 지정한다. 문자열 부분에는 각 모듈이 정의하는 변수도 사용할 수 있다.

access_log 지시어는 log_format 지시어에서 정의한 형식명을 지정하기 때문에 임의의 형식으로 로그를 출력할 수 있다. access_log 지시어는 server 컨텍스트나 location 컨텍스트에도 사용할 수 있으므로 상황에 맞게 출력 장소나 형식을 유연하게 바꿀 수 있다.

이번 예는 설명을 간결하게 하기 위해 두 개의 값만 출력하는 예이지만 이 외에도 표 17-4에 표시된 변수를 사용할 수 있다. 출력할 수 있는 변수는 이게 전부는 아니므로 엔진엑스의 Wiki[5] 등을 살펴보고 필요에 따라 적절하게 추가하면 된다.

표 17-4 사용할 수 있는 변수

변수	값
$remote_addr	클라이언트의 원격 주소
$time_local	현지 시각
$request_uri	요청 URI
$status	HTTP 상태 코드
$http_referer	리퍼러
$http_user_agent	사용자 에이전트
$host	헤더
$query_string	쿼리 문자열

---

5 http://wiki.nginx.org/

에러 로그

에러 로그는 error_log 지시어로 제어한다.

```
error_log 출력파일경로 에러레벨;
```

에러 레벨에는 「debug」, 「info」, 「notice」, 「warn」, 「error」, 「crit」, 「alert」의 값을 지정할 수 있다.

요약

이번 장에서는 엔진엑스를 사용하는 데 있어 기본이 되는 기능을 구체적인 예를 들어 소개했다. 가상 호스트와 같이 HTTP 서버에 일반적으로 제공되는 기능이나 if, set 지시어와 같이 엔진엑스 특유의 기능을 사용할 수 있다는 것을 알게 됐다.

우선 이러한 기능의 사용 방법을 습득하고 엔진엑스를 실질적으로 사용해보자.

실제 웹 응용프로그램 서버의 구성

Unicorn/레일즈나 PHP-FPM과 연계

피쿠시부㈜, 미치이 슌스케

기존 PHP나 루비 온 레일즈(이하 레일즈)를 사용해 작성된 웹 응용프로그램을 동작시키려면 mod_php나 Passenger와 같은 아파치 모듈을 사용하는 방법이 일반적이지만 최근에는 Unicorn이나 PHP-FPM(FastCGI Process Manager)과 같은 독립적인 서버 프로세스를 가진 제품이 일반적으로 사용되고 있다. 이러한 제품은 엔진엑스의 이벤트 주도형 서버와 호환성이 좋아서 적은 메모리로 안정적으로 동작하는 응용프로그램 서버를 구성할 수 있다.

이번 장에서는 Unicorn 혹은 PHP-FPM과 엔진엑스를 사용함으로써 레일즈, PHP가 안정적으로 작동하는 서버를 구축하는 방법을 소개한다.

웹 응용프로그램 서버에서 엔진엑스의 역할

웹 응용프로그램 서버에서 엔진엑스의 역할은 두 가지다. 한 가지는 응용프로그램 서버에 요청을 보내는 리버스 프락시로서의 역할이다. 엔진엑스는 리버스 프락시로서 응용프로그램에서의 처리가 필요한 요청을 응용프로그램 서버로 보내서 그 결과를 클라이언트에게 반환한다.

또 하나는 응용프로그램 서버가 처리하지 않는 이미지나 CSS 파일과 같은 정적 파일을 처리하는 HTTP 서버로서의 역할이다. 이미지나 CSS 파일과 같이 응용프로그램 서버의 처리가 필요 없는 정적 파일에 대한 요청을 엔진엑스가 처리해 응용프로그램 서버의 부하를 줄일 수 있다.

그 외에 엔진엑스의 기능으로 요청 헤더, 응답 헤더의 재작성이나 URI의 rewrite, 접속 로그 기록과 같은 복잡한 처리를 유연하게 작성할 수 있다.

리버스 프락시

리버스 프락시의 역할은 클라이언트의 요청을 각 응용프로그램 서버에 배분해 그 결과를 클라이언트에 반환하는 것이다. 클라이언트의 요청은 일단 모두 리버스 프락시가 받아 응용프로그램 서버로 보내고 그 응답을 버퍼링해 클라이언트에 반환한다.

일반적으로 리버스 프락시는 각 응용프로그램 서버에 요청을 배분해 부하를 분산하고 캐시 서버로서의 역할을 하지만 웹 응용프로그램 서버에 리버스 프락시를 두는 이유는 주로 요청에 대한 버퍼링 때문이다.

응용프로그램 서버가 직접 클라이언트와 통신할 경우 사용자에게 응답을 반환할 때까지 응용프로그램 서버가 커넥션을 가져야 한다. 그러므로 단일 프로세스가 처리할 수 있는 요청 수를 제한하는 응용프로그램 서버에서는 통신 속도가 느린 클라이언트의 접속 때문에 1개의 프로세스가 응답 대기 상태가 돼버린다.

리버스 프락시는 응용프로그램 서버의 응답을 버퍼링해 응용프로그램 서버가 각 클라이언트와의 통신을 신경 쓰지 않고 크게 지연 없이 입출력을 종료하고 다음 커넥션을 처리할 수 있다.

정적 파일을 처리하는 HTTP 서버

응용프로그램 서버에 대한 모든 요청을 보낸다면, 이미지 파일이나 CSS 파일과 같은 정적 파일에 대한 요청도 응용프로그램 서버에서 처리해야 한다. 이러한 정적 파일에 대한 요청은 동적 처리가 필요하지 않기 때문에 주목적인 동적 처리에 전념하지 않으면 안 되는 응용프로그램 서버의 리소스를 낭비하게 된다. 이와 같은 동적 파일의 요청을 처리하는 것이 엔진엑스의 두 번째 역할이다.

엔진엑스는 location 지시어와의 궁합이 좋아서 요청을 쉽게 응용프로그램 서버와 엔진엑스 자신에게 배분할 수 있다. 또한, 헤더의 재작성도 구현할 수 있기 때문에 응용프로그램 쪽에서 별도의 설정을 할 필요도 없다.

레일즈 응용프로그램의 구성

그러면 여기서는 레일즈 응용프로그램을 동작시키는 서버 구성을 살펴보자. 레일즈의 웹 응용프로그램 서버로서는 Mongrel, Thin 등 다양한 제품이 있지만, 여기서는 유니콘(Unicorn)[1]을 사용해 구성하는 방법을 소개한다.

유니콘은 Rack 프레임워크로 작성된 웹 응용프로그램을 처리하는 응용프로그램 서버다. 마스터 프로세스가 응용프로그램을 동작시키는 작업 프로세스를 분기하는 단순한 멀티 프로세스 모델을 채용해 매우 간단하여 관리하기 쉬운 것이 특징이다. 또한, 작업을 분기할 때 미리 레일즈 응용프로그램을 불러온 후에 분기하는 preload라는 기능이 있어 배포 시에 다운 타임을 최소화할 수 있다.

책에서는 표 18-1과 같은 구성으로 엔진엑스와 레일즈의 설정을 소개한다. 레일즈는 집필 시점(2014년 9월)에 최신 버전인 버전 4.1.6.을 사용한다.

표 18-1 이 장의 설명에서 사용하는 구성

항목	설정
도메인	rails.example.com
프로젝트명	NginxRails
배포 폴더	/home/www/nginx-rails/

리버스 프락시 설정

엔진엑스와 유니콘과의 통신은 TCP 소켓 통신도 사용할 수 있지만, 여기서는 유닉스(UNIX) 도메인 소켓을 사용한다. 유닉스 도메인 소켓은 일반 네트워크를 통한 통신과는 달리 소켓 파일을 통해 소켓 통신을 하므로 일반 네트워크보다 낮은 부하에서 소켓 통신을 구현할 수 있다. 또한, 엔진엑스와 유니콘의 통신을 소켓 통신으로 구현해 응용프로그램을 일반 사용자 권한으로 실행시킬 수 있다. 이로 인해 레일즈 응용프로그램이 접속할 수 있는 파일을 제한할 수 있고 보안성이 높아진다.

---

[1]   유니콘에 관한 자세한 설명은 WEB+DB PRESS Vol.70의 특집1 「구현 Rails 고속화」 제6장 「고속 유니콘 서버의 구성」을 참고하자.

▣ 레일즈 설정

여기서는 기존의 레일즈 응용프로그램에서 유니콘이 작동하도록 설정한다. Gemfile을 편집해 unicorn을 추가한다. 추가한 후에는 bundle install을 실행해 패키지를 설치하자.

`Gemfile`

```
gem 'unicorn'
```

유니콘의 설정은 config/unicorn/환경명.rb로 작성한다.

`config/unicorn/production.rb`

```
worker_processes 8 # 작업 프로세스 수
listen "/var/run/nginx-rails.sock" # 소켓파일
pid "/var/run/nginx-rails.pid" # pid 파일
# 표준 출력, 표준 에러 출력 위치
stdout_path "./log/unicorn/production.log"
stderr_path "./log/unicorn/production.log"
```

작업 프로세스 수는 CPU 코어 수의 2~4배 정도로 설정하는 게 좋다. 이상적인 설정은 코어 수와 동일하게 하는 것이지만 실제로는 데이터베이스의 접속이나 파일 불러오기 등으로 대기 상태가 발생하므로 코어 수보다 많게 하는 편이 성능을 발휘할 수 있다.

▣ 엔진엑스의 설정

rails.example.com:80에 대한 요청을 유닉스 도메인에 프락시하는 설정을 작성한다. 코드 18-1과 18-2에 설정 예가 있다. nginx.conf에서 직접 설정을 작성해도 되지만, 여기서는 include 지시어를 사용한다. include 지시어에는 와일드카드를 사용할 수 있어서 코드 18-1과 같이 sites-enabled 지시어 아래의 모든 *.conf를 불러오게 설정할 수 있다. 이 설정으로 여러 사이트 설정을 개별 파일로 알기 쉽게 관리할 수 있다.

계속해서 리버스 프락시 설정을 작성한다. 우선 ❶의 server 지시어로 rails.example.com 도메인을 수신하는 서버를 정의한다. 다음은 ❷의 location 지시어에 proxy_pass 지시어를 작성하고 rails.example.com/ 아래에 모든 요청을 프락시한다. 프락시하는 곳은 proxy_pass에 직접 작성해도 되지만 여기서는 ❸의 upstream 지시어를 사용한다. upstream 지시어는 엔진엑스 내부에서만 사용하는 가상 서버(여기에서는 http://nginx-railsapp)를 정의한다. 이 서버에 요청을 프락시하는 설정을 하

면 upstream에 정의된 서버에 요청을 프락시한다. 여기서는 ❹의 server 지시어에서 유니콘이 열고 있는 소켓 파일을 ❸의 upstream 컨텍스트에 설정한다.

설정 후 다시 불러오면 엔진엑스 설정이 반영된다.

```
$ sudo nginx -s reload
```

▼ **코드 18-1** 폴더 아래의 설정파일을 불러온다(nginx.conf)

```
http {
  ......

  include sites-enabled/*.conf;
}
```

▼ **코드 18-2** 응용프로그램에 프락시 설정(sites-enabled/rails.example.com.conf)

```
server { ❶
  listen 80;
  server_name rails.example.com;

  location / { ❷
    proxy_pass http://nginx-rails-app;
  }
}

upstream rails-nginx-app { ❸
  # 유니콘이 오픈하는 소켓을 지정
  server unix:/var/run/nginx-rails.sock; ❹
}
```

정적 파일의 처리

위 설정으로 모든 요청을 유니콘에 프락시하게 됐다. 이 상태에서는 이미지와 같은 정적 파일에 대한 요청도 모두 유니콘에 프락시 돼 버린다.

그래서 코드 18-3과 같이 ❶의 root 지시어로 정적 파일의 위치(./public)를 지정하고 ❷의 try_files 지시어를 사용해 정적 파일이 존재하지 않는 경우만 유니콘에 프락시하도록 설정한다. 또한 ❸의

error_page 지시어를 사용해 서버 에러 등의 화면을 응용프로그램에서 준비한 것으로 사용하게 설정할 수 있다.

▼ **코드 18-3** 정적 파일은 엔진엑스로 처리한다.

```
server {
  ......

  root /home/www/nginx-rails/public; ❶

  location / {
    try_files $uri $uri/ @app; ❷
  }
  location @app {
    proxy_pass http://rails-nginx-app;
  }

  error_page 404 /404.html;                              ❸
  error_page 400 401 403 404 500 501 502 503 /500.html;
}
```

유니콘의 기동, 다시 불러오기, 종료

이 상태에서 http://rails.example.com/에 접속하면 Bad Gateway 에러가 표시된다. 이는 요청을 받는 쪽의 유니콘이 기동돼 있지 않기 때문이다. 유니콘을 기동하려면 unicorn_rails 명령을 실행한다. production 환경에 기동하는 경우는 다음과 같다.

```
$ bundle exec unicorn_rails -E production -D \
-c ./config/unicorn/production.rb
```

-c 옵션에 설정 파일의 경로를 지정한다. 기동할 때 지정할 수 있는 주요 옵션은 표 18-2와 같고 설정 파일보다 우선한다.

종료, 다시 불러오기는 프로세스 ID를 지정하고 신호를 전송해 수행한다.

`종료`
```
$ kill `cat /var/run/nginx-rails.pid`
```
`다시 불러오기`

```
$ kill -USR2 `cat /var/run/nginx-rails.pid`
```
`지연된 종료 ※`
```
$ kill -QUIT `cat /var/run/nginx-rails.pid`
```

※요청의 처리가 끝난 프로세스부터 종료

표 18-2 유니콘 기동 시 지정할 수 있는 주요 옵션

옵션	설명
-c	설정 파일을 지정한다.
-D	데몬 모드로 기동한다.
-E	RAILS_ENV를 지정한다.
-p	수신하는 포트를 지정한다.

카피스트라노를 이용한 긴급 배포

▣ 설정 파일의 작성

레일즈 응용프로그램에서 일반적으로 사용하는 배포 방법으로 카피스트라노(Capistrano)를 사용하는 방법이 있다. 배포할 때 수동으로 유니콘 서버를 다시 불러오는 것은 번거로우므로 카피스트라노에서 자동으로 다시 불러오도록 설정한다(코드 18-4).

다음 설정은 cap 명령으로 unicorn의 기동과 종료를 할 수 있게 한다.

`기동`
```
$ cap production unicorn:start
```
`종료`
```
$ cap production unicorn:stop
```
`재기동`
```
$ cap production unicorn:restart
```

unicorn_rails를 실행할 때에는 코드 18-4와 같이 BUNDLE_GEMFILE 환경 변수에 Gemfile 경로를 절대 경로로 지정한다. 이렇게 하지 않으면 Gemfile을 변경할 때 새로운 gem이 올바르게 불리지 않는 문제가 발생했다.

▼ **코드 18-4** 카피스트라노에서 유니콘을 다시 불러오기(config/deploy.rb)

```
# 유니콘 기동, 종료, 다시 불러오기 작업을 작성
namespace :unicorn do
  task :start, :roles => :app do
    run <<-CMD
      cd #{current_path};
      BUNDLE_GEMFILE="#{current_path}/Gemfile" \
      bundle exec unicorn_rails \
      -c #{unicorn_conf} -E #{rail_env} -D;
    CMD
  end
  task :stop, :roles => :app do
    run "kill `cat #{unicorn_pid}`"
  end
  task :graceful_stop, :roles => :app do
    run "kill -QUIT `cat #{unicorn_pid}`"
  end
  task :reload, :roles => :app do
    run "kill -USR2 `cat #{unicorn_pid}`"
  end
  task :restart, :roles => :app do
    run "kill `cat #{unicorn_pid}`"
    run <<-CMD
      cd #{current_path};
      BUNDLE_GEMFILE="#{current_path}/Gemfile" \
      bundle exec unicorn_rails \
      -c #{unicorn_conf} -E #{rail_env} -D
    CMD
  end
end

# 배포할 때에 자동으로 유니콘을 기동한다
after "deploy:start", "unicorn:start"
after "deploy:stop", "unicorn:stop"
```

```
after "deploy:restart", "unicorn:reload"

config/deploy/production.rb:
set :unicorn_conf,
"#{current_path}/config/unicorn/production.rb"
set :unicorn_pid,
"#{current_path}/tmp/pids/production.pid"
```

▣ 유니콘 다시 불러오기 직후의 응답 속도의 저하 방지

코드 18-4의 설정으로 배포하면 배포 종료 시 유니콘의 다시 불러오기가 수행되지만, 유니콘의 다시 불러오기 직후에는 레일즈가 호출되지 않은 상태이므로 일시적으로 응답이 멈춰버린다. 이를 방지하기 위해서 유니콘에는 프리로드라는 기능이 있다. 프리로드 기능은 레일즈를 호출한 상태에 작업 프로세스를 분기해 일시적으로 응답 속도가 떨어지는 것을 막을 수 있다.

프리로드 기능은 유니콘의 설정 파일에 코드 18-5의 ❶과 같이 설정한다.

또한, 기존 프로세스를 종료시켜 데이터베이스의 재접속을 수행하는 처리를 작성한다. 이 설정을 빠뜨리면 기존 프로세스가 이전 버전의 페이지를 표시하거나 새로운 데이터베이스에 접속되지 않는 문제가 발생한다. 기존 프로세스의 종료와 데이테베이스 재접속은 ❷의 before_fork와 ❸의 after_fork를 사용해 작성한다.

❷의 before_fork는 유니콘이 새로운 작업 프로세스를 열기 전에 실행한다. 이때 기존 데이터베이스의 접속을 절단하고 기존 프로세스의 kill을 수행한다.

새로운 작업 프로세스가 기동된 후에 ❸의 after_fork에 의해 데이터베이스의 재접속이 수행된다. ActiveRecord 이외의 데이터베이스나 KVS(Key-Value Store)에 접속하는 경우는 마찬가지로 재접속하는 코드를 작성해야 한다.

▼ **코드 18-5** 유니콘 다시 불러오기 직후의 응답 속도 저하를 방지(config/unicorn/production.rb)

```
preload_app true ❶

before_fork do |server, worker| ❷
  # 분기 전의 데이터베이스를 절단한다
  if defined?(ActiveRecord::Base)
```

```
    ActiveRecord::Base.connection.disconnect!
  end

  old_pid = "#{server.config[:pid]}.oldbin"
  if old_pid != server.pid
    begin
      sig = (worker.nr + 1) >= server.worker_processes ? :QUIT : :TTOU
      Process.kill(sig, File.read(old_pid).to_i)
    rescue Errno::ENOENT, Errno::ESRCH
    end
  end

  sleep 1
end

after_fork do |server, worker| ❸
  if defined?(ActiveRecord::Base)
    ActiveRecord::Base.establish_connection
  end
end
```

PHP 응용프로그램의 구성

여기서부터는 엔진엑스와 PHP-FPM을 사용해 PHP 응용프로그램 서버를 구성하는 방법을 소개한다.

PHP-FPM의 개요

PHP는 보통 아파치 상의 mod_php를 사용해 동작하는 것이 일반적이지만 최근에는 PHP-FPM이 주목받고 있다. PHP-FPM은 FastCGI 형식으로 동작하는 PHP 서버다. 기존 아파치에 프로세스 관리를 맡기는 것과는 다르게 독자적인 프로세스 관리를 구현하고 있다. 또한, PHP 5.3.3 이후에는 PHP에 표준 첨부돼 있어 PHP 5.4.0 RC2에서 experimental(실험적 구현)이 아니며 공식적으로 구현됐다.

PHP-FPM 설치

PHP-FPM은 PHP 5.3.3 이후 표준으로 첨부돼 있지만, 표준으로는 사용되지 않기 때문에 빌드 시에 --enable-fpm 옵션을 지정한다.

2014년 8월 현재 데비안(Wheezy), CentOS 6.4 이후 버전에는 공식 패키지 관리 시스템에서 제공되고 있다.

◼ 데비안7(Wheezy)에서 설치

데비안7에서는 공식으로 제공되는 패키지를 사용해 설치할 수 있다. php -fpm을 설치하려면 다음 명령을 실행한다.

```
$ sudo aptitude update
$ sudo aptitude install php5-fpm
```

PHP-FPM 설정

PHP-FPM의 설정은 php-fpm.conf에 작성한다(코드 18-6). 서식은 php.ini와 같다. PHP-FPM 에서는 설정이 다른 여러 서버를 동시에 기동할 수 있고 같은 설정으로 시작하는 프로세스 그룹을 프로세스 풀이라고 한다. 초기 상태에서는 www 프로세스 풀의 설정을 포함하도록 작성돼 있다.

기본적으로 9000번 포트에서 서버가 시작하게 설정돼 있지만, 유닉스 도메인 소켓을 사용할 수도 있다. 수신 포트 번호나 소켓 파일은 ❶의 listen에서 지정한다. 작업 프로세스 동작은 ❷의 pm에서 설정한다. 기본은 dynamic이다. 이 모드에서는 아파치의 prefork MPM과 같이 부하에 따라서 프로세스 수를 증감한다. pm을 static으로 하면 pm.max_children 설정 수에 항상 프로세스 수가 고정된다.

❸의 pm.max_requests를 설정해 각 프로세스가 처리하는 요청 수를 제한할 수 있다(초깃값은 0으로 무제한). 지정된 요청 수를 처리하면 프로세스가 종료되고 새로운 작업 프로세스가 시작된다. 이렇게 하면 메모리 누수 등의 문제를 방지할 수 있다.

▼ 코드 18-6 PHP-FPM 설정(php-fpm.conf)

```
[www]
listen = /var/run/php5-fpm.sock ❶
.......

pm = dynamic ❷
pm.max_children = 8 ; 자식 프로세스의 최대 수
pm.start_servers = 4 ; 기동 시의 서버 수
pm.min_spare_servers = 2 ; 대기 서버의 최소 개수
pm.max_spare_servers = 4 ; 대기 서버의 최대 개수
pm.max_requests = 500 ❸
```

엔진엑스 설정

계속해서 엔진엑스의 설정 방법이다. PHP-FPM은 FastCGI 형식으로 동작하므로 FastCGI 프로토콜 형식으로 통신해야 한다. FastCGI 형식으로 통신하려면 fastcgi_pass 지시어를 사용한다. 여기서는 코드 18-7의 ❷와 같이 location 지시어로 정규 표현 일치를 이용해 *.php 파일만 PHP-FPM으로 처리하도록 설정한다.

❹의 fastcgi_pass 지시어는 PHP-FPM이 수신하는 포트(127.0.0.1:9000)나 소켓 파일의 경로를 지정한다. PHP-FPM이 처리하는 파일 경로는 FastCGI의 SCRIPT_FILENAME 매개변수(❺)로 설정한다. 여기서는 $document_root 변수를 사용해 ❶의 root 지시어로 지정한 폴더에 있는 파일을 지정한다.

FastCGI의 통신에 있어 몇 가지 설정이 필요하지만 엔진엑스에서는 fastcgi_params 파일에 초기 설정이 작성돼 있기 때문에 이를 ❸의 include 지시어로 불러들일 수 있어 설정 일부를 생략할 수 있다.

▼ 코드 18-7 PHP-FPM에 프락시 설정(site-enabled/php.example.com.conf)

```
server {
  listen 80;
  server_name php.example.conf;

  root /home/www/html; ❶

  location ~* \.php$ { ❷
    include fastcgi_params; ❸
```

```
    # TCP 소켓으로 통신할 경우
    # fastcgi_pass 127.0.0.1:9000
    # 유닉스 도메인 소켓으로 통신할 경우
    fastcgi_pass unix:/var/run/php5-fpm.sock;      ❹
    fastcgi_index index.php;
    fastcgi_param SCRIPT_FILENAME
            $document_root$fastcgi_script_name; ❺
    fastcgi_intercept_errors on;
  }
}
```

웹 응용프로그램 서버의 튜닝

지금까지 레일즈, PHP를 동작시키는 웹 응용프로그램 서버의 설정 방법을 소개했다. 여기서는 엔진엑스를 사용한 웹 응용프로그램 서버의 튜닝을 몇 가지 소개한다.

작업 프로세스가 처리할 수 있는 커넥션 수 조정

엔진엑스가 동시에 처리할 수 있는 커넥션 수는 작업의 프로세스 수와 1개의 작업이 받을 수 있는 커넥션 수에 따라 제한된다. 엔진엑스는 이벤트 주도형 모델이며 기본적으로 차단이 발생하지 않기 때문에 코어 수와 같은 수만큼 작업 프로세스를 기동하는 것이 일반적이다. 코어 수 이상으로 작업 프로세스를 기동해도 메모리 공간을 압박만 하는 경우가 많으므로 worker_processes 지시어로 코어 수와 같은 수로 설정하도록 하자.

한 개의 작업이 받을 수 있는 커넥션 수는 events 지시어의 worker_connections 지시어로 지정한다.

```
events {
  worker_connections 1024;
}
```

커넥션 수 × 프로세스 수 이상의 요청을 동시에 받으면 엔진엑스는 에러 화면을 반환하려고 하므로 최대 동시 접속 수보다 커넥션 수 × 프로세스 수를 크게 설정하자. 엔진엑스의 CPU 사용률이 매우 커질 경우는 이미 1대로 처리할 수 있는 커넥션 수를 넘었다고 생각하고 서버의 확장을 고려해야 한다. 하지만 대부분은 그 전에 응용프로그램의 처리가 따라가지 못하므로 문제가 되는 경우는 거의 없다.

gzip 압축 전송 사용

웹 응용프로그램을 고도화하려면 서버 측에서 처리하는 시간을 단축해야 할 뿐 아니라 클라이언트의 데이터 송신, 브라우저의 렌더링도 빨라야 한다. 이 중 HTTP 1.1의 gzip 압축 전송을 사용해 클라이언트로의 데이터 전송 시간을 크게 단축시킬 수 있다.

엔진엑스에서 gzip 압축 전송을 사용하려면 코드 18-8의 ❶과 같이 gzip 지시어를 사용한다. 레일즈나 PHP에서 처리하는 데이터도 압축 전송하려면 ❷의 gzip_proxied 지시어로 프락시된 데이터도 전부 압축하도록 설정해야 한다. ❸의 gzip_min_length, ❹의 gzip_types에 어떤 데이터를 압축 전송할 것인지 지정한다. 코드 18-8에서는 데이터 사이즈가 1KB 이상인 HTML, CSS, 자바스크립트, JSON 형식의 파일이 압축 대상이 된다.

▼ **코드 18-8** gzip 압축 전송을 사용

```
server {
  ......
  gzip on; # ❶gzip 전송을 활성화
  gzip_proxied any; # ❷프락시된 데이터도 압축
  gzip_min_length 1k; # ❸1KB 이상의 데이터를 압축
  # ❹ 압축할 파일 형식을 지정
  gzip_types text/html text/css text/javascript
      application/x-javascript application/json;
  gzip_disable "msie6"; # IE6에서는 gzip 압축을 무효화
}
```

브라우저 캐시를 효율적으로 사용

클라이언트로 데이터 전송을 빠르게 하는 방법은 통신하는 데이터양을 작게 하는 것이 효과적이다. 여기에서 브라우저 캐시의 컨트롤이 중요하다.

표준 브라우저에서는 서버에서 응답 헤더의 값을 포함시켜 캐시의 유효 기간을 설정할 수 있다. 이에 따라 갱신 빈도가 낮은 파일 캐시의 유효기간을 길게 해 클라이언트로의 데이터 전송량을 최소화할 수 있다. 또한, 클라이언트의 요청 수도 줄어들기 때문에 서버의 부하 감소에 도움이 된다.

엔진엑스에서는 expires 지시어를 사용해 브라우저 캐시의 유효기간을 설정할 수 있다. expires 지시어는 응답 헤더에 Expires 헤더와 Cache-Control 헤더를 추가해 브라우저 캐시의 유효기간을 지정한다. Expires 지시어는 다음과 같은 방법으로 설정할 수 있다.

```
expires 24h; # 요청 시각에서 24시간 후
expires @12h30m # 지정시간(12시 30분)
expires modified +24h # 수정 시각에서 24시간 후
expires epoch # 강제로 캐시를 무효화
```

일반적으로 요청한 후의 시간을 지정하는 것이 좋다. 수정 후의 시간 지정이나 날짜 지정을 설정하면 한 번에 유효기간이 만료되므로 그 시간에 요청이 집중돼 버리지만 지정된 시간에 반드시 정보를 수정해야 하는 경우에 효과적이다.

Expires 헤더, Cache-Control 헤더의 존재 여부는 크롬 개발자 도구[2]나 파이어버그에서 확인할 수 있다. 또한, curl -I http://example.com/을 실행해 확인할 수도 있다.

정적 파일에서는 Etag(Entity태그)를 지정하는 것도 효과적인 방법의 한 가지다. Etag를 사용해 수정 시간을 확인하지 않고 캐시하고 있는 파일과 서버상의 파일이 동일한지 확인할 수 있다.

응용프로그램 튜닝을 잊지 말자

이러한 튜닝을 수행해 어느 정도 고속화를 실현했을지도 모르지만, 근본적으로는 응용프로그램을 최적화하는 것이 최적화의 지름길이다. 응용프로그램의 처리 시간에 비교하면 엔진엑스에서의 처리 시간은 무시할 수 있을 정도로 작은 경우가 대부분이다. 코드의 처리나 데이터베이스의 쿼리를 검토해 응용프로그램의 처리를 최적화하는 것을 잊지 말자

PHP 응용프로그램에서는 mod_php와 마찬가지로 PHP-FPM에서도 ZendOpcache를 이용한 최적화가 효과적이므로 이러한 설정을 확인하도록 하자.

---

2   WEB+DB PRESS Vol.72 연재 「JavaScript 활용 최전선」 제5회 「Chrome Developer Tools을 사용한 실전 디버그 방법」을 참고하자.

요약

이번 장에서는 엔진엑스와 유니콘, PHP-FPM 등의 제품을 사용해 실질적인 웹 응용프로그램 서버를 구축하는 방법을 소개했다. 이런 제품은 기존의 mod_php 등의 아파치 모듈과 비교하면 메모리 사용량이 적고 처리량이 안정적인 것이 특징이다. 이 제품들과 메모리 최소화와 동시에 빠른 엔진엑스를 사용해 실제 운영환경에서도 충분히 견딜 수 있는 응용프로그램 서버를 구축할 수 있다. VPS(Virtual Private Server)와 같은 메모리 리소스가 적은 환경에서도 나름대로 성능을 발휘할 수 있을 것이다.

---

location 지시어의 우선순위에 주의　　　　　　　　　　　　　　　　　Column

지금까지 소개한 것처럼 엔진엑스는 location 지시어를 잘 사용하면 매우 유연한 설정을 작성할 수 있다. 그러나 여러 개의 location 지시어를 사용할 때는 설정의 우선순위를 알기 어려운 경우가 있다.

결론부터 이야기하면 기본적으로는 우선순위(완전 일치, 전방 일치, 정규 표현 일치)의 순으로 평가되지만 ^~(전방 일치)에 일치하는 경우만 평가를 중지한다. 설명만으로는 알기 어려우므로 예를 살펴보자.

▣ 전방 일치의 지시어를 여러 개 작성한 경우

우선 전방 일치의 지시어를 여러 개 작성한 경우를 살펴보자. 이때 location 지시어는 작성된 순서와 상관없이 문자 수가 긴 쪽이 우선된다. 다음 예에서는 ❶→❷가 된다.

```
location /area2 { ❶
  root /var/www/html_2;
}
location / { ❷
  root /var/www/html;
}
```

▣ 정규 표현과 전방 일치를 섞어서 작성한 경우

정규 표현과 전방 일치를 섞어서 작성했을 때의 우선순위는 어떻게 되는 걸까? 예를 들어 PHP로 작성한 업로더를 설치하려고 다음과 같이 설정했다고 하자.

```
root /var/www;

# 업로드되는 파일은 upload_dir에 저장된다.
location /uploads { ❶
  root /var/www/upload_dir;
}
```

```
# php 파일은 FastCGI가 처리한다.
location ~* \.php { ❷
  fastcgi_pass localhost:9000;
  ……
}
```

이때 우선순위에 따라 평가되므로 ❶의 전방 일치 뒤에 ❷의 정규 표현에 매치돼서 정규 표현의 내용이 처리된다. 그러므로 /uploads/uploaded.php에 접속하면 /var/www/uploads/uploaded.php가 FastCGI에 의해 실행되게 된다.

이 문제를 방지하려면 「^~」가 있는 전방 일치를 사용한다. ^~가 있는 전방 일치는 이후에 location 지시어를 처리하지 않는다는 의미가 있다.

```
#업로드 된 파일은 upload_dir에 저장된다.
location ^~ /uploads {
  root /var/www/upload_dir;
}
```

^~를 사용하면 /uploads에 일치되면 이후의 location 지시어는 실행되지 않게 되어 /uploads/*.php가 실행되는 것을 방지할 수 있다.

이처럼 엔진엑스 설정 파일은 단순하게 보이지만 복잡한 우선순위를 가지고 있다. 보통은 location 지시어를 여러 개 사용하는 특별한 설정은 좀처럼 하지 않기 때문에 위와 같이 설정할 때 빠뜨리는 경우가 있다. 잘 다루면 굉장히 복잡한 설정도 작성할 수 있으므로 이해해 두는 편이 좋다.

대규모 콘텐츠 배포 시스템 구축

캐시, 로드 밸런싱을 활용한다

㈜SKIYAKI, 이이다 유키

대량의 콘텐츠를 제공하려면?

서비스의 규모가 커지면서 요청 수의 증가에 따른 부하가 늘어난다. 이 상태에서 사용자가 스트레스를 느끼지 않게 하고, 빠르게 콘텐츠를 제공하려면 다양한 최적화가 필요하다.

이번 장에서는 필자의 경험을 토대로 주로 대량의 이미지를 배포하는 경우를 가정하고 많은 요청을 처리하는 데 있어 어떠한 점을 주목해야 하는지, 또 이를 위해 이용할 수 있는 엔진엑스의 기능에는 어떤 것이 있는지 설명한다.

문제점과 대책 포인트

먼저 대량의 콘텐츠를 배포할 수 있도록 한다. 최적화라는 것은 무엇을 하는 것일까? 조금 비약해서 말하면「부하를 제어한다」이다. 조금 더 정확하게 표현하면「처리 한계에 이르고 있는 부하를 식별」,「처리되도록 대책을 실행」한다고 말할 수 있을까?

그러나 통틀어서 부하라고 말해도 종류가 다양하다. 당연히 어떤 부하의 영향으로 처리 한계에 이르는지에 따라서 대책 방법도 달라진다. 따라서 우선은 어떤 부하의 종류가 있는지 아는 것이 최적화의 첫 걸음이다.

자세하게 이야기하면 끝이 없지만, 특히 이미지 배포와 같은 정적 콘텐츠를 대량으로 배포하는 경우에 우선 크게 나눠서 다음 두 가지를 생각하도록 하자.

- 디스크 I/O
- 네트워크 부하

또한, 디스크 I/O에서는 읽기/쓰기 중 어느 쪽이 문제인지, 네트워크 부하일 때는 트래픽 양/커넥션 수 중 어느 쪽이 문제인지처럼 더 자세하게 문제를 나눌 수 있다. 이러한 부하에 대한 접근 방법은 어떠한 것이 있을까? 여기도 크게 두 개로 나눌 수 있다.

- 한 대로 처리할 수 있는 양을 증가(스케일업 튜닝)
- 여러 대로 처리를 분산해 1대당 부하를 감소(스케일아웃)

엔진엑스에서 실제로 어떤 것이 가능한지 구체적으로 살펴보자.

캐시

캐시 기능은 원본 콘텐츠의 복제를 사용해 부하를 줄이고 분산하는 기능이다.

요청이 늘어나면 파일의 read가 대량으로 발생하므로 디스크 I/O가 증가한다. 하지만 요청이 늘어나도 모든 파일에 균등하게 엑세스가 발생하는 경우는 드물고 대부분 접속이 많은 파일과 적은 파일이 존재한다. 따라서 참조 빈도가 높은 파일을 메모리에 캐시해 부하를 줄이고 1대당 처리량을 늘리거나(튜닝) 다른 서버에 캐시해(스케일아웃) 부하를 줄일 수 있다.

로드 밸런싱

로드 밸런싱 기능은 여러 대의 호스트에 요청을 분산(스케일아웃)하는 기능이다. 예를 들어 여러 대의 서버에 요청을 분산하여 1대로 처리해야 할 요청량을 감소시킬 수 있다.

그러나 이 방법은 1대로 처리해야 하는 한계를 극복하는 방법이며 순수한 부하를 줄여주지는 않을뿐더러 때에 따라서는 네트워크 부하가 커질 가능성도 있다. 하지만 로드 밸런싱은 이중화에 의한 가용성 향상이라는 장점이 있기 때문에 도입하는 의미가 매우 크다.

캐시 사용

저장 대상 폴더의 정의와 이용

캐시를 사용하려면 proxy_cache, proxy_cache_path, proxy_temp_path의 3가지 지시문을 사용한다. 예를 들어 코드 19-1을 보자. 이는 CSS, 자바스크립트 파일을 /var/cache/nginx 폴더에 캐시하는 설정이다.

❶에 캐시 저장 위치를 지정하고 「EXAMPLE」이라는 이름을 붙인 뒤, ❷에서 호출해 사용한다. 이처럼 proxy_cache_path 지시어로 저장 위치 폴더를 정의하고 사용하고 싶은 곳에서 proxy_cache 지시어를 호출한다.

proxy_cache_path 지시어 외의 설정은 표 19-1을 참조하자.

▼ **코드 19-1** 캐시의 예

```
http {
  proxy_cache_path /var/cache/nginx level=1 keys_zone=EXAMPLE:4M inactive=1d max_size=100M;   ❶
  proxy_temp_path /var/cache/nginx_temp;

  server {
    listen 80;

    root /var/www/html;

    location ~* \.(css|js)$ {
      proxy_cache EXAMPLE;  ❷
      root /var/www/html/image;  ❸
    }
  }
}
```

표 19-1 proxy_cache_path 지시어

설정명	설명
level	캐시 폴더의 하위 폴더의 계층 깊이
keys_zone	영역 이름의 지정. 메타 데이터에 할당하는 공유 메모리 최댓값
inactive	참조가 없는 경우 캐시를 보존하는 기간
max_size	캐시 영역 용량의 최댓값

캐시 생성 시의 부하 감소

이러한 설정을 그대로 쓰면 반대로 부하가 늘어날 가능성이 있다. 캐시를 생성할 때 하드디스크의 wrtie가 발생하는 만큼 write에 의한 부하가 커질 가능성이 있기 때문이다.

▣ tmpfs의 사용

개선책의 한 가지로 코드 19-1의 ❶에서 지정하는 저장 대상을 tmpfs[1]로 변경하는 방법이 있다. 이렇게 하면 캐시 파일이 전부 메모리에 올라가므로 read/write에 의한 디스크 I/O를 무시할 수 있다.

단, 엔진엑스가 큰 파일에 대한 요청을 받았을 때 proxy_temp_path에 지정된 폴더에 파일을 버퍼로서 한 번 저장한다는 점은 주의가 필요하다. 그 때문에 이 폴더 경로도 tmpfs로 변경하지 않으면 캐시가 증가해도 하드 디스크 write가 발생하기 때문에 결국 디스크 I/O가 그다지 감소하지 않는 경우가 있다.

▣ 지정 메모리를 넘는 경우

다음은 일정 크기 이상의 여러 파일에 접속이 많이 발생하는 경우를 생각해 보자. 예를 들어 일 단위 랭킹과 같은 콘텐츠에 표시되는 파일 등이다. 이 같은 경우는 캐시 대상이 되는 파일의 전체 용량이 메모리에 저장할 수 있는 용량을 초과할 가능성이 커서 결국 하드 디스크에 read가 발생하게 된다. 따라서 앞서 설명한 캐시 방법으로는 해결할 수 없다.

---

1 메모리상의 파일 시스템이다.

그러면 어떤 개선책을 생각할 수 있을까? 예를 들어 그림 19-1과 같이 SSD(Solid State Drive, 플래시 드라이브)를 증설하고 코드 19-1의 ❶에서 캐시 저장 위치를 SSD로 변경해 디스크 I/O를 분산하는 방법이나, 그림 19-2와 같이 원래의 파일과 캐시를 각각 다른 서버로 분리해 코드 19-1의 ❸에서 root 대신에 proxy_pass 지시어를 사용해 리버스 프락시하여 캐시 전용 서버를 만드는 방법을 생각할 수 있다.

이처럼 캐시를 설정할 때 어떻게 설정하는가는 캐시 대상의 성질에 따라서 달라진다. 이러한 관계를 그림 19-3에 정리했다.

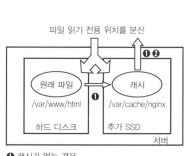

그림 19-1 SSD를 추가해 분산

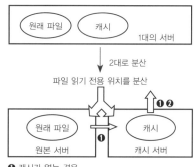

그림 19-2 캐시 전용 서버로 분산

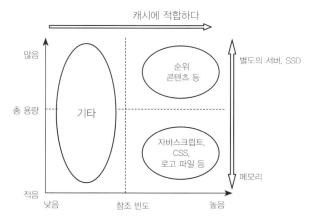

그림 19-3 캐시 대상과 캐시 방법

로드 밸런싱 사용

엔진엑스에서는 수신되는 요청을 리버스 프락시로 여러 호스트에 할당하는 기능(로드 밸런싱 기능)을 사용할 수 있다. 예를 들어 이 장의 앞부분에서 언급한 것처럼 대량의 이미지를 배포하는 서버를 여러 대로 구성해 처리를 분산하는 예를 생각해 보자. 그림 19-4와 같이 3대로 분산처리하기 위한 설정은 코드 19-2와 같다.

요청을 분산할 서버를 upstream 지시어로 지정하고 ❷와 같이 proxy_pass 지시어에 전달 대상으로 지정해 각 서버로 분산할 수 있다.

또한, ❶에서는 요청을 할당하는 방법을 지정한다. 지정하지 않으면 weight에 지정한 값에 맞게 라운드로빈으로 요청이 할당된다. 예를 들어 6회의 요청이 온 경우 weight=10, 20, 30의 호스트에 각각 1회, 2회, 3회 요청이 전달되는 방식이다. 이 기능은 전달 대상의 서버 스펙이 다른 경우에 활용할 수 있다.

요청을 할당하는 방법은 표 19-2와 같이 지정할 수 있다. ip_hash 지시어를 지정하면 동일한 IP/주소에서의 요청은 weight를 무시하고 전부 같은 호스트에 전달된다. least_conn 지시어는 활성화된 연결이 적은 비교적 비어있는 호스트로 요청을 전달하는 지시어다.

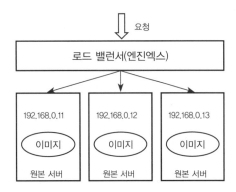

그림 19-4 3대로 요청을 분산

▼ **코드 19-2** 로드 밸런싱의 예

```
http {
  upstream backends {
    least_conn; ❶
```

```
    server 192.168.0.11:80 weight=10;
    server 192.168.0.12:80 weidht=20;
    server 192.168.0.13:80 weidht=30;
  }

  server {
    listen 80;
    server_name www.example.com;

    location / {
      proxy_pass http://backends; ❷
    }
  }
}
```

표 19-2 요청을 할당하는 방법

지시어 이름	할당 방법
없음	라운드로빈
ip_hash	클라이언트의 IP 주소
least_conn	활성화된 연결 수

캐시와 로드 밸런싱의 병행 사용

앞서 설명한 예처럼 여러 대로 분산하여 처리하면 1대당 부하는 줄어들 것 같지만, 사실은 그렇게 단순하지 않다. 여러 대에서 처리하려면 각 서버에 같은 데이터를 복사해야 하기 때문이다. 한 번 복사한 후에 데이터가 증가하지 않는 경우라면 몰라도 빈번하게 파일이 증가하는 경우는 그때마다 복사를 해야 하는 등 운영 비용이 높아지게 된다.

이 문제를 해결하기 위해서 그림 19-5와 같은 구성을 생각할 수 있다. 여러 대의 같은 서버를 준비하는 방법은 앞서 말한 것처럼 번거롭지만, 캐시에 존재하지 않는 경우에 원본 서버에 데이터를 요청하고 자동으로 복사해 캐시를 생성하면 매번 복사하는 수고를 덜 수 있다. 또한, 한번 캐시를 하면 캐시를 지울 때까지 원본 서버에 요청하지 않고 응답을 반환할 수 있으므로 원본 서버의 부하를 대신해 부하를 분산할 수 있다. 어떤가? 이것으로 상당히 좋아지지 않았나?

또한, 캐시 서버는 Squid[2]나 Varnish[3]와 같은 캐시 기능에 특화된 제품을 사용해 보는 것도 좋다.

그러나 아직도 개선해야 할 부분이 있다. 앞서 설명한 것과 같이 구성한 경우 그림 19-6과 같이 네트워크 부하가 증가한다. 또한, 캐시 서버의 대수가 많으면 그림 19-7의 ❷와 같이 각 서버의 캐시가 될 때까지 원본 서버에 요청이 가게 된다. 이에 대해서 어떠한 방법으로 좀 더 개선할 수 있을까?

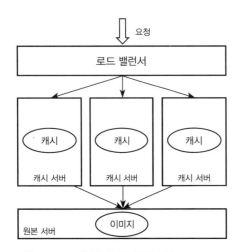

그림 19-5 로드 밸런싱과 캐시의 병행 사용

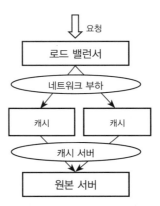

그림 19-6 네트워크 부하의 증대

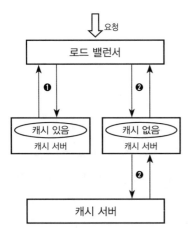

❶ 캐시 서버에 요청을 보내는 것만으로 완료
❷ 원본 서버에 요청을 보내야 한다

그림 19-7 비효율적인 캐시 방법

2 http://www.squid-cache.org/
3 https://www.varnish-cache.org/

로드 밸런서에서 캐시해 네트워크 부하를 경감

그러면 네트워크 부하를 조금이라도 줄이는 방법을 생각해보자. 예를 들어 앞단에 있는 로드 밸런서에서 캐시하는 방법을 생각할 수 있다. 하지만 1대로는 처리할 수 없기 때문에 분산하는 것이며 당연히 전체를 캐시하는 것은 아니다.

그렇다면 효과가 높을 것 같은 파일만을 캐시하고 싶지만 어떤 파일이 해당할까? 그림 19-3을 재검토하자. 자바스크립트나 CSS와 같은 파일이라면 용량이 작기 때문에 앞단에서 캐시해 반환하는 것이 좋지 않을까? 이와 같은 파일은 일반적으로 어떤 페이지에도 자주 표시되고 참조 빈도가 높으므로 뒷단에 커넥션 수는 상당히 적어질 수 있다.

하지만 트래픽을 줄이는 것은 어렵다. 트래픽을 늘리는 것은 당연히 용량이 큰 파일이지만 캐시에서 설명한 것처럼 용량이 큰 파일은 이와 같은 캐시 방법에는 적합하지 않기 때문이다.

고육지책으로는 다음과 같은 방법을 생각할 수 있다.

- 극단적으로 캐시 시간을 줄여 캐시에 머무르지 않도록 조금이라도 앞단에서 처리
- 특히 트래픽 증가에 영향이 있는 파일을 핀포인트로 캐시

어떤 파일이 트래픽 증가에 영향이 있는지 알기 위해서는 접속 로그의 $request_filename이나 $body_bytes_sent의 값을 보고 각 파일의 크기와 요청 수를 집계하는 방법이 있다.

consistent hash 모듈로 캐시 효율을 개선

consistent hash 모듈[4]은 로드 밸런싱 요청의 배분 방법에 지정한 키에 의한 전달 위치를 결정하는 기능을 추가하는 모듈이다. 다음 예를 살펴보자.

```
upstream backends {
  consistent_hash $request_uri;

  server 192.168.0.11:80; # 서버 A
  server 192.168.0.12:80; # 서버 B
  ......
}
```

이것은 특정 URI에 대한 요청을 특정 호스트에만 전달하는 설정이다. 따라서 이 모듈을 사용하면 a.png는 항상 A 서버에 b.png는 항상 B 서버에 배분할 수 있기 때문에 캐시가 없는 다른 서버에 대한 요청을 제한하여 효과적으로 캐시할 수 있게 된다. 엔진엑스 1.7.2에 추가된 hash 지시어를 사용해도 같은 기능을 구현할 수 있다.

요약

이번 장에서는 대량의 콘텐츠를 배포하기 위해서 어떤 점을 주목하고 어떠한 접근 방법을 취할 것인지 구체적인 예를 들어 설명했다. 그중에 특정 부하에 대한 대응이 다른 부하를 발생시키지는 않는지 상황에 맞는 대책이 필요한 것도 알게 됐다.

따라서 대규모의 배포를 할 경우는 부하의 종류나 그 상태에 맞게 유연하게 균형을 맞추고 다양한 수단을 취해야 할 것이다.

20

확장 모듈의 구조와
제작 방법

엔진엑스를 자유롭게 커스터마이징하기 위한 기초 지식

쿠보 다츠히코

엔진엑스와 확장 모듈

엔진엑스는 실용적인 기능이 많은 웹 서버이지만 실제 웹 서비스 개발과 운영에 종사하다 보면 주로 서비스 규모나 특성 때문에 발생하는 특수한 요구를 충족시키지 못하는 경우를 접할 수 있다. 이때 필요한 것이 확장 모듈이다.

이번 장에서는 엔진엑스 확장 모듈의 구조와 만드는 법을 설명한다. 엔진엑스 기능 대부분은 확장 모듈로 구현돼 있어서 확장 모듈을 만들 기회가 없는 사람도 엔진엑스의 소스 코드를 보고 동작을 이해하면 요구에 맞는 기능이 있는지 확인하는 데 도움이 될 것이다.

확장 모듈의 중요성

15장에서 설명한 것처럼 엔진엑스의 웹 서버로서의 기능은 HTTP 프로토콜 파서와 이벤트 주도 엔진의 핵심 부분을 제외하면 대부분 확장 모듈로 구현돼 있으며 독자적인 확장 모듈을 만들 수 있다.

본래 실용적인 웹 서버를 구현하는 것은 상당히 어려운 일이지만, 엔진엑스의 확장 모듈을 이용하면 확장 모듈의 제작 방법에 따라서 자신이 실현하고 싶은 기능을 구현하기만 하면 된다.

다양한 확장 모듈

엔진엑스 확장 모듈의 일부를 표 20-1에 정리했다[1]. 엔진엑스의 소스 코드에 처음부터 포함된 모듈도 configure 옵션을 적절하게 지정하고 존재하는 라이브러리를 설치하지 않으면 동작하지 않을 수도 있으므로 주의하자.

표 20-1 엔진엑스의 확장 모듈 일부

모듈 이름	개요	공식/비공식
Gzip	응답을 gzip으로 압축	공식
Proxy	프락시 서버	공식
WebDAV	WevDAV 프로토콜의 엔진엑스 모듈 구현	공식
Image Filter	엔진엑스로 이미지 변환 실시	공식
Headers More	HTTP 헤더의 작업을 더 유연하게 할 수 있다.	비공식
Lua	엔진엑스를 Lua 언어로 제어한다.	비공식

확장 모듈을 만들기 위한 지식

이번 절에서는 확장 모듈을 만드는 데 필요한 지식이나 알아두면 유용한 지식을 설명한다.

C언어

엔진엑스는 C언어로 작성돼 있으며 확장 모듈도 C언어로 작성할 수 있다. 확장 모듈을 만들 때 내부 구조체 데이터를 조작하거나 참조하게 되므로 어느 정도 C언어에 능숙하지 않다면 확장 모듈을 만드는 것은 어려울 수도 있다[2].

---

1 공식, 비공식 확장 모듈의 목록은 다음 URL을 참고하자.
  공식 : http://nginx.org/en/docs/
  비공식 : http://wiki.nginx.org/3rdPartyModules
2 lua-nginx-module와 같이 C 이외의 언어로 엔진엑스를 확장하는 방법도 있다.

HTTP

엔진엑스는 주로 HTTP 프로토콜로 통신하는 웹 서버다. 그래서 확장 모듈을 만들 때 HTTP에 대한 이해가 높다면 엔진엑스 소스 코드를 이해하는 데 도움이 될 것이다.

확장 모듈을 만드는 방법

실제로 확장 모듈을 만드는 방법에 관해서 설명한다. 여기서는 필자가 만든 FizzBuzz 문제[3]를 푸는 간단한 확장 모듈을 예로 설명한다.

우선 다음 명령을 실행해 확장 모듈 소스 코드를 내려받는다[4].

```
$ git clone git://github.com/cubicdaiya/ngx_http_fizzbuzz_module.git
```

이 확장 모듈은 그림 20-1의 GET 요청을 엔진엑스가 수신하면 그림 20-2와 같이 GET 매개변수 number의 값에 해당하는 함수나 문자열(Fizz, Buzz, FizzBuzz)을 포함한 응답을 반환한다. 엔진엑스의 설정 파일에는 코드 20-1과 같이 작성하고 확장 모듈 쪽에서 정숫값의 인수를 1개 받아서 FizzBuzz를 푸는 지시어(fizzbuzz)를 실행한다.

```
GET /fizzbuzz?number=72 HTTP/1.1
Host: localhost
```

그림 20-1 「72」의 fizzbuzz 판정을 수행하는 요청

```
HTTP/1.1 200 OK.
Server: nginx/1.3.8.
Date: Mon, 29 Oct 2012 23:45:37 GMT.
Content-Type: text/html.
Content-Length: 124
Connection: close
```

---

3 주어진 숫자가 3으로 나누어질 때는 「Fizz」, 5로 나누어질 때는 「Buzz」 양쪽 모두로 나누어질 때는 「FizzBuzz」 그 외에는 주어진 숫자를 반환하는 문제다.

4 비공식 확장 모듈을 설치하는 방법은 16장을 참고하자.

```
<!DOCTYPE html>
<html>
<head>
<title>FizzBuzz with nginx!</title>
</head>
<body>
<p>FizzBuzz(72) = Fizz</p>
</body>
```

그림 20-2 그림 20-1의 GET 요청에 대한 응답

▼ **코드 20-1** 그림 20-1의 요청을 fizzbuzz 모듈로 처리하기 위한 설정

```
# $arg_를 추가하면 요청 매개 변수를 취득할 수 있다.
location ~ /fizzbuzz$ {
  fizzbuzz $arg_number;
}
```

확장 모듈의 구성

확장 모듈은 모듈의 소스 코드와 확장 모듈을 엔진엑스 본체와 함께 빌드하기 위한 설정을 작성한
config 파일로 구성돼 있다(그림 20-3). config 파일에는 코드 20-2와 같이 확장 모듈의 이름이나
컴파일 대상 파일을 작성한다.

그림 20-3 fizzbuzz 모듈의 파일 구성

▼ **코드 20-2** config 내용

```
ngx_addon_name=ngx_http_fizzbuzz_module
HTTP_MODULES="$HTTP_MODULES ngx_http_fizzbuzz_module"
NGX_ADDON_SRCS="$NGX_ADDON_SRCS $ngx_addon_dir/ngx_http_fizzbuzz_module.c"
```

확장 모듈의 구현

그러면 확장 모듈의 소스 코드인 ngx_http_fizzbuzz_module.c의 내용을 살펴보자.

소스 코드는 다음 세 가지 구조체로 정의돼 있다[5].

- ngx_module_t
- ngx_http_module_t
- ngx_command_t

이러한 구조체는 엔진엑스 확장 모듈의 소스 코드라면 반드시 정의돼 있고 확장 모듈의 동작을 이해하는 데 있어 매우 중요하다. 위에서부터 차례대로 설명한다.

◼ ngx_module_t

확장 모듈을 정의하기 위한 구조체다(코드 20-3). 멤버가 많지만 중요한 것은 확장 모듈의 컨텍스트나 지시어 배열에 대한 참조, 모듈의 종류 정도로 그 외에는 신경 쓰지 않아도 된다.

▼ **코드 20-3** fizzbuzz 모듈 내용

```
ngx_module_t ngx_http_fizzbuzz_module = {
  NGX_MODULE_V1,
  /* 확장 모듈의 컨텍스트 (ngx_http_module_t)*/
  &ngx_http_fizzbuzz_module_ctx,
  /* 지시어(ngx_command_t)의 배열 */
  ngx_http_fizzbuzz_commands,
  /* 모듈의 종류 */
  NGX_HTTP_MODULE,
  NULL,
  NULL,
  NULL,
  NULL,
  NULL,
  NULL,
  NULL,
```

---

5   실제로는 typedef 매크로에 정의된 것으로 진짜 이름은 다른 것도 있다.

```
NGX_MODULE_V1_PADDING
};
```

■ ngx_http_module_t

확장 모듈의 컨텍스트를 나타내는 구조체에서 엔진엑스 설정을 불러올 때 호출되는 후크 함수에 대한 포인터를 멤버로 가지고 있다(코드 20-4).

각 후크 함수는 표 20-2와 같이 미리 정해진 타이밍에 호출되게 돼 있다.

이번에는 location 컨텍스트의 작성 시에만 후크가 가능하면 되므로 이 구조체의 내용은 코드 20-5와 같이 작성한다.

▼ **코드 20-4** ngx_http_module_t의 정의

```
typedef struct {
  ngx_int_t (*preconfiguration)(ngx_conf_t *cf);
  ngx_int_t (*postconfiguration)(ngx_conf_t *cf);

  void *(*create_main_conf)(ngx_conf_t *cf);
  char *(*init_main_conf)(ngx_conf_t *cf, void *conf);

  void *(*create_srv_conf)(ngx_conf_t *cf);
  char *(*merge_srv_conf)(ngx_conf_t *cf, void *prev, void *conf);

  void *(*create_loc_conf)(ngx_conf_t *cf);
  char *(*merge_loc_conf)(ngx_conf_t *cf, void *prev, void *conf);
} ngx_http_module_t;
```

▼ **코드 20-5** fizzbuzz 모듈은 create_loc_conf 후크를 사용한다.

```
static ngx_http_module_t ngx_http_fizzbuzz_module_ctx = {
  NULL,              /* preconfiguration */
  NULL,              /* postconfiguration */

  NULL,              /* create main configuration */
  NULL,              /* init main configuration */
  NULL,              /* create server configuration */
  NULL,              /* merge server configuration */
```

```
ngx_http_fizzbuzz_create_loc_conf, /* create location configuration */
NULL              /* merge location configuration */
};
```

표 20-2 후크의 종류와 호출되는 타이밍

후크 이름	호출되는 타이밍
preconfiguration	설정 파일을 불러오기 전
postconfiguration	설정 파일을 불러온 후
create_main_conf	기본값의 설정 시
init_main_conf	기본값을 덮어쓸 때
create_srv_conf	server 컨텍스트 작성 시
merge_srv_conf	server 컨텍스트 병합 시
create_loc_conf	location 컨텍스트 작성 시
merge_loc_conf	location 컨텍스트 병합 시

▣ ngx_command_t

지시어를 나타내는 구조체에서 지시어의 이름이나 서버 그리고 설정할 때 사용하는 콜백 함수 등을 포함하고 있다(코드 20-6). 각 멤버의 역할은 표 20-3을 참고하자. 코드 20-1의 설정 파일로 동작하려면 ngx_command_t의 구조체 내용을 코드 20-7과 같이 작성한다.

이 예에서 알 수 있듯이 지시어의 서명은 표 20-4에 있는 매크로를 논리합을 사용하여 복수로 지정해 제한할 수 있다.

▼ **코드 20-6** ngx_command_s의 정의(다른 곳에서 ngx_command_t에 typedef 돼 있다)

```
struct ngx_command_s {
    ngx_str_t       name;
    ngx_uint_t      type;
    char        *(*set)(ngx_conf_t *cf, ngx_command_t *cmd, void *conf);
    ngx_uint_t      conf;
    ngx_uint_t      offset;
    void        *post;
};
```

표 20-3 ngx_command_s의 멤버명과 그 역할

멤버 이름	설명
name	지시어명
type	지시어 서명
set	지시어 설정을 불러오는 콜백 함수
conf	설정값을 저장할 컨텍스트(main, server, location)
offset	conf의 설정값이 저장되는 구조체의 시작 주소에서의 오프셋 값
post	콜백 함수(set)에 필요한 데이터/함수에 대한 포인터

▼ 코드 20-7 fizzbuzz 모듈의 지시어(fizzbuzz)의 정의

```
static ngx_command_t ngx_http_fizzbuzz_commands[] = {
  {
    ngx_string("fizzbuzz"), /* 지시어명은 「fizzbuzz」*/
    NGX_HTTP_LOC_CONF|NGX_CONF_TAKE1, /* location 컨텍스트에서 유효함. 인수를 1개(number) 받음 */
    ngx_http_fizzbuzz,
    NGX_HTTP_LOC_CONF_OFFSET,
    0,
    NULL
  },
  ngx_null_command
};
```

표 20-4 지시어 서명의 일부

매크로명	설명
NGX_HTTP_MAIN_CONF	main 컨텍스트(최상위 컨텍스트)에서 유효
NGX_HTTP_SRV_CONF	server 컨텍스트에서 유효
NGX_HTTP_LOC_CONF	location 컨텍스트에서 유효
NGX_HTTP_UPS_CONF	upstream 컨텍스트에서 유효
NGX_CONF_NOARGS	인수를 받지 않음
NGX_CONF_TAKE1	인수를 1개 받음
NGX_CONF_TAKE2	인수를 2개 받음
NGX_CONF_FLAG	인수에 boolean 값(on 또는 off)을 받음

요약

지면상 ngx_http_fizzbuzz_module의 모든 소스 코드를 설명하지는 못했지만 앞서 설명한 3개의 구조체를 다루는 방법을 안다면 확장 모듈의 대략적인 동작은 이해할 수 있으므로 더 자세히 알고 싶다면 ngx_http_fizzbuzz_module의 소스 코드[6]나 엔진엑스 자체의 소스 코드에 포함된 공식 확장 모듈의 소스 코드[7]를 읽어보는 것이 좋다. 또한, 「Hello, World」든 무엇이든 좋으니 스스로 실제 동작하는 확장 모듈을 작성해 보는 것이 금방 이해하는 지름길이다.

맺음말

5부에서는 엔진엑스의 기능이나 특징에 대해서 실질적인 사용 방법을 소개했다. 엔진엑스는 단순히 가볍고 빠른 것뿐만 아니라 다양한 용도로 응용할 수 있는 유연성을 갖추고 있어서 규모에 상관없이 웹 시스템을 구축하는 데 있어 매우 유용한 존재가 될 것이다.

▣ 참고 문헌

- Emiller's Guide To Nginx Module Development

  http://www.evanmiller.org/nginx-modules-guide.html

---

6 다음 URL에 공개돼 있다.
  https://github.com/cubicdaiya/ngx_http_fizzbuzz_module/archive/20140819.zip
7 src/http/module 아래에 있다.

유지보수
본격 입문

긴급 대응, 계획 정지, 유지보수 자유화

6부에서는 서버 유지보수를 가능한 한 서비스를 정지하지 않고 짧은 시간에 안전하게 수행하는 데 필요한 지식을 다룬다. 정기적인 유지보수, 긴급 유지보수, 서비스의 중지, 일부 정지, 무정지 등을 정리하고 각각에 대해 고려해야 할 사항을 설명한다. 또한, 될 수 있으면 유지보수를 하지 않아도 되는 인프라, 응용프로그램 설계에 관해서도 설명한다. 6부의 마지막 장에서는 「걸프렌드(가칭)」, 「아메바 피그」[1] 등 실제 서비스를 통해 저자들이 경험한 유지보수를 예로 들어 6부에서 설명한 지식을 어떻게 활용하는지 설명한다.

1   아메바 피그는 사이버에이전트사에서 서비스하는 일본의 유명한 SNS 서비스(블로그, 아바타, 채팅)다.

종류와 방법을 정리한다

㈜사이버에이전트, 쿠와노 아키히로

이 책을 보고 계신 여러분은 웹 사이트를 개발/운영하고 있는 분이 많을 것으로 생각한다. 이번에는 웹 사이트를 운영할 때 꼭 필요하지만 생각하고 싶지 않은 「유지보수」에 관해 심도 있게 다뤄 본다. 여기에서는 시스템 개선을 위해서 사용자가 서비스를 사용할 수 없는 상태를 유지보수라고 정의한다.

유지보수는 필요한가?

유지보수는 왜 해야 할까?

유지보수는 없는 편이 낫다

먼저 이야기하고 싶은 것은 「유지보수는 없는 편이 낫다」이다. 「그럼 이 책은 뭐야?」, 「이다음은 안 읽어봐도 되잖아?」라는 말이 되지만 지금부터 그 의미를 설명한다.

정확하게는 「서비스의 일부 혹은 전체가 멈춰버리는 유지보수는 하지 않는 편이 낫다」이다. 서비스가 멈춘다는 것은 이용하고 있는 사용자에게 영향을 주는 것이다. 당연히 이런 일은 없는 편이 좋다.

그러면 「왜 하는 걸까?」라는 첫 번째 질문으로 되돌아가면 그래도 하지 않으면 안 되는 경우가 있기 때문이라고 생각한다.

그래도 해야 할 경우

유지보수를 해야 할 경우는 크게 다음 두 가지가 있다.

- 역사적이며 기술적인 책임
- 작업 난이도와의 이율배반적인 관계

하지만 이러한 경우에도 꼭 유지보수를 수행해야 하는 것은 아니고 엔지니어의 기술 수준에 따라서 줄일 수 있는 것이므로 결국에는 제로에 가까워질 거로 생각한다.

▣ 역사적이며 기술적인 책임

책임…… 싫은 말이다.

「유지보수를 하지 않으면 안 된다」라는 말을 듣고 떠오르는 생각은 「기술적 책임」이라는 말이 아닐까? 어떤 이유로, 자동화되어 있지 않은 응용프로그램을 정지하지 않고 배포 작업을 하기 위해 충분히 고려되지 않은 시스템이나 아키텍처가 오래됐다는 이유로 작업할 때 서비스를 정지하지 않으면 안 될 경우 등이 기술적 책임이라고 불리는 상태의 예다.

- 개발 초기에 이중화 구성이 되어 있지 않았다.
- 새로 추가한 기능이 추후의 사양까지 고려하지 않았다.
- 서비스 배포 후에 사용하고 있는 미들웨어가 이중화 기능이 지원된다.

구체적인 예를 들면 서비스를 배포할 당시에 엔지니어가 MySQL 상의 변경 작업이 발생할 것을 예측하지 못했다거나, MySQL 운영이 익숙하지 않다는 이유로 마스터 데이터베이스가 이중화되지 않은 것과 같은 경우다. 이런 구성은 데이터베이스에 잠금이 발생하는 작업을 할 때는 서비스를 중지하지 않으면 안 된다.

▣ 작업 난이도와 이율배반적인 관계

긴급성이 높으며 서비스를 중지하면 작업 난이도가 크게 낮아질 때는 유지보수를 선택하는 편이 좋을 때도 있다.

데이터베이스 서버의 버전업, 서버 증설, 구성 변경 등을 들 수 있다. 이런 작업은 예를 들어 데이터베이스 마스터 서버의 다중 마스터화, 클러스터화 또는 무정지 운영 검토 등을 통해 서비스 정지 없이 작업할 수 있다. 하지만 이런 작업은 서비스 장애를 일으킬 가능성이 있다. 데이터베이스 운영을 잘못한 경우 서비스 복구가 언제 될지 모르는 장애로 발전할 가능성이 있다. 만약 서비스를 계획 정지할 수 있다면 정지 시간을 정할 수 있으므로 사용자 공지나 작업 일정을 잡기도 쉽다.

실제 어느 쪽을 선택할 것인지는 서비스 운영 정책이나 위험 관리에 대한 개념에 따라 달라질 수 있다.

유지보수의 종류

유지보수의 종류에는 주로 「계획 유지보수」, 「긴급 유지보수」 두 가지가 있다.

편의상 종류를 나눴지만, 양쪽 모두 대부분의 경우에는 앞서 설명한 「그래도 해야 할 필요가 있는 경우」에서 열거한 이유에 따라 수행하게 된다.

계획 유지보수

사전에 계획하고 사용자에게 공지하고 작업하는 것이 계획 유지보수다. 이에 해당하는 주요 작업으로는 다음과 같은 것들이 있다.

- 하드웨어 유지보수/교체
- 데이터베이스 설정 변경
- 네트워크 유지보수

이 작업들은 이중화되어 있지 않고 SPOF(Single Point of Failure, 단일 장애 지점)가 되는 경우에 종종 수행한다. SPOF에 대한 작업을 할 때는 시스템을 일부 또는 전부 정지해야 하며 그러므로 유지보수 작업을 해야 한다.

계획 유지보수의 작업 단계는 그림 21-1과 같다.

그림 21-1 계획 유지보수 작업 절차

긴급 유지보수

긴급 유지보수는 사전에 결정돼 진행하는 것이 아니다. 장애가 발생했을 때 원인을 해결하거나 대응하지 않으면 서비스의 지속이 어려울 때 실시한다. 그 내용은 다음과 같다.

- 장애 복구
- 장애 현상 보존
- 장애에 대한 상세 조사

물론 긴급 유지보수는 영향이 크지 않아서 서비스를 정지하지 않아도 장애가 해결될 가능성이 있는 경우나 문제가 되는 부분을 일시적으로 우회하여 임시로 대응할 수도 있다. 그러나 이 책에서는 사용자에게 미치는 영향이 크고 장애 원인이 명확하지 않아서 유지보수가 필요한 경우를 전제로 다룬다.

작업 절차는 그림 21-2와 같다.

그림 21-2 긴급 유지보수 절차

유지보수 방법

유지보수를 어떻게 할 것인가에 대해서는 「전체 정지 유지보수」, 「일부 정지 유지보수」, 「무정지 유지보수」가 있다.

각 시스템에 어떤 유지보수를 할 것인가는 응용프로그램의 구현과 인프라 구성에 따라 달라진다. 어떤 유지보수를 진행할 것인가, 어떻게 유지보수의 영향을 최소화할 것인가에 대한 설명은 이 이후의 장에서 한다.

전체 정지 유지보수

모든 서비스를 멈추고 서비스 접속을 중지한 후에 실시하는 것이 전체 정지 유지보수다. 서비스에서 치명적이거나 단일 지점(SPOF)에서 유지보수를 해야 할 경우에 실시한다. 예를 들어 사용자 데이터가 들어있는 데이터베이스나 사용자 이미지가 들어있는 스토리지 등이 있다.

그러나 여기서 말하는 단일 지점인가 아닌가는 시스템 구현에 따라 달라지므로 구현에 따라서는 일부 정지로 가능하거나 아예 중지하지 않고 가능하며 조건에 따라 달라진다.

일부 정지 유지보수

유지보수 대상 시스템만 사용자로부터의 접속을 중지하고 시스템 전체 서비스는 정지하지 않는 유지보수가 일부 정지 유지보수이다. 예를 들어 다음과 같은 경우가 있다.

- 데이터베이스에 저장하고 있는 친구 목록 테이블을 유지보수 할 때 친구 목록을 사용하는 기능을 정지시키고 친구 목록 테이블 작업을 수행
- 스토리지의 쓰기 매개변수 변경 등의 유지보수일 때 일시적으로 사용자로부터의 쓰기 요청만 정지하고 읽기 전용으로 서비스할 수 있는 사용자 읽기는 멈추지 않고 작업을 수행

서비스를 정지하지 않고 필요한 부분만 유지보수 할 수 있다는 장점이 있다.

무정지 유지보수

서비스를 멈추지 않고 작업하는 것이 무정지 유지보수다. 이 경우 「멈추지 않고」는 「사용자의 관점에서」의 의미다. 실제로는 일부 서비스를 정지하는 경우가 있지만, 정지된 동안의 처리는 다른 곳에서 수행한다. 예를 들어 몽고DB(MongoDB)나 MHA for MySQL[1]과 같이 이중화된 데이터베이스의 작업을 수행할 때 1대씩 전환하면서 상호 설정 변경[2]을 하는 작업을 말한다. 이러한 무정지 유지보수를 이 책에서는 「유지보수 프리」라고 부른다.

---

1 Master High Availability Manager and tools for MySQL의 약자로 MySQL의 마스터 이중화를 위한 소프트웨어다. 이하 MHA라고 표기한다.

2 롤링 업데이트라고 부르기도 한다.

6부의 구성

이번 장에서는 유지보수의 개념에 관해서 설명했다.

이후 22장 「계획 유지보수의 흐름」, 23장 「긴급 유지보수의 흐름」에서는 유지보수를 수행하는 데 있어
필요한 작업과 신경 써야 할 부분에 대해서 다루고, 24장 「유지보수 프리의 접근 방법【인프라 편】」, 25
장 「유지보수 프리의 접근 방법【응용프로그램 편】」에서는 서비스의 정지를 수반하는 유지보수를 줄이는
방법을 실현하는 데 필요한 서버 구성과 응용프로그램의 구현에 관해 설명한다.

26장 「걸프랜드(가칭)과 아메바 피그의 사례」에서는 필자의 회사에서 만든 서비스인 「걸프랜드(가칭)」
와 「아메바 피그」의 유지보수 실제 사례, 유지보수 프리를 위한 노력에 관해 설명한다.

그럼 계속해서 22장으로 넘어가자.

계획 유지보수의
흐름

사전 준비, 작업 체크, 리뷰

㈜사이버에이전트, 마츠우라 하야토

갑자기 발생하는 문제에 대응하지 않으면 안 되는 긴급 유지보수와는 다르게 계획 유지보수는 사전 준비를 위해 충분한 시간이 있다. 하지만 한편으로는 이 책에서 다루는 서비스 정지가 필요한 수준의 유지보수를 시행할 때는 사용자나 경영진에게 「왜 유지보수를 해야 하는가」를 설명해야 한다. 유지보수는 발생하는 비용, 기술적 제약 등 여러 방면에서 고려해야 하며 실시하지 않으면 안 되는 경우에만 수행해야 한다.

유지보수를 가능한 한 하지 않으려면 어떻게 해야 할지는 24장 이후에 다루고 이번 장에서는 계획 유지보수를 할 수밖에 없이 구성된 시스템에 대해서 어떤 흐름으로 유지보수를 시행해야 하는지 설명한다.

사전 준비

계획 유지보수의 실행 흐름은 다음과 같은 단계가 있다.

- 유지보수를 수행하기 위한 사전 준비
- 유지보수 시행
- 종료 후 모니터링과 리뷰 등 사후 정리

사전 준비로는 시스템을 유지보수 상태로 전환할 때 사용하는 Sorry 서버 준비, 사용자에게 유지보수 공지, 작업 절차의 작성, 그리고 사전 테스트가 있다.

Sorry 서버의 준비

서비스를 시작할 때 당연히 고려해야 할 일이지만 서비스를 제공할 수 없을 때 사용자에게 정보를 제공하기 위해 Sorry 서버를 준비해야 한다.

▣ Sorry 서버란

Sorry 서버란 서비스를 제공할 수 없을 때 서비스 서버 대신 사용자에게 응답을 반환하는 서버다. SEO(Search Engine Optimization, 검색 엔진 최적화)나 사용성 등의 관점에서는 서비스 전체가 사용할 수 없게 됐을 때에는 접속되는 페이지의 URL 그대로 HTTP 상태 코드 503(Service Unavailable)을 반환하는 게 좋다. 유지보수 때에 모든 페이지를 다른 URL 페이지에 302(Found) 상태 코드를 반환해 리다이렉션하는 경우도 있지만 그다지 바람직한 방향은 아니다. 같은 이유로 301(Moved Parmanently) 리다이렉션도 사용하지 않는 편이 좋다.

또한, 핵심 네트워크의 작업을 수행할 때는 시스템 전체가 다운되므로 Sorry 서버를 시스템 내에 설치하면 Sorry 서버 자체에 접속할 수 없게 된다. Sorry 서버 기능만 별도의 데이터센터에 두거나 클라우드 환경을 사용하는 것도 고려해야 한다.

▣ Sorry 서버의 형태

Sorry 서버의 형태는 여러 가지가 있지만 대부분 다음과 같다.

- **자체 운영 환경이라면**
  - 전체 접속에 대해 503 에러 페이지를 반환하는 웹 서버를 준비하고 유지보수 할 때는 로드 밸런서 설정을 변경해 그 서버로 접속을 유입한다(그림 22-1).
  - 로드 밸런서 자체에 에러 페이지를 업로드해 마찬가지로 유지보수 할 때 설정을 변경해 대응한다.

- **클라우드 환경(AWS)이라면**
  - ELB(Elastic Load Balancing)와 Route 53 DNS 페일 오버 기능을 사용해 세컨드 사이트로 에러 페이지를 반환하는 EC2 인스턴스나 S3 페이지를 준비한다[1].

1　http://aws.amazon.com/jp/about-aws/whats-new/2013/05/30/amazon-route-53-adds-elb-integrationfor-dns-failover/

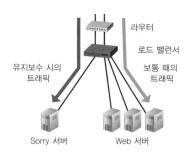

그림 22-1 Sorry 서버의 구성도

▣ 아파치의 설정 예

모든 접속에 대해서 상태 코드 503 에러 페이지를 반환하는 아파치의 가상 호스트를 설정하는 예는 코드 22-1과 같다. 「/home/share/sorry/public_html/도메인명」 폴더에 에러 페이지를 준비한다.

▼ **코드 22-1** 에러 페이지를 반환하는 아파치의 설정 예

```
<VirtualHost *>
  ServerName 도메인명

  DocumentRoot /home/sorry/public_html
  DirectoryIndex index.html

  ErrorDocument 503 /index.html

  <IfModule mod_rewrite.c>
  RewriteEngine On
  RewriteCond %{REQUEST_URI} !=/index.html
  RewriteRule ^.*$ - [R=503,L]
  </IfModule>

  ExpiresActive On
  ExpiresDefault "access plus 1 days"
  ExpiresByType text/html "access"
  ExpiresByType text/xhtml "access"

  ErrorLog /var/log/httpd/도메인명/error.log
  CustomLog /var/log/httpd/도메인명/access.log common
</VirtualHost>
```

사용자 공지

계획 유지보수는 사전에 일정을 결정하므로 언제 유지보수를 할지 결정되는 대로 가능한 한 빨리 사용자에게 공지해야 한다. 서비스 사용 대상인 사용자에게 알기 쉬운 말로 가능한 한 자세하게 작업 내용을 포함해 공지하는 것이 좋다(그림 22-2).

[정기 유지보수]12월 3일(화) 2시 00분 ~ 08시 00분

────────────────────────────────────

언제나 아마바피그를 이용해 주셔서 감사합니다.
다음 유지보수 안내입니다.

〈일시〉
12월 3일 오전 2:00 – 08:00
유지 보수시간은 경우에 따라서 변경될 수 있습니다.

〈작업내용〉
Amaba 전체 유지보수

〈상세〉
아메바피그(PC판, 모바일판, 스마트폰판)을 이용할 수 없습니다.

〈이용 가능한 서비스〉
피그라이브, 피그아일랜드, 피그카페, 피그퀼트는 유지보수중에도 일부 기능을 제외하고 사용할 수 있습니다.

다음 기능은 유지보수 중에는 사용할 수 없습니다.

그림 22-2 사용자 공지 예

작업 절차 작성

모든 작업에 공통이라고 할 수 있지만, 사전에 작업 절차를 준비하는 것은 필수다. 특히 계획 유지보수 시에는 사전에 사용자에게 유지보수 시간을 공지하므로 정해진 시간보다 오래 걸리면 안 된다. 작업 시간을 단축하고 작업 내용을 예상대로 혹은 문제없이 수행하려면 정확한 절차를 생각해야 한다.

정기적으로 실시하는 작업이라면 작업 절차를 작성하는 것뿐 아니라 작업 자체를 자동화하는 것도 효과적이다. 또한, 정기적으로 실시하지 않는 작업이라도 작업 자체가 아닌 확인 작업을 자동화하는 편이 좋다. 예를 들어 데이터베이스 상에 데이터를 변경할 경우 변경 후 데이터가 올바르게 등록돼 있는지를 확인하는 스크립트를 준비해두면 실전에서는 스크립트를 실행만 하면 되므로 작업 시간을 단축할 수 있고 작업을 간소화할 수 있다.

필자의 회사에서는 정기 유지보수에서 수행할 작업 대부분은 자동화됐고, 잡(작업)으로 실행될 수 있게 하고 있다. 26장에서 구체적인 예를 소개한다.

사전 테스트

작업 절차를 작성했다면 실전과 최대한 같은 환경에서 될 수 있으면 같은 데이터를 사용하고, 같은 흐름으로 사전 테스트를 수행해야 한다. 예상 작업 시간이 크게 차이가 나면 사용자에게 피해를 끼치게 된다. 실전과 같은 환경에서 테스트를 수행하는 것은 사실 어려운 경우가 많지만, 데이터양이나 사용하고 있는 하드웨어 등은 최대한 맞춰야 한다. 예를 들어 실전 환경과 같은 스펙의 서버를 사용하고, 실전 환경의 10분의 1의 데이터를 가진 테스트 환경에서 테스트한다면 그 실행 시간을 10배로 해 실전 작업 예상 시간을 산정할 수 있지만, 테스트 환경의 성능이나 데이터양이 실전 환경과 너무 다르면 오차가 커지게 된다.

필자의 회사에서는 미들웨어 버전을 실전 환경과 맞추고 데이터는 샘플을 넣어 개발 환경으로 사용하고 있다. 한편 스펙을 낮춰 가상 서버로 구성하고 가능한 한 실전 환경과 비슷한 구성의 스테이징 환경에서 실전에 배포하기 직전에 응용프로그램의 테스트에 사용한다. 유지보수 이전의 테스트에서는 이 스테이징 환경을 사용하는 경우가 많지만, 서버와 스펙이 다르므로 대량의 데이터를 넣는 등 I/O나 CPU 부하가 높은 작업은 필요에 따라서 실전 환경과 같은 환경을 구축해 검증하는 경우도 있다. 이 경우에 사용자 정보를 삭제하는(갱신) 등 실전 데이터 일부를 가공해 사용함으로써 되도록 실전에 가까운 환경으로 검증할 수 있도록 하고 있다.

유지보수 실전

유지보수를 시작할 때는 사전에 공지한 시간에 모든 접속이 Sorry 서버를 향하도록 로드 밸런서 설정을 한다. 그 후 사용자로부터 시스템에 접속이 사라진 것을 로드 밸런서 커넥션 수나 접속 로그에서 확인하고 작업을 시작한다.

작업 확인

작업 자체는 가능하면 2명 이상이 수행하고 1명이 작업을 하면 다른 1명은 그 결과를 확인하는 형태가 이상적이다. 앞서 설명한 것처럼 확인 작업을 자동화해 1명으로 같은 수준의 작업을 하는 경우도 있다.

문제 발생 시의 대처

23장에서 설명할 긴급 유지보수 시에도 같지만, 예상외의 문제가 발생했을 때도 서두르지 않고 후속 대책을 생각하는 것이 중요하다. 실제 다음과 같은 항목 중 어느 것을 우선으로 할 것인지에 따라서 향후 대응이 바뀐다.

- 유지보수 종료 시각
- 원상 복구[2] 가능 여부(가능 여부, 허용되는지 여부)
- 대안을 준비하고 있는가?

대략적인 유지보수 작업의 흐름은 그림 22-3을 참조하자.

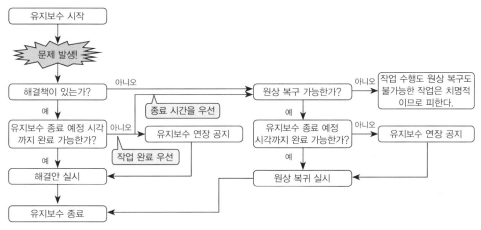

그림 22-3 유지보수 작업의 흐름

유지보수 종료

유지보수 종료 전에 한 가지 주의해야 할 점이 있다. 캐시에 의해 접속량을 줄이고 있는 경우 유지보수 중에 데이터베이스 서버나 캐시 데이터를 가진 서버의 재기동을 시행하면 캐시 데이터가 지워지는 경우가 있다. 유지보수 종료 직후에 캐시 워밍업[3]을 수행해 가능한 한 캐시를 다시 한 번 운영 시와 같은

---

2 유지보수 작업을 시작하기 전의 상태로 시스템을 되돌리는 것이다. 작업을 시작할 때 취득해둔 백업 데이터로 되돌리거나 설정 파일의 변경 사항을 되돌리는 것을 나타낸다.

3 캐시에 미리 데이터를 넣는 처리다.

상태로 되돌려 주지 않으면 유지보수 종료 후 부하가 급증하게 된다. 구성상 캐시 워밍업을 할 수 없을 때는 유지보수 후 접속을 줄일 방안을 고려해야 한다.

캐시 워밍업과 시스템 전체의 상태 확인이 끝났다면 Sorry 서버의 유입되는 접속을 시스템으로 되돌리는 작업을 수행하고 유지보수를 종료한다.

사후 처리

모니터링

작업이 완료되고 무사히 유지보수를 종료했다고 방심해서는 안 된다. 유지보수 종료 시에는 이를 기다렸다가 사용자가 집중해 접속하는 경우도 많아 평상시보다 큰 트래픽이 유입되는 경향이 있다(그림 22-4). 유지보수 때 수행한 작업이 문제를 발생시키지 않는지 확인하거나 경과 관찰도 필요하지만, 유지보수 후의 경향에 대해서도 고려해야 한다. 특히 다음 사항에 주의하자.

- 유지보수 작업 전에 발생한 에러가 발생하지 않는가(특히 유지보수 작업을 수행한 곳)
- 앞서 설명한 캐시 워밍업 부족으로 부하가 증가하는 서버가 없는가
- 유지보수 종료 시 트래픽 상승에 의한 응답 지연이 발생하지 않는가
- 유지보수 작업 전과 크게 다른 값을 나타내고 있는 매트릭스가 없는가(예를 들어 트래픽이 증가해 보존된 데이터양이 급증하거나 로그가 대량으로 발생하는 경우 등)

작업 검토

작업 후에 잊지 말아야 할 것은 유지보수 작업 내용이 적절했는지 검증하는 것이다. 절차에 개선할 점은 없는지, 유지보수 시간을 단축할 방안은 없는지, 또는 유지보수 자체를 하지 않아도 서비스를 제공하면서 온라인 중에 가능한 작업이 있었던 것은 아닌지 등을 검토하고 유지보수의 작업 품질을 높여나가는 노력이 중요하다.

요약

계획 유지보수는 될 수 있으면 실시하지 않는 편이 좋지만, 시스템 구성에 따라서는 피할 수 없는 경우가 있다. 여기에서 언급한 것들을 충분히 준비해 가능한 한 사용자에게 영향이 적어지도록 연구와 개선을 하자.

23

긴급 유지보수의 흐름

평소에 대비해야 할 장애 시의 대응 프로그램 설계

㈜사이버에이전트, 마츠우라 하야토

긴급 유지보수는 그 이름처럼 사전에 계획하고 시행하는 것이 아니라 돌발적으로 일어나는 문제를 개선하기 위해 긴급으로 서비스 일부나 전체를 중지해 수행하는 유지보수다. 긴급 유지보수는 시스템의 설계나 운영 중의 노력으로 줄일 수 있다. 하지만 시스템을 운영하면 어떻게든 문제는 일어나고 유지보수는 시행하지 않을 수 없다. 이럴 때를 대비해 평소 마음가짐과 준비를 해 두면 원활하게 대응할 수 있다.

이번 장에서는 긴급 유지보수의 원인이 되기 쉬운 장애의 예와 이런 장애를 없애기 위해 주의해야 할 점과 실제 유지보수를 하게 될 경우의 그 흐름을 설명하고 있다.

논리적인 장애의 경향

논리적인 장애란 물리적인 장애로 인한 것을 제외한 장애, 데이터 손상, 버그 등이다.

미들웨어

▣ 장애

사용하고 있는 데이터베이스와 같은 미들웨어의 장애로 시스템 전체를 정지해 변경이나 복구 작업을 수행해야 하는 경우가 있다. 웹 서버(아파치나 엔진엑스 등)나 응용프로그램 서버(톰캣이나

Passenger 등), 프레임워크 등의 장애는 전체를 정지하지 않고 1대씩 서버를 로드 밸런서에서 분리해 작업함으로써 사용자에게 영향을 미치지 않고 처리할 수 있는 경우도 많다. 한편 데이터 저장소에 치명적인 문제가 생긴 경우 시스템 전체를 정지하고 수정하거나 버전업 작업을 해야 하는 경우가 많다.

특히 최신 미들웨어를 사용하고 있는 경우 기존의 방식에서는 대응할 수 없었던 신기능을 사용할 수 있지만, 안정성이 떨어지고 버그가 많아 이를 수정하는 작업이 필요할 가능성이 크다고 할 수 있다. 필자의 회사에서도 몽고DB나 카산드라(Cassandra) 등 고기능 KVS(Key-Value Store)를 초기 단계부터 사용하고 있어 사용자 수의 증가에 대해 유연하게 대응할 수 있는 장점이 있었지만, 반면 치명적인 장애가 발생해 부득이하게 긴급 유지보수로 대응한 적도 있다. 당연하지만 미들웨어를 선택할 때는 신기능만 바라보지 말고 지금까지의 장애 발생 빈도나 그 중요도에 대해서도 반드시 검토해야 한다.

▣ 데이터 손상

데이터 저장소에서 발생할 수 있는 것이 데이터 손상이다. 미들웨어의 장애가 원인일 때도 있지만, 대부분 사람이 실수하는 경우가 많지 않을까? 다음과 같이 데이터의 일관성을 잃어버린 상태의 복구는 대부분의 경우 시스템 전체를 정지하고 유지보수를 시행해야만 한다.

- 서버의 디스크 용량 감시를 하지 않아서 데이터베이스 서버의 디스크 사용량이 100%가 되어 보존할 수 없는 데이터가 손실되거나 기존 데이터를 읽을 수 없게 된 경우
- 미들웨어 데이터 무결성 설정을 잘못해 서버 다운 시에 메모리상의 데이터가 지워진 경우
- 수동으로 데이터베이스를 갱신할 때 잘못하여 다른 테이블을 삭제해 버리거나 잘못된 데이터를 덮어쓴 경우

예를 들자면 끝이 없지만 모두 평소에 예방 조치를 해두면 긴급 유지보수를 시행하더라도 데이터 손상은 생기지 않을 것이다.

데이터 손상을 방지한다는 의미는 다음과 같은 점을 인지하고 있는 것이 중요하다.

- 디스크 용량의 감시를 수행해 일정 임계값을 초과하면 서버 리플레이스나 데이터 삭제, 분할과 같은 대응을 고려한다.
- 데이터 저장소의 미들웨어 및 파일 시스템의 데이터 무결성과 관계된 매개변수가 요구되는 성능과 필요한 무결성, 영속성과 일치하는지 검토한다.
- 삭제나 변경과 같은 처리는 가능한 한 직접 SQL문을 실행하지 않고 도구를 사용해 에러를 확인한다. 또한, 사전에 백업을 수행해 신속하게 롤백할 수 있는 체제를 갖추고 실시한다.

응용프로그램

▣ 버그

응용프로그램의 버그는 응용프로그램 서버를 1대씩 로드 밸런서에서 분리해 업데이트할 수 있지만, 데이터 변경 처리에 문제가 있다면 시스템 전체 데이터 변경을 멈추거나 앞에서 설명한 데이터 손상을 일으키는 등 유지보수를 시행하지 않으면 안 되는 경우가 있다. 또한, 과금 쪽 처리도 마찬가지다.

이런 기능은 시스템의 근간에 관련되는 부분이지만, 예를 들어 블로그 서비스처럼 사용자의 접속이 참조(블로그 기사 열람)에 치중되어 있거나, 최근 출시되는 아이템 과금 기능(부분 유료)이 있는 게임처럼 과금을 하지 않아도 게임을 즐길 수 있는 경우는 변경 작업이나 과금의 기능 수정을 위해서 전체를 멈추는 유지보수를 하는 것보다는 변경 부분이나 과금의 기능만 사용할 수 없게 한 후에 작업을 시행할 수 있는 시스템을 만들어서 전체 유지보수를 피할 수 있게 고려하는 것이 좋다.

물리 장애 경향

응용프로그램 서버

응용프로그램 서버는 여러 대를 로드 밸런싱해 구성하는 것이 일반적이므로 서버에 물리 장애가 발생해도 서비스 전체에 직접 영향이 발생하는 경우는 적다. 다만 전체의 처리량을 아슬아슬하게 해소할 정도의 서버밖에 준비해 두지 않은 경우는 1대가 다운된 시점에 그 서버가 처리해야 하는 엑세스가 다른 서버에 부담을 주거나 서비스 전체에 영향을 끼치는 경우도 있다. 일정 비율 서버가 다운돼도 항상 시스템 전체 기능을 사용하는 데 문제가 되지 않는 정도의 용량 계획은 필수다.

데이터베이스 서버, 스토리지 서버

한편 데이터베이스 서버나 스토리지 서버는 오래된 시스템이거나 예산이 부족하다는 이유로 이중화되어 있지 않아 SPOF가 되는 경우도 있지 않을까? 물론 이런 시스템에 대해서도 MySQL이라면 MHA나 MySQL Cluster, LifeKeeper와 같은 클러스터링 솔루션을 사용하거나 스토리지 서버인 경우 DRBD(Distributed Replicated Block Device)나 스토리지 장비의 복제 기능을 사용해 하드웨어 이중화를 유지하고 1대의 장비가 고장 났다고 시스템 전체가 다운되는 일은 없도록 해야 한다.

이러한 대안을 바로 적용할 수 없는 경우는 (하드웨어 장애 시 시스템이 중단된다고 전제하고) 어느 정도 시간 안에 복구할 것인가를 정하고 그에 맞는 복구 대안을 준비하도록 하자. 예를 들어 데이터베이스 서버가 다운됐을 때를 생각해볼 때 복구에 하루가 걸려도 된다면 백업만 받아두면 괜찮을 것이고 3시간 안에 복구하지 않으면 안 되는 경우는 실전 서버와 같은 스펙의 스탠바이 서버를 준비해야 할지도 모른다. 또는, 1시간 안에 복구해야 하는 경우는 실전 서버에서 가능한 한 자주 데이터를 백업해두는 스탠바이 서버가 필요할지도 모른다.

서버의 물리적인 장애는 당연히 직접 운영하는 환경인 경우뿐만 아니라 공용 클라우드를 사용하고 있을 때도 피할 수 없으므로 어떠한 환경에서도 이에 대한 고려는 필요하다.

네트워크

공용 클라우드를 사용하고 있다면 사용자 쪽에서 네트워크에 대한 장애 대응을 할 수 있는 경우는 많지 않을 것이다. 하지만 직접 운영하는 환경에서는 장애에 강한 네트워크 구성을 고려하고 설계해야 한다.

네트워크 장비도 대부분 장비는 이중화 구성을 할 수 있는 구조를 갖추고 있다. 하지만 네트워크 장비의 이중화 프로토콜에 대해서도 유사시에 원활하게 변경되도록 꼼꼼히 검증한 후에 도입하자.

또한, 트러블슈팅 시간을 단축할 수 있게 단순한 네트워크 구성을 유지하는 것도 중요하다고 할 수 있다.

평소에 대비

백업에 대한 마음가짐

어떤 문제가 발생해 데이터가 손실된 경우에는 서비스 일부나 전체가 정지되므로 유지보수를 시행해 복구해야만 한다.

백업의 필요성은 누구나 인지하고 있다고 생각할지 모르지만 복구할 때 힘들었다는 얘기를 자주 듣는다. 복구가 어려운 원인은 많든 적든 간에 「복구를 고려하지 않고 백업하고 있었다」가 이유의 대부분이다. 「어떤 데이터를 얼마의 시간 안에 어떤 절차로 복구하면 좋을까」를 예상하고 백업해야 한다.

▣ 어떤 데이터를 복구하고 싶은가

우선 백업 대상을 결정해야 한다. 물론 시스템 전체 백업을 할 수 있으면 좋지만, 데이터가 크다면 백업에도 시간이 걸리고 복구에도 시간이 걸린다. 복구에 필요한 데이터만 백업해두는 것이 철칙이다.

▣ 얼마나 시간이 걸리며 어떻게 복구할 것인가

가장 중요한 요점은 어떤 장애가 발생했을 때 「얼마 안에 복구하고 싶은가?」를 가장 중요한 사항이라고 생각하고 백업을 하자.

▣ 데이터베이스의 경우

데이터베이스 서버를 중지하지 않고 데이터베이스 전체로 일관성 있게 백업을 취득하는 것을 온라인 백업이라고 한다. 각종 온라인 백업 도구[1]는 간단하게 백업을 취득할 수 있고 복구도 도구의 사용법에 따라 비교적 쉽게 수행할 수 있으므로 이러한 도구를 검토해 보는 것도 좋다. 그러나 이런 방법을 써도 백업과 복구에 시간이 걸리는 것은 어려운 부분이다.

온라인 백업에 대해서 백업 시의 데이터베이스 서버를 정지하고 일관성 있는 데이터를 백업하는 것을 콜드 백업이라고 한다. 복구 시간을 단축하려면 파일 시스템의 스냅샷을 취득하거나 슬레이브의 복제를 중지하고 데이터를 복사하는 등 콜드 백업(에 가까운) 방식이 좋다. 그러나 이 경우 구조가 다소 복잡해질 수 있다는 것과 구성에 따라서는 데이터 일부만 복구할 수 없는 등의 문제도 있으므로 상황에 따라서 선택해야 한다.

▣ 스토리지의 경우

용량이 적으면서 일관성을 신경 쓰지 않아도 되는 데이터라면 rsync 등을 사용해 정기적으로 백업하는 수준으로 괜찮은 데이터도 있을 것이다. 반대로 수백 GB 클래스의 데이터나 일관성을 신경 써야 하는 데이터의 백업은 데이터베이스 콜드 백업에 가까운 형태가 될 것이다. DRBD와 같이 복제 구조를 사용해 데이터를 실전 시스템 스토리지 A에서 스탠바이 스토리지 B에 동기화해두고 백업을 실행하는 타이밍에 복제를 전환해 일관성을 유지한다. 그리고 스토리지 B에서 백업 스토리지 C에 데이터를 복사해두면 서비스용 스토리지에 부하를 주지 않고 백업을 할 수 있다.

---

1   MySQL이라면 mysqldump나 XtraBackup을 PostgreSQL라면 pg_dump, 오라클이라면 RMAN 등

이 경우에도 단순히 데이터를 복사하는 것뿐만 아니라 복구를 어떻게 할 것인가를 가정하여 예를 들면 복구하고자 하는 파일을 빠르게 찾을 방법을 준비하는 등 대책을 준비해 두자.

◉ 응용프로그램 서버의 경우

응용프로그램 서버는 같은 구성의 서버가 여러 대 존재하는 것이 일반적이라고 생각하므로 그다지 백업이 필요 없을 것이다. 하지만 의외로 잊기 쉽고 복구 요건에 대해서 소홀해지기 쉬운 것이 로그다. CPU나 메모리의 장애라면 데이터는 사라지지 않기 때문에 문제가 없지만 RAID(Redundant Arrays of Inexpensive Disks)를 구성하고 있는 서버라도 때때로 파일 시스템 손상이나 디스크 여러 개가 동시에 고장 나는 등 데이터가 사라지는 경우도 있을 수 있다.

이와 같은 경우에 대비해 접속 로그나 사용자의 행동 로그 혹은 최소한의 장애 분석에 필요한 시스템 로그는 정기적으로 다른 서버에 복사해 두자. 또는, syslog(rsyslog) 등의 로그를 집중적으로 관리하는 것도 방법이다.

요즘에는 Fluentd나 Flume과 같은 로그를 구조화해 전송하는 방법도 있으므로 시스템이 소규모여도 이런 응용프로그램을 도입해 두면 백업이란 의미에서도, 신속한 로그 분석이 가능하다는 의미에서도 유용하다.

절차의 작성

SI 업계와 비교하면 웹 업계에서는 소홀하게 생각하는 이미지도 절차의 확인과 지침서를 작성하는 것은 작업 품질을 유지하고 실수를 방지하자는 의미에서는 중요한 것이다. 하지만 지침서를 작성하는 것 자체를 목적으로 하는 것은 아니므로 간결한 작업 준비와 작업 시의 품질을 유지하는 것과의 균형을 생각하며 준비하는 것이 중요하다.

◉ 긴급 유지보수에 대한 절차 작성은 중요

긴급하게 발생하는 유지보수의 절차라고 해도 갑자기 실전에서 작업하면 확실하게 실수를 범할 수 있다. 발생한 적이 없는 장애에 대처할 때일수록 절차를 확인하고 그것에 맞게 작업한 결과가 절차대로 됐는지 확인하는 것은 중요하다.

▣ 장애 패턴을 예상하고 절차 작성하기

될 수 있으면 미리 해두어야 할 것이 장애가 발생하기 전에 대응 절차를 만들어 두는 것이다. 명령을 나열하는 수준이라도 어떤 일이 일어나고 바로 대응하지 못해서 당황할 때 참고할 수 있으며 도움이 된다. 예를 들어 서버 다운이나 부하 상승 혹은 이중화된 부분이 제대로 페일오버되지 않았을 때와 같은 장애가 전혀 없을 수는 없다고 생각하므로 이럴 때 어떤 것을 할 것인가(서버를 분리, 증설하고, 유지보수 화면을 표시하는 등)를 사전에 고려해 두면 당황하지 않고 대응할 수 있다.

실전

여기서부터는 어떤 중대한 문제가 발생했을 때 긴급 유지보수를 수행하지 않으면 안 될 경우의 흐름에 관해서 설명한다.

긴급 유지보수의 판단, 신호

의외로 맹점인 부분이 누가 어떤 기준으로 긴급 유지보수를 시행한다는 판단을 하는가이다. 개발자 입장에서 보면 한시라도 빨리 문제를 수정하기 위해서 유지보수를 하고 싶다고 생각할 것이다. 한편 사용자의 입장을 생각해보거나 비즈니스적인 관점에서 보면 유지보수를 가능한 한 하지 않고 끝내는 것이다. 전자에 치중하면 유지보수를 자주 시행하게 되고 그렇다고 후자에 치중하면 문제를 키울 가능성도 있다.

따라서 유지보수를 시행해야 한다고 판단하는 사람을 미리 정해두는 것이 중요하다. 이때 예를 들어 「어떤 API의 에러 비율이 20%를 넘으면 그 API만 개별 유지보수」, 「다른 기능이 정상이어도 과금 기능에 장애가 발생했다면 전체 유지보수」와 같이 구체적으로 유지보수를 시행하는 기준을 정해 두는 것이 좋다. 또한, 유지보수를 시행할 때 영향을 끼치게 되는 관계자(API 제공처 등)의 연락처도 미리 정리해 두자.

사용자에게 공지

유지보수를 시행하기로 했다면 되도록 빨리 어떤 형태로든 사용자에게 공지하자. 계획 유지보수와 마찬가지로 사용자에게 친숙한 말로 왜 유지보수를 시행하는지, 유지보수를 시행하는 이유와 그 개요를 전달하는 것이 바람직하다.

작업에 시간이 걸릴 경우 진행 상황과 작업 종료 예정 시간을 알리는 것도 사용자의 불안을 조금이라도 해소하기 위해 효과적이다.

작업 시 주의점

▣ 작업 시간과 작업 정확성의 균형을 잡자

한시라도 빨리 복구가 요구되는 긴급 유지보수 작업은 신속함이 생명이지만 일을 급하게만 하다 보면 결국 2차 장애로 이어진다. 결국, 상황이 악화되므로 익숙해지기 전에는 정확도를 우선으로 하는 것이 좋다.

▣ 서둘러도 작업 로그나 백업은 반드시 남기자

당황하면 잊어버리기 쉽지만 끝나고 난 후의 리뷰나 혹시라도 실수한 경우의 복구, 원인 조사를 위해서도 작업 로그는 꼭 남겨두자. 작업 전에 백업하는 것도 잊지 말자. 실수한 증거를 없애려는 사람도 때때로 있지만, 긴급 유지보수에서는 더욱더 이런 행동을 하지 않아야 한다.

▣ 한 번 더 유지보수 하지 않으면 복구할 수 없는 구성은 절대 하지 말자

초조함에서 오는 판단 실수의 하나라고도 할 수 있지만, 종종 발생하는 일 중 하나가 빨리 유지보수를 끝내는 것만 생각하여 임기응변으로 처리해 버려서 정상적인 상태로 복구하려면 다시 한 번 유지보수를 해야만 하는 구성을 하는 경우다. 물론 작업 시간과의 균형을 맞추려고 이렇게 할 수밖에 없는 경우도 있을 수 있지만 최대한 피해야 한다.

비교적 많은 것이 HA(High Availability) 클러스터나 네트워크 장비의 이중화가 되어 있는 구성으로 페일백하지 않고 서비스를 시작해 버리는 경우나 복구를 위해서 사용한 예비 장비가 부족하거나 스펙이 부족해 그대로 운영하면 버틸 수 없는 경우다.

사후 처리

사용자에게 보상

긴급 유지보수 후에는 본래 유지보수 시간 동안 진행해야 했던 이벤트의 연장 외에 사용자에게 손해를 끼친 것에 대해 보상해야 할 때가 있다. 시스템 전체를 정지하고 긴급 유지보수를 수행했다면 모든 사용자에게 일률적으로 보상하는 경우가 많지만, 응용프로그램의 오류나 데이터의 손상으로 일부 사용자에게만 문제가 발생했을 때는 그 대상 사용자에게만 보상할 수도 있다.

보상 대상 사용자, 활동을 파악하는 방법

일부 사용자에 대해서만 보상을 한다면 어떤 사용자를 대상으로 할 것인지, 그 사용자가 어느 정도의 손해를 봤는지 밝혀야 한다. 그러려면 단순한 접속 로그 외에 사용자가 어떤 조작을 했을 때 어떤 데이터가 변경됐는지를 일일이 기록해 두어야 한다.

필자의 회사에서는 데이터베이스상에 데이터를 보존할 뿐 아니라 이러한 사용자 활동 정보를 로그로 저장해두고 여기에서 보상 대상 사용자와 그 피해 상황을 추출한다. 물론 활동 로그는 보상을 위해서뿐만 아니라 부정 접속의 조사나 사용자의 행동을 분석하기 위한 정보로써도 사용한다.

노하우 축적

문제가 발생하고 그 해결을 위해서 수행한 긴급 유지보수 후에는 반드시 「왜 그 문제가 발생했는가?」, 「유지보수 작업이 합리적이었는가?」를 검토하자. 유지보수별로 검토를 수행하고 이에 대해 두 가지 질문에 대한 대답을 정리해야 한다.

또한, 하드웨어의 고장이나 곧바로 해결할 수 없는 원인 때문에 문제가 발생했다면 같은 일이 또 일어날 수 있다. 이런 종류의 문제일 때는 다음에 같은 문제가 발생했을 때 빠르게 대응할 수 있도록 노하우로서 작업 내용을 정리해 두어야 한다(그림 23-1).

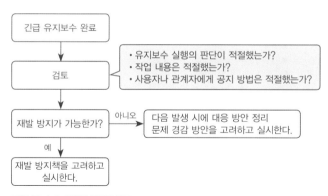

그림 23-1 노하우의 플로우차트

다음에 같은 문제가 발생하지 않게 하려면 『린 스타트업』[2]이란 책에 어떤 문제의 근본을 추구하고 해결하기 위한 방법으로 「5번의 왜」라는 말이 소개되고 있다[3].

이는 문제의 해결을 생각할 때 그 문제의 직접적인 원인만 해결해서는 그 뒤에 숨겨진 원인을 찾지 못하고, 같은 문제를 발생시킬 가능성을 막기 위해 문제 X는 왜 일어났는가(원인 A), 또한 원인 A는 왜 일어났는가…. 5번 「왜」를 반복해 근본적인 원인을 끌어내는 것이다. 눈앞의 해결 방안만 실시하고 만족하는 것을 막기 위한 올바른 개념의 프레임워크라고 할 수 있다.

같은 문제가 발생했을 때 신속하게 대응하려면

필자의 회사에서는 어떤 장애가 발생했을 때 가장 먼저 사내나 고객 지원 부분에 전달하기 위해 혹은 장애 발생 시간, 해결 시간을 기록하기 위해서 심지어는 장애의 원인 추구나 대응의 기록, 검토를 위해서 장애 관리 도구를 만들어서 운영하고 있다. 도구에는 그림 23-2와 같은 정보를 등록하고 장애 대응 후에 검토할 수 있게 하고 있다.

이러한 도구를 만드는 것도 유용하고 메모만으로도 괜찮으므로 어떤 형태든 긴급 유지보수 했을 때의 작업 내용과 그 후의 대응에 대해서 기록해 두는 것만으로도 노하우를 축적하고 같은 장애가 다시 발생했을 때 활용할 수 있다.

2　『린 스타트업 - 낭비 없는 기업 프로세스 이노베이션을 만들어내다』 에릭 리즈 지음, 이노구치 코우지, 이토 쇼우이치 옮김 닛케이 BP사, 2012년
3　원래 도요타에서 구현한 방법이다.

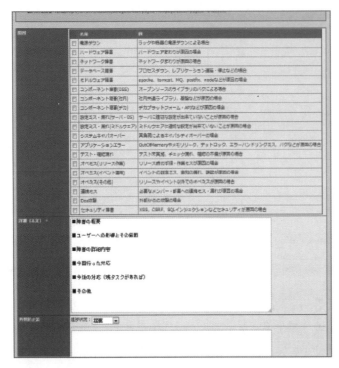

그림 23-2 장애 관리 도구의 스크린샷

요약

이번 장에서 설명했던 것처럼 긴급 유지보수는 「평소에 대비」, 「유지보수 시에 침착하게 작업」, 「실시 후에 확실하게 검토해 재발 방지에 도움」의 세 가지를 어떻게 잘할 것인지가 그 성패를 결정한다. 긴급 유지보수를 실시할 만큼 심각한 장애를 접한 적이 없다면 좀처럼 준비하기 어렵지만, 이 책을 통해 정보를 얻고 간접 경험을 함으로써 잘 대처할 수 있게 될 것이다.

유지보수 프리의 접근법
[인프라 편]

적은 인력으로 운영을 실현하는 인프라, 데이터베이스 설계와 장애 감지

㈜사이버에이전트, 마츠우라 하야토
㈜사이버에이전트, 나카무라 토시유키

어떤 서비스도 시스템 개선과 수정 작업은 필요하다. 하드웨어가 고장 날 수도 있고 응용프로그램이나 미들웨어도 크고 작은 여러 가지 버그가 있으며 부족한 기능의 추가나 사양 변경 등 다양한 작업을 수행해야 한다. 23장까지는 이러한 작업을 수행하기 위해서 유지보수를 시행한다는 전제로 그 방법에 대해서 살펴봤지만 여기서는 될 수 있으면 유지보수를 하지 않기 위한 노력에 대해 살펴보겠다.

유지보수 프리란

시스템의 개선에 필요한 작업을 서비스의 정지 없이 사용자의 조작에 영향을 끼치지 않고 수행하는 것을 이 책에서는 「유지보수 프리」라고 하고 유지보수 프리를 실현하려면 어떻게 접근해야 할지 소개한다. 이 장에서는 특히 인프라 관점에서 생각해보겠다.

인프라 설계

SPOF가 없어야 한다

정기적인 유지보수뿐 아니라 갑자기 일어나는 장애로 인한 유지보수를 피하려면 첫 번째로 SPOF를 만들지 않아야 한다. 어딘가 한곳에 문제가 있어도 시스템 전체가 멈춰버리는 포인트를 만들면 그 부분에서 장애가 발생했을 때는 필연적으로 전체 시스템을 중단시키지 않으면 안 된다.

장비의 이중화 구성

하드웨어적인 부분에서 구성을 견고하게 하는 경우는 한대를 2대로 이중화하거나 견고한 부품을 사용해 잘 고장 나지 않는 가용성이 높은 장비로 대체하는 등의 방법이 많으며 이에 드는 비용에 따라서 달라진다. 시스템의 데이터 흐름을 고려해 가능한 한 많은(이상적으로는 전부) 경로가 다중화되어 SPOF가 최소한으로 존재하는지 확인하자(그림 24-1).

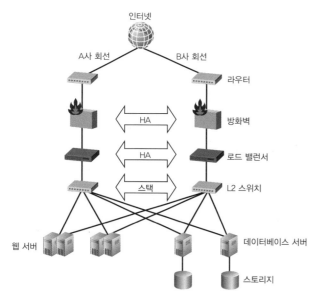

그림 24-1 　이중화된 예

네트워크 장비의 이중화 구성

직접 운영하는 환경에서 구성하는 경우 네트워크 장비의 이중성을 고려해야 한다. 데이터 센터에서 쓰는 회선 자체를 이중화하는 것은 물론 통신을 받는 라우터, 방화벽, 로드 밸런서, 스위치 등도 빠짐없이 이중화하는 것이 이상적이다. 비용의 문제로 다중화가 어려울 때는 장애 발생 시에 어느 정도 시스템 정지를 허용한다면 예비 장비[1]를 준비하는 경우도 있다. 이 경우 사용 장비의 설정을 항상 예비 장비에 복사해 두고 사용 장비가 고장 났을 때 케이블만 바꿔 끼면 되게 해두지 않으면 장애가 발생했을 때 당황하게 된다.

1 　사용 장비의 설정을 정기적으로 복사하는 등 장애 시에 예비로 즉시 사용할 수 있게 준비해두는 장비다.

서버의 NIC(Network Interface Card)도 이중화하자. 일반적으로 구매할 수 있는 서버는 처음부터 NIC가 2개 이상 탑재된 경우가 많으므로 본딩[2] 설정을 해 둔다. 본딩 설정에는 여러 모드가 있으므로 요구 사항이나 엣지스위치 설정, 기종도 고려해 구분해야 한다(표 24-1). 일반적으로는 NIC 이중화를 실현하기 위해서는 가장 간단한 모드1이나 스위치 장비와 함께 가용성과 균형을 모두 구현하고 있는 모드4가 많이 사용되고 있는 것이 아닐까?

표 24-1 본딩 설정에 제공하는 모드

모드	부하 분산 여부	스위치 쪽 대응	설명
0(balance-rr)	송신: ○ 수신: 스위치에 따라서	Ether Channel 기능 필수	송신을 라운드로빈으로 분산
1(active-backup)	송신: X 수신: X	불필요	엑티브 스탠바이형
2(balance-xor)	송신: ○ 수신: 스위치에 따라서	Ether Channel 기능 필수	MAC 주소에 의한 분산
3(broadcast)	송신: ○ 수신: 스위치에 따라서	필요	브로드캐스팅
4(802.3ad)	송신: ○ 수신: 스위치에 따라서	802.3ad 대응 필요	제어 프로토콜을 LACP하고 원래는 스위치 사이의 링크를 정리하는 기능
5(balance-tlb)	송신: ○ 수신: 스위치에 따라서	불필요	부하에 대한 송신을 분산
6(balance-alb)	송신: ○ 수신: ○	불필요	부하에 대한 송신, 수신을 분산

미들웨어의 이중화 구성

▣ 웹 서버, 응용프로그램 서버

이런 서버는 로드 밸런서를 이용해 여러 서버에 쉽게 엑세스를 배분할 수 있으므로 2대 이상 준비하는 것이 당연하다고 할 수 있다. 아파치나 엔진엑스 혹은 그 뒷단에 있는 응용프로그램 서버의 설정 변경이나 재기동과 같은 작업으로 인해 사용자에게 영향이 있는 시스템 구성은 바람직하지 않다.

---

2 신뢰성 향상과 대역폭을 늘리기 위해 여러 NIC를 가상으로 한 개로 보이게 하는 방식이다. 티밍이라고도 한다.

▣ 데이터베이스

MySQL이나 PostgreSQL 등의 관계형 데이터베이스(RDB)는 마스터 1대를 갱신용으로 사용하고 참조용 슬레이브를 여러 대 구축하는 구성이 많아서 자연스럽게 참조의 이중화가 가능하다. 최근에는 마스터의 이중화도 쉽게 구현할 수 있으므로 구성해 두는 편이 좋다. MySQL은 HA 클러스터형으로 MHA나 LifeKeeper 등이 있고 분산형이라면 MySQL Cluster가 있다. 기존 응용프로그램이 있는 경우에 변경을 최소한으로 한다는 의미에서는 HA 클러스터형이 도입하기 쉽다(그림 24-2).

또한, 참조의 경우도 응용프로그램 서버에서 직접 데이터베이스 서버에 접속하지 않고 로드 밸런서를 통해 스토리지에 가상 IP 주소를 지정해 이를 거쳐 접속되게 하면 슬레이브가 다운됐을 때도 특별한 작업 없이 끝낼 수 있다.

NoSQL 데이터베이스(로 한데 묶을 수 없지만)는 SPOF가 없도록 만든 제품이 많아서 요구에 맞는 가용성에 따라 제품과 기술을 선택해야 한다. 몽고DB나 HBase, Riak 등의 키-값형 데이터베이스는 레플리카를 여러 대의 서버로 분산해 데이터의 이중화를 유지할 수 있는 것이 특징이므로 최소한의 대수를 유지하도록 설계해야 한다. 레디스와 같은 KVS의 경우는 Redis Sentinel 등의 기술을 사용해 RDB의 HA 클러스터형 이중화를 보장할 수 있다.

있어서는 안 될 일이지만 간혹 볼 수 있는 것이 「영속성을 가져야 할 데이터를 휘발성 데이터 스토어에 보존하고 있다」와 같은 경우다. "삭제되면 시스템 동작에 영향을 주는 데이터를 재시작하면 데이터가 사라지는 memcached에 저장했다"와 같은 경우가 이에 해당한다. 개발자나 인프라 담당자가 데이터 저장소의 본질에 대한 이해가 부족해서 발생하게 되며 놓치기 쉬운 SPOF다.

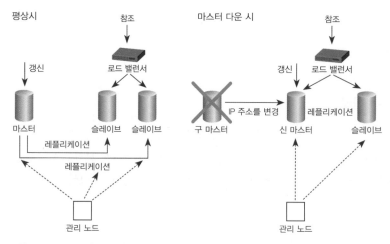

그림 24-2 MySQL의 HA 클러스터 구성도

데이터베이스 설계

RDB를 사용하는 경우 스키마의 갱신은 온라인 중에는 하기가 어려우므로 서비스 정지가 필요한 유지보수를 해야 한다. 하지만 대표적으로 몽고DB와 같이 문서 기반의 스키마가 자유로운 KVS도 등장하고 있으며 이런 제품을 선택해 스키마 변경을 신경 쓰지 않아도 되게 됐다.

하지만 「스키마 갱신에 골머리를 썩이고 싶지 않으니까」라는 이유만으로 몽고DB를 선택한다면 몽고DB 특유의 문제 때문에 새로운 고민이 생기게 된다. 장점만 바라보고 선택할 것이 아니라 양쪽의 장단점을 이해한 후에 제품을 선택하는 게 중요하다.

데이터 스토어의 선택

필자의 회사에서는 지속해서 필요한 데이터를 저장하기 위한 데이터베이스로 MySQL과 몽고DB를 주로 사용하고 있다[3].

서비스 정지가 필요한 유지보수를 될 수 있으면 적게 한다는 점에 초점을 두고 두 데이터베이스를 비교해보면 다음과 같다.

- MySQL
  - 스키마 변경의 가능성이 적은 경우에 적합
  - 갱신보다 참조가 압도적으로 많은 서비스에 적합
  - 인터넷이나 서적에서 노하우를 얻기 쉽다.

- 몽고DB
  - 스키마를 유연하게 갱신하고 싶을 때 적합
  - 서비스가 성장할 때 갱신의 확장성이 필요한 서비스에 적합
  - 시스템 구성 초기부터 어느 정도 비용을 투자할 수 있는 경우에 적합(초기 구성의 대수가 많아지는 경향이 있기 때문)

이 사항은 주관적이므로 사람에 따라서 생각이 다를지도 모르지만 스스로 제품을 선택할 때 같은 관점에서 정보를 수집하고 판단하는 것이 좋다.

---

[3] 최근에는 용도에 띠리 카산드라나 HBase도 사용하고 있다.

서비스 규모에 맞는 데이터베이스 구성

필자의 회사에서 MySQL을 채택한 경우를 예로 들어 요구에 맞는 데이터베이스 서버의 하드웨어 구성을 비교해 본다. 접속량을 사전에 좀처럼 추측하기 어려운 소셜 게임에서는 어떻게든 다음의 구성을 순차대로 바꿔 나가기에 십상이지만 각 구성의 특징을 파악해 적절한 구성을 선택하면 불필요한 유지보수 시간을 줄일 수 있을 것이다.

▣ 마스터만으로 구성

개발 환경이나 실전 환경에서도 복구에 1일 정도 걸려도 괜찮은 데이터베이스 서버라면 1대로 구성해도 좋을지 모른다. 물론 이 경우에도 백업은 정기적으로 취득해 두지 않으면 안 된다. 당연히 백업 데이터는 다른 서버에 놓아두지 않으면 데이터베이스 서버의 디스크가 손상된 경우에는 데이터를 복구할 수 없게 된다.

▣ 마스터 슬레이브 구성

갱신과 비교하면 참조가 많은 응용프로그램에서는 마스터의 부하를 낮추기 위해서 복제를 사용해 슬레이브 서버를 여러 대 구축하고 마스터 슬레이브로 구성한다(그림24-3). 이때 갱신용 마스터 1대에 참조용 슬레이브 1대로 구성하는 경우 서버가 2대인 만큼 장애 발생률도 높아지므로 슬레이브는 2대 이상으로 구축해야 한다. 슬레이브를 1대만 설치할 경우는 마스터에 갱신과 참조 양쪽을 수행하게 하고 슬레이브는 엑세스 없이 스탠바이 장비로 운영하는 게 좋다.

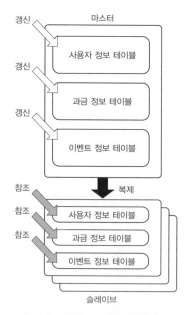

그림 24-3 마스터 슬레이브 구성의 예

▣ 마스터 분할

참조에 대한 분산은 앞서 설명한 것처럼 슬레이브를 증설해 거의 온라인 중에 작업할 수 있다. 하지만 갱신이 늘어나서 1대의 마스터로 처리할 수 없을 때는 마스터 하드웨어의 스펙을 올리(스케일 업)거나 마스터 데이터를 내용에 따라 나누는 방법(스케일 아웃) 밖에는 없다(그림 24-4).

마스터 분할을 수행해 갱신 부하의 집중을 피할 수는 있지만, 응용프로그램 변경이 필요하고 나눈 데이터 사이의 JOIN을 할 수 없게 되거나 시스템 전체에 일관된 백업을 취득할 수 없는 문제도 생기므로 신중하게 진행해야 한다.

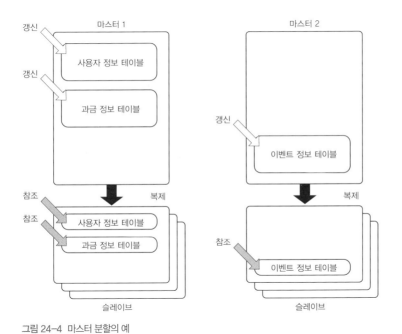

그림 24-4　마스터 분할의 예

▣ 마스터 분할(마스터만으로 구성)

마스터 슬레이브 사이의 데이터는 비동기로 복제되므로 갱신량이 일정수준 이상 발생하면 복제의 지연이 발생한다. 소셜 게임 등에서는 이벤트 시간이 엄격하게 정해져 있거나 사용자 사이에 데이터의 부정합이 발생하면 치명적인 문제가 되는 경우가 많아서 복제 지연은 심각한 문제다. 이런 경우는 마스터에서 갱신과 참조를 모두 처리하고 슬레이브 없이 구성해 복제 지연 자체를 배제해도 된다.

그러나 이를 위해서는 대량의 갱신이나 참조를 처리할 수 있을 만큼의 하드웨어 스펙이 필요하다. 디스크도 HDD보다 SSD나 ioDrive같은 고속의 PCIeSSD를 사용해야 할 것이다. 또한, 캐시로 사용하는 메모리도 수십GB에서 100GB 이상을 준비해야 할 수도 있다.

또한, 사용자에게 데이터를 제공하는 서버로써 앞서 설명한 것과 같은 이유로 마스터만으로 구성하지만, 분석 용도나 백업 용도로 사용할 경우 보통은 복제 지연을 신경 쓰지 않아도 되고 마스터에 부하를 주지 않기 위해서 슬레이브를 준비하는 경우가 많다.

스키마 변경 비용 절감

▣ MySQL의 경우(도구를 사용해 온라인 스키마 변경)

일반적인 스키마 변경은 다음과 같은 흐름으로 테이블이 변경된다[4].

❶ 테이블에 공유 잠금을 걸어서 갱신을 중지한다(참조는 가능).

❷ ALTER 문을 실행한 후에 새로운 스키마 정의로 테이블을 생성한다.

❸ 기존 테이블로부터 ❷에서 생성한 테이블로 데이터를 복사한다.

❹ 기존 테이블을 삭제하고 새로운 테이블을 기존 테이블명으로 변경한다.

❺ 공유 잠금을 풀고 새로운 테이블에 갱신, 참조가 이뤄진다.

데이터양이 많아지면 ❷ ~ ❹의 시간이 길어지고 갱신할 수 없는 시간이 길어지게 되므로 실질적으로는 시스템을 중지하고 작업할 수밖에 없지만, MySQL 컨설팅을 하고 있는 Percona[5]가 제공하는 Percona Toolkit[6]에 포함된 pt-onlineschema-change 명령을 사용하면 다음과 같은 흐름으로 스키마를 변경할 수 있다.

❶ ALTER 문 실행 후 새로운 스키마 정의로 테이블을 생성한다(그림 24-5의 table_01).

❷ 트리거를 사용해 기존 테이블에 갱신이 새로운 테이블에도 반영되게 한다(그림 24-6).

❸ 기존 테이블에서 새로운 테이블로 데이터를 복사한다 (그림 24-7).

❹ 기존 테이블을 삭제하고 새로운 테이블을 기존 테이블의 이름으로 변경한다.

❺ 새로운 테이블에 갱신, 참조가 이뤄진다(그림 24-8).

---

4 인덱스 작성, 삭제뿐이라면 조금 더 간단하다.

5 http://www.percona.com/

6 http://www.percona.com/software/percona-toolkit

이렇게 하면 갱신을 멈추지 않고 스키마 변경을 할 수 있게 된다. 그러나 어쨌든 ALTER TABLE 문에서 테이블을 다시 만드는 것이므로 I/O 부하는 pt-online-schema-change 명령을 사용해도 평상시보다 높아지게 된다. 트리거를 사용하는 만큼 오버헤드도 생각해야 한다.

명령의 실행 예는 그림 24-9와 같다.

MySQL 5.6에서는 Online DDL이라는 기능이 제공되어 기존에 하던 대로 ALTER 문으로 pt-online-schema-change 명령과 같은 흐름으로 처리가 실행되게 됐다.

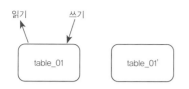

그림 24-5　새로운 스키마 정의로 테이블을 생성

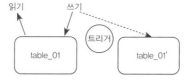

그림 24-6　트리거를 사용해 구 테이블에 대한 갱신을 새로운 테이블에도 실시

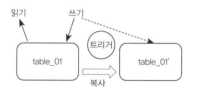

그림 24-7　기존 테이블에서 새로운 테이블로 데이터 복사

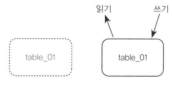

그림 24-8　기존 테이블을 삭제하고 새로운 테이블의 이름을 변경

```
# test 데이터베이스의 comment 테이블에 컬럼 추가
# 슬레이브에는 이 alter는 복제하지 않음
$ pt-online-schema-change --execute \
--alter="ADD target_user int(11) NOT NULL AFTER user_id" \
h=localhost,D=test,t=comment,u=root

# test 데이터베이스의 comment 테이블에 인덱스 추가
$ pt-online-schema-change --execute \
--alter="ADD INDEX index_target_user(target_user)" \
h=localhost,D=test,t=comment,u=root
```

그림 24-9　pt-online-schema-change 명령 실행 예

▣ 몽고DB의 경우

몽고DB는 스키마를 고정할 필요가 없으므로 스키마 변경을 위해서 어떤 작업도 수행하지 않는다.

데이터 삭제를 원활하게

대량의 데이터를 일정 시간 안에 물리적으로 삭제하려고 하면 그만큼의 I/O가 발생해 서비스 응답에 영향을 줄 수 있다. 그러므로 배치 등으로 데이터를 삭제할 때도 예전에는 정기적인 유지보수 시간을 잡는 경우가 많았다.

이 문제에 대해서도 여러 가지 접근법으로 유지보수 시간을 최소화할 수 있다.

▣ MySQL의 경우

MySQL 5.1부터 파티셔닝 기능을 제공하고 있다. 파티션으로 분할되지 않은 테이블의 일부 데이터를 삭제하는 것보다 1개의 파티션 내의 데이터를 전부 삭제하는 편이 훨씬 빠르다. 이 때문에 파티셔닝을 잘 사용해 테이블을 설계하면 삭제에 대한 부담을 줄일 수 있다.

시간 단위로 축적되는 데이터 중에 예를 들어 '3개월 이상 지난 데이터는 필요하지 않으므로 삭제하자' 와 같은 요청이 자주 있을 것이다. 이런 경우 컬럼에 포함된 날짜 데이터를 키로 파티셔닝을 해두면 간단하게 오래된 데이터를 한꺼번에 삭제할 수 있다(그림 24-10, 그림 24-11).

MySQL 파티셔닝의 제약은 파티셔닝 키를 반드시 고유키(Primary Key)로 해야 한다는 점이다. 따라서 그림 24-10과 같이 데이터 구조를 고려해야 한다. 또한, 이 예처럼 RANGE 파티셔닝의 경우 지정한 범위를 넘는 값을 INSERT 할 수 없으므로 사전에 범위 설정을 어느 정도 미리 해두어야 하므로 주의하자.

이 외에도 요구에 따라서 이벤트 ID나 사용자 ID를 키로 파티셔닝 하는 것이 좋을 때도 있다. 자세한 내용은 MySQL 설명서를 참조하자.

```
-- 월별로 파티션을 나눈 테이블 정의
mysql> CREATE TABLE comment_partitioned (
  comment_id int(11) not null auto_increment,
  user_id int(11) not null,
  comment_text text not null,
  created_at date not null,
  primary key (comment_id, created_at)
) ENGINE=InnoDB default charset=utf8
PARTITION BY RANGE COLUMNS(created_at) (
PARTITION p201301 VALUES LESS THAN ('2014-07-01'),
PARTITION p201302 VALUES LESS THAN ('2014-08-01'),
PARTITION p201303 VALUES LESS THAN ('2014-09-01'),
PARTITION p201304 VALUES LESS THAN ('2014-10-01'),
PARTITION p201305 VALUES LESS THAN ('2014-11-01'),
);

-- 월을 지정해 SELECT 하는 경우 파티션을 사용한 테이블은 접속하는 행수가 적다.
-- 빠른 SELECT이나 DELETE가 가능하다
mysql> EXPLAIN PARTITIONS SELECT * FROM
    -> comment_partitioned
    -> WHERE created_at < '2014-07-01'\G   [1줄로 작성]
**********************1. row ************************
        id: 1
select_type: SIMPLE
     table: comment_partitioned
partitions: p201407    [← 7월의 파티션에만 접근]
      rows: 999    [← 접속 대상 행수가 좁혀지고 있다.]
     Extra: Using where
1 row in set (0.00 sec)
```

그림 24-10 시간 기준 파티셔닝의 예(파티셔닝 사용 시)

```
-- 나누어지지 않은 테이블 정의
mysql> CREATE TABLE comment (
  comment_id int(11) not null auto_increment,
  user_id int(11) not null,
  comment_text text not null,
  created_at date not null,
  primary key (comment_id)
```

```
) ENGINE=InnoDB default charset=utf8;

-- 파티션을 사용하지 않는 경우 전체 월 데이터에 접근해 WHERE 절에서 검색하고 있다.
mysql> root@matsuura-dev02[test]> EXPLAIN PARTITIONS
SELECT * FROM comment WHERE created_at < '2013-02-01'G
                      [1줄로 작성]
*********************** 1. row ***********************
          id: 1
 select_type: SIMPLE
       table: comment
  partitions: NULL
        rows: 10802  [← 접속 대상 행 수가 줄지 않는다.]
       Extra: Using where
1 row in set (0.00 sec)
```

그림 24-11 시간 기준 파티셔닝의 예(파티셔닝 미사용 시)

▣ 몽고DB의 경우

최근 10건의 사용자 행동 이력처럼 영구적으로 보존할 필요가 없는 데이터는 배열형을 사용해 고정길이로 하는 방법이 있다[7].

그림 24-12에서는 list가 배열 형식으로 돼 있고 추가할 때 슬라이스해 길이를 3으로 고정하고 있다.

```
> db.history.save({ "_id" : "test", "list" : [ { "action" : 1 }, { "action" : 2 }, { "action" :
3 } ] });
> db.history.find();
{ "_id" : "test", "list" : [ { "action" : 1 }, { "action" : 2 }, { "action" : 3 } ] }
>
> // "list"에 { "action" : 4 }를 추가
> db.history.update({ "_id" : "test" }, { $push : { "list" : { $each : [ { "action" : 4 } ],
$slice : -3 } } });
>
> // "list"에서 { "action" : 1 }의 데이터가 사라지고 "list" 길이는 3으로 돼 있다.
> db.history.find();
{ "_id" : "test", "list" : [ { "action" : 2 }, { "action" : 3 }, { "action" : 4 } ] }
```

그림 24-12 list의 길이를 3으로 고정

---

7 몽고DB 2.4 이후

▣ TTL 컬렉션 사용, 임시 데이터 보존

통지처럼 일정 기간 유지가 필요하고 기간이 지나면 필요 없는 데이터는 TTL 콜렉션[8]으로 설계하는 방법이 있다[9].

그림 24-13에서는 생성 시각으로부터 60초가 지나면 자동으로 사라지게 설정돼 있다[10].

```
> db.ttl_collection.ensureIndex( { created_at: 1 }, { expireAfterSeconds: 60 } );
> db.ttl_collection.save({ _id : "test", "created_at" : new Date() });
> var check = function() {
... for (var i = 0; i < 120; i++) {
... print(new Date());
... printjson(db.ttl_collection.findOne());
... sleep(1000);
... }
... };
> check();
Thu Dec 26 2013 21:20:16 GMT+0900 (JST)
{ "_id" : "test", "created_at" : ISODate("2013-12-26T12:20:16.077Z") }
(생략)
{ "_id" : "test", "created_at" : ISODate("2013-12-26T12:20:16.077Z") }
Thu Dec 26 2013 21:21:43 GMT+0900 (JST)
null    ← 데이터가 삭제됐다.
```

그림 24-13 저장한 데이터가 60초이상 경과한 시점에 삭제되는 예

장애 감지

유지보수를 필요로하는 작업이 발생하기 전에 장애의 원인을 미리 제거하고 싶을 것이다. 이를 위해서는 시스템의 곳곳을 감시해 전조를 감지할 수 있게 해 두지 않으면 안 된다.

---

8 보존 기간이 있는 컬렉션이다. TTL은 Time To Live의 약자다.

9 몽고DB 2.2 이후

10 백그라운드 작업이 60초에 1번 돌기 때문에 삭제되는 시점이 최대 60초 지연된다.

감시의 유형

감시에는 크게 서버나 프로세스와 미들웨어나 응용프로그램이 정상적으로 움직이고 있는지 판단하는 「동작 감시」와 어느 정도 사용하고 있는지와 어느 정도 부하가 걸려있는지 판단하는 「자원 감시」가 있다. 직접 어떠한 장애에 연관되는 문제를 감지한다는 의미로는 동작 감시가 중요하지만, 장기적으로 사용자에게 영향이 있는 현상을 줄이는 요소를 확인하는 데는 자원 감시가 큰 의미가 있다.

▣ 동작 감시

될 수 있으면 레이어가 높은 부분에서 감시하는 것을 기본으로 하여 해당 감시 시점에서 무언가 문제가 감지될 때 실제 장애 지점을 파악하는 단서로써 사용하고 레이어가 낮은 부분의 감시를 보완적으로 넣는 형태를 기본이라고 생각하면 된다. 여기에 별도로 감시하고 싶은 항목이 있다면 추가하게 된다.

예를 들어 아파치와 톰캣이 동작하고 있는 웹 응용프로그램 서버를 감시할 때는 다음과 같은 흐름으로 진행된다. 위에서부터 순서대로 레이어가 낮아진다.

- 페이지가 정상적으로 표시되고 있다(정규 표현 등에서 일치하는지 확인).
- 에러 로그에 치명적인 에러가 표시되지 않는지
- 상태 코드 200을 반환하고 있다.
- 포트 80/tcp에서 응답이 있다(아파치가 동작하고 있다).
- 포트 8009/tcp에서 응답이 있다(톰캣이 동작하고 있다).
- 아파치 프로세스가 동작하고 있다.
- 톰캣 프로세스가 동작하고 있다.
- SSH 응답이 있다.
- ping 응답이 있다.

감시를 위해 사용하는 방법으로는 매우 기본적인 것으로 Monit과 같은 개별 서버에 설치하거나 설정해 사용하는 형태가 간편하지만, 대상 대수가 많아지면 관리가 어려워지므로 여러 개의 서버를 감시하는 데 적합한 Nagios나 Zabbix와 같은 제품을 선택할 수 있다.

▣ 자원 감시

OS에 대한 매트릭스와 미들웨어의 상태를 표시하는 명령이나 웹 페이지[11]에서 나오는 항목에 대해 Munin이나 Cacti, Zabbix와 같이 자원 감시 그래프를 표시할 수 있는 도구에서 될 수 있으면 많이 수집하는 게 좋다. 이런 정보는 자원이 급격히 증감할 때에 어떤 문제가 원인이 될 가능성이 있는가 의심해 볼 수 있고 실제 문제가 발생했을 때 참고해 문제 해결의 단서가 될 수 있으므로 유지보수 시간의 단축을 위해서 필요하다.

게다가 중요한 것은 운영하고 있는 서비스가 중시하고 있는 항목의 시각화다. 서비스 응답 속도를 중시한다면 응답 시간의 경향을, 에러 응답률을 최소한으로 낮추고 싶을 때는 그 추이를 그래프화하는 것이다. 응답 시간의 예로는 아파치의 응답 시간[12]을 바탕으로 한 그래프나 SmokePing[13]과 같이 네트워크 지연을 시각화하는 도구나 New Relic[14]과 같은 SaaS형 감시 도구를 활용하자.

요약

서비스를 멈춰야 하는 유지보수 작업을 줄이려면 설계, 구축, 운영의 모든 단계에서 「어떻게 SPOF를 제거하고 시스템 중단 없이 작업할 수 있는가」를 계속 생각해야 한다. 이번 장에서 소개한 내용은 필자의 회사에서 이에 대한 대처를 통해 얻은 경험이다. 더 나은 시스템을 만들어가기 위한 참고 자료가 됐으면 한다.

---

11 MySQL이라면 show engine innodb status 명령, Apache라면 server-status 페이지 같은 것이다.
12 접속 로그의 %D 등과 같다.
13 http://oss.oetiker.ch/smokeping/
14 http://www.newrelic.com/

유지보수 프리의 접근법
[응용프로그램 편]

다운 타임을 줄일 배포 방법과 응용프로그램의 설계

㈜사이버에이전트, 후쿠나가 와타루
㈜사이버에이전트, 나카무라 토시유키
㈜사이버에이전트, 마츠우라 하야토

24장에서는 하드웨어와 미들웨어의 관점에서 유지보수 프리를 실현하기 위한 접근법을 살펴봤다. 25장에서는 응용프로그램의 관점에서 유지보수 프리를 실현하는 방법을 살펴본다.

응용프로그램의 기능 추가나 수정이 발생할 때를 말하는 「릴리즈」와 응용프로그램 구축 단계에서 말하는 「응용프로그램 설계」라는 2가지 항목으로 구분해 소개한다.

릴리즈

응용프로그램 릴리즈는 개발이 활발한 프로젝트일수록 많이 발생한다. 이때 어떻게 다운 타임을 줄일지는 중요한 요소가 된다. 응용프로그램의 업데이트를 위해서 유지보수를 실행해 서비스를 멈추는 것은 웹 응용프로그램에서는 바람직하지 않다.

여기서는 다운 타임을 줄이기 위한 릴리즈 방법을 설명한다.

로드 밸런서 절체를 이용한 릴리즈

필자의 회사에서 표준적인 방법의 하나인 로드 밸런서 절체 방법이다. 여러 대의 응용프로그램 서버를 로드 밸런서로 분산해 운영하고 배포 시에 로드 밸런서에서 응용프로그램 서버를 분리해 1대씩 응용프로그램을 바꾸어 나가는 방법이다(그림 25-1).

표준적인 웹 응용프로그램에서는 이 방법으로 충분하다. 젠킨스 등으로 서버에 차례로 배포한다면 좋을 것이다.

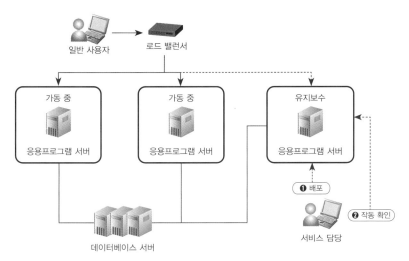

그림 25-1 로드 밸런서 절체를 이용한 릴리즈

서버군 전환을 이용한 릴리즈

실전 환경을 가동 서버군과 대기 서버군의 2그룹을 준비해 로드 밸런서에서 클라이언트가 바라보는 곳을 바꾸어 릴리즈하는 방법이 있다(그림 25-2).

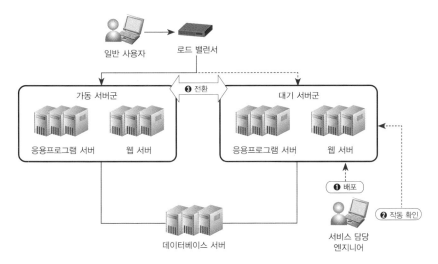

그림 25-2 서버군 전환을 이용한 릴리즈

▣ 흐름

릴리즈의 흐름은 다음과 같다.

❶ 대기 서버군에 새로운 버전의 응용프로그램을 배포한다.

❷ 대기 서버군의 작동을 확인한다(대기 서버군은 내부 네트워크에서만 접속 가능)

❸ 클라이언트의 접속이 대기 서버군을 향하도록 로드 밸런서를 전환한다.

또한, 그림 25-2는 필자의 회사 서비스에서 실제로 사용하고 있는 구성으로 데이터베이스 서버는 몽고DB를 사용하고 있다. 데이터베이스는 서버군별로 존재하는 것이 이상적이지만 가동 서버군과 대기 서버군 사이의 데이터를 동기화하는 것이 어려우므로 양쪽 서버군 공통으로 하고 있다. 또한, 즉시 반영되면 곤란한 마스터 데이터는 응용프로그램 서버 쪽에서 캐시하도록 고안돼 있다.

▣ 장점

이 방법의 장점은 클라이언트 엑세스 위치를 로드 밸런서에서 전환하는 것만으로 한순간에 릴리즈 할 수 있다. 또한, 만약에 이상이 있더라도 로드 밸런서가 바라보는 쪽을 기존 환경으로 되돌리면 되므로 한순간에 롤백할 수 있다. 또한, 대기 서버군에서 동작 확인을 할 수 있어서 실전 환경에 가까운 확인을 할 수 있다.

앞에서 설명한 로드밸런서 절체를 이용한 릴리즈와 비교하면 다음과 같은 장점이 있어서 좀 더 나은 방법이라고 할 수 있다.

■ 릴리즈와 롤백의 절차가 간단하다.

■ 전환 시간이 짧다.

▣ 단점

반면에 서버의 대수가 배 이상 필요하며, 각종 비용이나 관리 비용이 증가한다는 단점도 있다. 현재 필자의 회사에서는 이 단점을 수용하고 물리 서버를 배로 운영하고 있지만, 참고로 필요한 서버 대수를 줄이기 위한 아이디어를 적어 본다.

■ 클라우드 상에서 기동한다. 대기 서버군을 전환할 때만 일시적으로 생성한다.

■ 같은 서버에 포트나 폴더 구성을 나눠서 구성한다.

핫 디플로이를 이용한 동적 릴리즈

핫 디플로이의 정의는 제품에 따라 다른 부분도 있지만 여기서는 응용프로그램이나 응용프로그램 서버를 다시 시작하지 않고 모듈을 변경하는 기능을 말한다. 자바 응용프로그램은 JBoss서버나 톰캣 등의 서블렛 컨테이너가 이 기능이 있다. 루비 온 레일즈 분야에서는 Unicorn이나 Puma가 파이썬에서는 Gunicorn이 유명하다.

톰캣7은 패러럴 디플로이먼트라는 이름으로 핫 디플로이를 지원하고 있다. 이번에는 이 패러럴 디플로이먼트를 설명한다.

▣ 패러럴 디플로이먼트란?

패러럴 디플로이먼트(Parallel deployment)란 톰캣7에서 응용프로그램 버전을 관리하는 기능이다. 여러 버전의 웹 응용프로그램을 동시에 배포하고 점차 사용자를 새로운 응용프로그램으로 전환하는 것이 가능하다. 이 기능으로 적은 대수의 서버로도 서비스를 중지하지 않고 응용프로그램을 릴리즈 할 수 있다.

▣ 패러럴 디플로이먼트의 동작

자바의 웹 응용프로그램은 응용프로그램을 WAR 파일 형식으로 압축해 응용프로그램 서버에 배포하는 것이 일반적이다. 톰캣7에서도 이 WAR 파일 형식으로 배포한다.

일반적으로 「hoge.war」와 같은 파일명으로 배포되지만, 패러럴 디플로이먼트를 사용하면 「hoge##01.war」, 「hoge##02.war」와 같이 버전 번호가 붙은 파일명으로 변경돼 배포된다.

이처럼 응용프로그램에 버전을 부여함으로써 톰캣은 세션이 끊긴 (혹은 없는) 사용자에 대해서는 새로운 버전의 응용프로그램으로 접속하게 된다. 기존 응용프로그램에 접속하는 모든 세션이 없어지는 시점에 전환이 완료된다(그림 25-3).

그러나 동시에 두 개의 응용프로그램이 동작하므로 CPU의 사용률이나 메모리 소비, 데이터베이스의 커넥션수 등에 주의해야 한다.

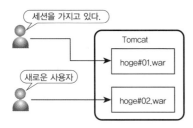

그림 25-3 핫 디플로이

카나리아 릴리즈

카나리아 릴리즈란 그림 25-4와 같이 일부 사용자로부터 서서히 새로운 버전의 응용프로그램을 적용해 가는 방법이다. 페이스북 등의 여러 대규모 서비스에서는 이 방법으로 배포하고 있다[1].

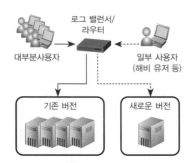

그림 25-4 카나리아 릴리즈

▣ 장점

이 방법은 다음과 같은 장점이 있다.

- 라우터가 바라보는 곳을 새로운 버전에서 기존 버전으로 되돌리는 것만으로 롤백할 수 있다.
- A/B 테스트를 할 수 있다. 즉 사용자 A와 사용자 B에 표시되는 페이지를 다르게 하고 어느 쪽이 반응이 좋은지 계측할 수 있다.
- 용량을 실전 환경에서 안전하게 확인할 수 있다. 서서히 새로운 버전을 적용할 사용자를 늘려가고 부하가 늘어난 곳에 서버를 추가할 수 있다.

---

1 http://zkybase.org/blog/2012/12/02/pushing-twice-dailyour-conversation-with-facebooks-chuck-rossi/

◼ 단점

단점으로는 구성을 만들기까지의 난도가 높다는 점을 들 수 있다. 예를 들어 다음과 같은 것을 구현하지 않으면 안 된다.

- 새로운 버전과 기존 버전이 섞여 있는 상태로 응용프로그램이 동작해야 한다.
- A/B테스트를 효과적으로 하려면 해비 유저 등의 특정 사용자를 새로운 버전으로 유도하는 방법이 필요하다.

정적 파일의 릴리즈

여기까지는 주로 응용프로그램 서버의 릴리즈를 전제로 설명했지만, 자바스크립트나 CSS와 같은 정적 파일을 릴리즈 할 때의 주의점에 관해서도 설명한다.

◼ 흐름

정적 파일을 다운 타임 제로에 가깝게 릴리즈하는 것은 비교적 쉽다. 카피스트라노(Capistrano)[2]와 같은 도구를 사용해 배포하는 흐름은 다음과 같다(그림 25-5).

❶ 깃이나 서브버전 등의 VCS(Version Control System)에서 배포용 서버에 정적 파일을 체크아웃한다.

❷ 정적 파일을 tar.gz으로 압축해 웹 서버에 업로드한다.

❸ 웹 서버에 tar.gz을 배포하고 문서 루트가 되는 current라는 심볼릭 링크를 최신 버전에 연결한다.

이 방법은 문제가 발생하면 하나 전의 버전에 current라는 심볼릭 링크를 연결해 롤백할 수 있다.

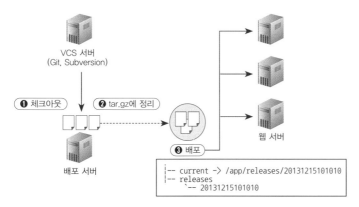

그림 25-5　정적 파일을 배포하는 흐름

2　http://www.capistranorb.com/

▣ 주의 사항

그러나 한 가지 주의점이 있다.

응용프로그램 서버의 동적 HTML 페이지를 릴리즈하는 타이밍과 웹 서버의 동적 파일을 릴리즈하는 타이밍이 같지 않으면 클라이언트가 HTML과 버전이 다른 자바스크립트나 CSS를 읽게 되는 경우 동작이 이상해지게 된다. 또한. 새로운 버전에 문제가 있어 전 버전으로 롤백할 경우도 같은 타이밍에 해야 한다.

이 문제에 대한 대응 수단은 다음과 같이 버전 번호를 URL 경로에 포함하는 것이다.

- /v2/css/main.css
- /v2/js/main.js

이처럼 새로운 버전의 정적 파일을 먼저 릴리즈해 참조 가능한 상태로 만들어 둔다. 그러면 동적 HTML 페이지를 새로운 버전으로 전환하는 타이밍에 새로운 버전의 정적 파일을 참조할 수 있게 된다(코드 25-1).

하지만 이전 버전은 새로운 버전으로 전환한 후에도 지우지 않고 남겨둔다. 이렇게 하면 만약 새로운 버전에 문제가 있을 때도 /v1/js/main.js와 같이 전 버전을 참조하도록 롤백할 수 있다.

또한, SPA[3]나 전체가 플래시 응용프로그램일 때는 클라이언트가 페이지를 다시 불러오지 않으면 응용프로그램의 업데이트가 어려운 경우도 있다. 이럴 때를 대비해서 관리 화면에서 조작해 사용자에게 강제로 새로 고침을 알려 주는 화면이 표시되게 하는 것도 좋다(그림 25-6).

▼ **코드 25-1** 동적 HTML 페이지의 변경

```
변경 전
<link rel="stylesheet" type="text/css" href="/v1/css/main.css" />
<script type="text/javascript" src="/v1/js/main.js"></script>
↓
변경 후
<link rel="stylesheet" type="text/css" href="/v2/css/main.css" />
<script type="text/javascript" src="/v2/js/main.js"></script>
```

---

3 Single Page Application의 줄인 말로 한 페이지에 완결하는 웹 응용프로그램이다. 기본적으로는 URL 전환을 하지 않고 필요한 부품이나 데이터는 Ajax로 취득한다.

그림 25-6 게임의 플래시를 다시 불러오도록 알려주는 기능(당사의 플래시 게임의 예)

응용프로그램의 설계

응용프로그램의 설계 단계에서도 유지보수를 줄일 수 있다. 설계 단계에서 운영 시에 발생할 수 있는 문제를 올바르게 예측하고 대처할 수 있게 만드는 것이 중요하다.

잠금 해제를 일정으로 제어하기

새로운 기능을 릴리즈 할 때마다 유지보수를 시행하는 것은 어려운 일이다. 예를 들어 날짜가 바뀌는 타이밍에 새로운 기능을 출시하는 경우 00시 00분에 명령을 쳐서 응용프로그램을 배포하게 되면 아무리 체력이 좋은 사람이라도 지치게 된다.

그래서 기능 단위로 릴리즈되는 일정을 관리하는 방법을 사용한다. 소셜 게임에서는 이벤트가 대표적인 예다. 이벤트 기간을 관리하는 테이블을 준비하고 그 데이터를 기준으로 이벤트가 잠금이 해제되게 구조를 만든다.

```
CREATE TABLE `event` (
  `id` int(10) unsigned NOT NULL,
  `name` varchar(256) DEFAULT NULL,
  `start_datetime` datetime NOT NULL,
  `view_start_datetime` datetime NOT NULL,
  `view_end_datetime` datetime NOT NULL,
  `upd_datetime` datetime NOT NULL,
  `ins_datetime` datetime NOT NULL,
  PRIMARY KEY (`event_id`)
) ENGINE=InnoDB DEFAULT CHARSET=utf8
```

이런 테이블을 준비하고 다음과 같은 코드로 제어한다.

```
public boolean canAccess(Event event) {
  if (DateUtil.within(event.getStartDatetime(),
    event.getEndDatetime())) {
    return true;
  } else {
    return false;
  }
}
```

이렇게 설계하면 기능만을 먼저 롤링 유지보수로 배포해두고 해당 시각이 되면 릴리즈되는 구조가 완성된다.

기능 단위로 유지보수 할 수 있는 설계하기

응용프로그램이 커지게 되면 일부 기능의 장애가 전체에 영향을 미치는 리스크도 증가하게 된다.

만약 소셜 게임 중 이벤트의 실시간 랭킹이 같은 프로세스에서 움직이고 있다면 어떨까? 이벤트 후반에 사용자 집중에 의해서 랭킹 기능의 부하가 늘어나고 전체의 동작에 악영향을 미치게 될 위험성이 있다.

응용프로그램의 핵심 기능을 사용자가 사용하는 동안에는 동작 불능인 부분만 분리해 시스템 전체적으로는 멈추지 않는 것이 이상적이다. 이를 위해서 REST API로 하는 등 기능을 서브 시스템화하는 것도 필요하다. 서브 시스템화되어 있다면 부하가 증가했을 때 일시적으로 해당 기능을 해제하고 서버를 증설한 후에 기능을 되돌리는 식의 방법으로 대응이 쉬워진다.

예를 들어 필자 회사의 피그라이프[4]를 살펴보자. 피그라이프는 가상 공간에서 자신의 아바타를 움직여서 정원을 가꾸는 소셜 게임이다. 피그라이프에서는 다른 사용자와 포인트를 경쟁해 랭킹에 따라서 아이템을 받는 이벤트가 간혹 개최되고 있다. 이벤트 시 랭킹을 집계하는 기능은 랭킹 API 서버에 따로 분리돼 있다.

만약 서버 증설 등으로 랭킹 API 서버가 유지보수를 하고 있는 경우는 최신 랭킹을 볼 수 없다. 하지만 다음과 같은 피그라이프의 핵심 기능은 사용자가 문제없이 사용할 수 있다.

- 정원을 가꿀 수 있다.
- 다른 사용자와 채팅할 수 있다.

이를 위해서 랭킹 API 서버가 유지보수에 들어간 경우 랭킹 기능은 설정에서 해제할 수 있게 구현돼 있다. 단순화한 코드는 다음과 같다.

```
if (!config.enableRanking) {
  error('현재 랭킹은 열람할 수 없습니다.');
  return;
}
```

이처럼 부하와 같이 다른 기능에 큰 영향을 미칠 위험이 있는 기능은 중장기적으로는 서브 시스템화해 분리하는 것이 좋다.

설정을 온라인 중에 변경할 수 있게 한다.

응용프로그램의 새로운 기능 릴리즈에서 결함이나 부하 급증의 발생에 대비해 설정값을 온라인 중에 변경해 특정 기능의 분리나 상태의 변화를 가능하도록 해두는 것이 좋다.

▣ 피그라이프의 경우

조금 전 설명한 피그라이프를 예로 설명한다. 피그라이프는 로그인 시에 아바타 얼굴 등의 정보를 아베바피그[5]의 API에서 취득한다.

---

4 https://life.pigg.ameba.jp/

5 https://pigg.ameba.jp/

기본적으로는 로그인할 때마다 API의 정보를 취득하게 돼 있지만 부하가 급증한 경우에는 관리 화면에서 취득하는 간격을 지정할 수 있게 돼 있다(그림 25-7).

그림 25-7에서는 설정값이 0이므로 로그인할 때 API 서버에서 아바타 정보를 취득한다. 만약 이 설정값을 3600000으로 설정하면 1시간(3,600,000밀리초) 이상 간격이 벌어지지 않는 한 다시 로그인해도 아바타 정보를 취득하지 않는다.

이처럼 일반적으로 소스 코드에 상수로 설정하거나 설정 파일에 정보를 작성하는 곳도 성능에 영향을 미칠 것 같은 경우에는 관리 화면에서 설정을 변경할 수 있게 하고 있다.

그림 25-7 로그인 시의 정보 취득 간격을 설정

▣ 롤백하지 않는 이유

여러분 중에는 「카피스트라노와 같은 배포 도구의 기능을 사용해 하나 이전 버전으로 롤백하는 방법이 일반적이지 않나요?」라고 생각하는 분들도 있을지 모른다. 하지만 피그라이프에서는 다음과 같은 의도가 있어 설정값의 변경으로 기능을 분리하는 방법을 택하고 있다.

- 한번 릴리즈에 다른 기능 수정이나 버그 수정이 많이 포함돼 있으므로 롤백에도 리스크가 있다. 특히 기능 업데이트가 현재 데이터베이스의 구조를 변경하는 경우 롤백하게 된다면 다른 문제가 발생할 가능성이 있다. 롤백하여 정상적으로 동작하게 하는 것도 불가능하지는 않지만, 작업량이 증가하기 때문에 어렵다.
- 등록 사용자 수가 700만 명에 이르는 대규모 서비스이므로 실전 환경의 결함을 테스트 환경에서 재현하는 것이 어려운 경우가 있다. 롤백했기 때문에 반대로 결함을 추적할 수 없게 될 가능성도 고려해야 한다.

요약

이번 장에서는 응용프로그램 관점에서 유지보수 프리를 실현하는 방법을 살펴봤다. 앞으로 독자 여러분이 응용프로그램을 개발할 때 참고가 됐으면 한다.

도메인 분리로 보는 아메바의 유지보수   마쯔우라 하야토 ㈜사이버에이전트   Column

필자의 회사 서비스 중에도 비교적 역사가 긴(아메바 블로그나 그루포 등) 것은 갱신을 받는 도메인과 참조를 받는 도메인을 나누어 두었다. 각 도메인만을 Sorry 서버를 바라보게 하여 부분 유지보수가 가능하므로 당사는 기능별로 도메인을 나누는 경우가 많았다.

하지만 소셜 게임과 같이 구성이 복잡하고 참조와 갱신을 명확하게 구분할 수 없는 서비스가 많아져서 최근에는 도메인을 나눌 수 없게 됐다. SEO적(Search Engine Optimization, 검색엔진 최적화) 관점에서 같은 서비스에 도메인이 다른 것은 바람직하지 않다는 이유도 있다.

최근 당사에서 사용하고 있는 API의 응답에 이상이 있는(응답 속도나 에러 비율로부터 판단) 경우는 그 API에 의존하는 기능을 자동으로 사용하지 못하게 하거나 관리 화면에서 서비스 전체에 있는 개별 기능을 유지보수 상태로 바꿀 수 있게 만들어 두는 것이 일반적이 됐다.

26

걸 프랜드(가칭)와
아메바 피그의 사례

현장에서 어떻게 실현하고 어떻게 장애를 극복하는가

㈜사이버에이전트, 후쿠나가 와타루
㈜사이버에이전트, 스기야마 요시노리

이번 장에서는 실제 유지보수를 어떻게 하는지 「걸 프랜드(가칭)」와 「아메바 피그」의 사례를 바탕으로 설명한다.

걸 프랜드(가칭)의 경우

걸 프랜드(가칭)[1](이하 GF)는 당사 인터넷 서비스 커뮤니티&게임 「아메바」가 운영하는 스마트폰 소셜 게임이다(그림 26-1). 「귀로 듣는 학원 연예 게임」이라는 캐치프레이즈로, 유명한 성우의 음성이 들어 있는 카드가 특징적이다.

회원 수는 540만 명을 돌파해 스마트폰 단말 중 아메바 전체의 40% 정도의 매출을 자랑하는 당사의 대표적인 게임의 하나다.

독자 여러분도 성우를 좋아하시는 분이나 듣는 애니메이션을 좋아하는 분은 꼭 해보자. 참고로 필자는 그림 26-1 중앙에 모치즈키 엘라나(사진부)를 좋아한다.

---

1 http://vcard.ameba.jp/

그림 26-1　걸 프랜드(가칭) 이미지

계획 유지보수

GF는 표준적인 웹 응용프로그램이다. 따라서 대부분의 새로운 기능이나 이벤트의 릴리즈를 무정지 유지보수로 할 수 있다.

사용자 공지

큰 기능의 수정이나 이벤트의 릴리즈를 할 때는 사전에 사용자에게 공지한다. 이벤트는 배너를 내고 대대적으로 알리고, 일부 기능의 수정은 "사용자에게 알림"과 같은 형식의 텍스트로 공지를 내는 경우가 많다.

절차의 작성

GF에서는 그림 26-2와 같은 절차로 유지보수를 시행하고 있다. 일반적인 릴리즈는 각 절차를 플로우화 해 실수가 없도록 하고 있다. 플로우화 하는 데 있어 매우 중요한 깃과 젠킨스의 사용법을 소개한다.

그림 26-2 GF의 유지보수 절차

▣ 깃

깃에서는 소스 코드의 관리를 깃헙 엔터프라이즈에서 한다. 동시에 10개 정도 개발이 진행되고 있으므로 소스 코드의 관리를 원만하게 진행하는 것이 문제없는 릴리즈로 이어지고, 유지보수 비용의 감소로 이어진다고 생각한다. 그래서 깃 운용을 git-flow[2] 에 깃헙 플로우[3]를 섞은 형태의 독자적인 플로우를 도입해 개발하고 있다.

그림 26-3과 같이 기본적으로는 git-flow이지만 develop 브랜치에 병합하는 시점에 풀 리퀘스트를 보내는 플로우로 하여 반드시 코드 리뷰를 포함하는 흐름으로 돼 있다. 코드 리뷰를 통해 품질을 향상시키고 장애 발생 비율을 낮춰 긴급 유지보수의 필요성을 줄일 수 있다. 또한, master 브랜치에 항상 릴리즈되는 코드가 있으므로 긴급 릴리즈도 hotfix 브랜치를 master 브랜치에서 작성하고 만들고 쉽게 수정, 릴리즈할 수 있는 것이 장점이다.

2　http://nvie.com/posts/a-successful-git-branching-model/

3　http://scottchacon.com/2011/08/31/github-flow.html

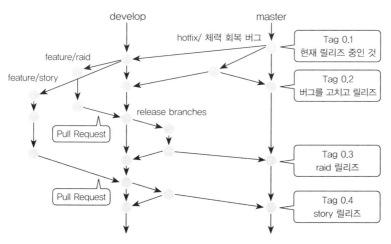

그림 26-3 GF의 git-flow

▣ 젠킨스

젠킨스라고 하면 지속적 통합 등이 유명하지만, 이번에는 릴리즈 쪽만 소개하겠다[4].

당사는 아메바에서 개발하고 있는 게임에 공용 젠킨스를 사용하고 있다. 대체로 10~20개 정도의 게임 개발이 동시에 젠킨스상에서 이뤄지고 있다.

젠킨스는 현재 7대의 서버로 클러스터링 돼 있고 동시에 여러 팀이 테스트나 빌드를 수행하고 있다. 공용 젠킨스를 사용하므로 각 팀의 지식을 축적하고 관리 비용을 절감하는 것이 목적이다.

젠킨스에서의 릴리즈는 빌드 파이프라인(Build Pipeline) 플러그인을 사용하고 있다. 빌드 파이프라인 플러그인이란 빌드를 여러 작업으로 나누고 업 스트림과 다운 스트림의 의존 관계를 정의하기 위한 플러그인이다. 다운 스트림의 작업은 자동 혹은 수동으로 실행 트리거를 동작시켜 작업 체인이 실행된다. 이 작업 체인을 하나의 화면에서 확인할 수 있으며 현재 상태를 한눈에 확인할 수 있는 것이 장점이다(그림 26-4).

GF는 준 실전환경에서의 테스트부터 자바스크립트나 CSS의 압축화나 콘텐츠 서버로 배포, 응용프로그램 서버로 배포 등을 빌드 파이프라인으로 플로우화해 관리하고 있다. 이처럼 플로우화해 확실하게 절차를 틀리지 않고 빠르게 수행할 수 있기 때문에 무정지로 릴리즈를 실현할 수 있다.

4　젠킨스에 대한 지세한 내용은 아래 기사와 서적을 참고하자.

- 『개발 툴 철저공략』(WEB+DB PRESS plus 시리즈) 특집3 「구현 Jenkins」, 가와구치 코우스케 감수／사토 키요노리 감수 · 지음／와다, 2013년

- 『Jenkins 구축 입문』 다카히사, 카와무라 마사토, 요네자와 히로키, 야마키시 케이 지음 기술평론사, 2011년

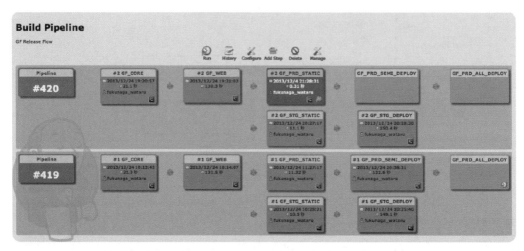

그림 26-4 걸 프랜드(가칭)의 빌드 파이프라인

사전 테스트

응용프로그램의 개발부터 릴리즈까지는 여러 테스트 공정이 있지만 릴리즈 직전에 수행되는 테스트에 초점을 맞춰 소개한다.

▣ 가상 머신

GF에는 많은 기능이 날짜 변경 트리거로 개방되는 구조를 도입하고 있다. 이 때문에 실행 환경의 날짜를 조작하며 통합 테스트를 수행하는 경우가 대부분이다. GF는 자바 응용프로그램이므로 개인 맥이나 윈도와 같은 단말로 개발을 하는데, 직접 시간을 바꿔버리면 이메일이나 스카이프와 같은 채팅 시스템이 오작동을 일으키는 등 여러 가지로 불편하다. 그래서 베이그런트(Vagrant)를 사용한 개발을 도입하고 있다. 베이그런트는 로컬 머신에 가상 환경을 간단하게 구성할 수 있는 도구다.

가상 머신이므로 날짜를 로컬 머신과 다르게 설정하는 것도 가능하다. 로컬의 소스 코드를 사용해 가상 머신을 테스트하고 싶은 날짜로 변경해가며 개발을 진행하고 있다.

▣ 실전과 같은 환경

다음으로 실전 환경과 같은 시스템 구성을 가진 서버에서 같은 결함 테스트를 한다. 여기서는 앞서 설명한 것처럼 git-flow라고 하는 release 브랜치의 코드가 배포된다.

▣ 준 실전환경

충분한 확인을 했다면 준 실전환경을 사용해 최종 테스트를 한다. 준 실전환경은 로드 밸런서에 투입되지 않는 응용프로그램 서버에서 데이터베이스 등은 실전과 같은 것을 사용한다. 그러므로 이 시점에서 날짜를 변경하는 테스트는 할 수 없다.

이처럼 결함 테스트의 공정을 거쳐 릴리즈에 이른다.

원상 복귀의 여부

여기까지 테스트했음에도 불행하게 문제가 발견돼 응용프로그램을 릴리즈 전의 상태로 되돌려야 하는 경우도 가끔은 있다. 이 경우 위에서 말한 git-flow에 의해 만들어지는 릴리즈 태그를 사용해 원상 복귀를 할 수 있는 상태가 된다.

전체 정지 유지보수

GF는 전체 정지 유지보수를 드물게 실행하고 있다. 데이터베이스의 버전업이나 하드웨어의 교체라든지 인증과 같은 기반 부분의 큰 사양을 변경할 때만 전체 정지 유지보수를 한다. 하지만 지금까지 소개한 방법을 이용해 횟수는 최소한으로 억제하고 있다.

긴급 유지보수

GF도 다른 서비스와 마찬가지로 긴급 유지보수를 몇 번 실시했다(아니 몇 번씩이나 가 맞을지도 모른다). 그때의 사례를 참고하자.

논리적 장애

실제로 실시한 긴급 유지보수로 복제 지연이 발생한 적이 있다.

실시간성이 강한 이벤트를 실시할 때 부하가 높아져서 30초 이상 복제 지연이 발생했다. 이 타이밍이 이벤트 종료 전후였기 때문에 이벤트 보상수령 기능에 복제 지연이 발생해 일부 사용자에게 대량의 보상이 부여되는 장애가 발생했다.

복제 지연에 의한 영향은 보상 외에도 다양한 영향이 있지만 GF와 같은 소셜 게임에서는 보상으로 부여되는 카드는 매우 희소가치가 높다. 실수로 대량으로 부여돼 게임의 균형이 무너져 버리므로 큰 문제가 된다.

긴급 유지보수는 사용자의 접근을 모두 유지보수 페이지로 보내는 것이므로 유지보수를 시작하면 일단 피해의 확대는 멈춘다. 하지만 이대로 서비스를 계속하면 사용자 사이의 불균형이 발생하므로 즉시 긴급 유지보수 시행을 결정하고 복구했다.

절차의 계획과 실행

우선 버그의 원인을 규명해야 한다. 복제 지연에 의한 장애가 발생한 것은 알고 있지만, 자세한 원인을 찾지 않으면 어떤 현상이 발생했는지 파악할 수 없다. 코드 레벨에서 원인 규명을 한다. 에러 로그 등을 바탕으로 원인이 발생한 곳을 확인하고 어떤 현상이 발생했는지 분석하고, 수정 방법 검토 등을 실시한다.

분석한 결과에서 서버 상태를 장애 발생 이전이나 장애가 발생하지 않았던 때의 정상 상태로 복구하는 방법을 생각한다. 이번 장애의 경우 모든 사용자의 데이터를 보상이 정상적으로 부여된 상태로 복구한다. 이때 단지 복구만 하는 것이 아니고 장애 발생 중에 수행된 사용자의 행동이 사라지게 된다. 이 부분은 어떤 형태로든 보상한다. 보상에 대해서는 나중에 설명한다.

원인이 되는 부분을 수정한 후 영향 범위를 전부 포함하는 테스트를 해 신속하게 응용프로그램에 릴리즈한다. 유지보수 중이기 때문에 부하 분산 등을 고려하지 않아도 되므로 평소보다 원활하게 진행할 수 있다. 긴급 대응 중이어서 당황하기 쉽지만, 테스트 항목 문서를 작성해 같은 문제가 발생하지 않도록 평소보다 주의해야 한다.

릴리즈가 완료되는 즉시 최소한 사용자가 게임을 즐길 수 있는 상태가 되므로 긴급 유지보수는 종료된다. 나머지 작업은 긴급 유지보수 종료 후에 실시한다.

사후 처리

이번 같은 경우는 복제 지연에 대한 처리가 되어 있지 않은 코드가 직접적인 원인이었지만 근본적으로는 복제 지연 자체가 이벤트 종료 시점에 부하가 생겨도 발생하지 않는 상태가 이상적일 것이다. 이 상태를 만드는 것이 근본적인 해결책이 된다.

검증한 결과 갱신 빈도가 높은 테이블 몇 개를 다른 서버에 이동시켜서 갱신 부하가 분산되게 할 수 있다는 결론에 이르렀고 마스터 데이터베이스를 나누는 방법을 선택했다. 그 결과 이후 같은 방식의 이벤트에서는 복제 지연이 발생하지 않게 됐다.

사용자에게 보상

사용자에게 불이익이 발생한 경우 아이템이나 카드 등을 보상하는 경우도 있다. 보상하는 아이템의 양은 사용자가 입은 불이익을 바탕으로 프로듀서가 결정하지만, 검토에 필요한 장애 발생 시간 동안 아이템 소비량이나 과금 액수 등의 데이터 추출은 엔지니어가 수행한다. 추출한 데이터를 바탕으로 사용자별로 보상을 실시한다.

응용프로그램의 행동 로그나 데이터를 분석해 적절한 보상을 하지만 당사 게임 부문에서는 독자적인 도구를 도입해 분석하고 있다. 행동 로그를 Flume를 사용해 읽어 들여서 몽고DB에 저장하고 이 데이터를 GUI에서 검색할 수 있는 도구다(그림 26-5). 이 도구를 사용해 각 사용자에게 어느 수준의 보상을 하는 것이 적절한지 계산하고 아이템 등을 부여한다.

보상의 부여는 게임 독자적인 관리 도구에서 가능하게 돼 있다. 부여 대상의 아이템을 설정하면 사용자에게 통지와 동시에 아이템이 부여되는 구조다. 이와 같은 도구는 상당히 이용 빈도가 높으므로 구축해 둔다면 편리할 것이다. 한번에 대량의 사용자 데이터를 변경하므로 데이터베이스의 부하가 높아지지 않게 설계하는 것이 중요하다.

그림 26-5 독자적인 도구 「crosstrack」의 화면

유지보수 프리를 위한 노력

지금까지 꼽았던 예 외에도 GF에서는 유지보수 프리를 실현하기 위해서 다양한 노력을 하고 있다.

인프라 설계

GF의 시스템 구성은 그림 26-6과 같다.

자바 응용프로그램이므로 응용프로그램 서버는 톰캣과 아파치를 함께 사용하고 있다. 또한, 캐시 장비로 memcached를 사용하고 있다. 데이터베이스는 MySQL이다. 특징적인 점은 MySQL에 MHA를 채용하고 있는 것과 데이터베이스 서버에 ioDrive를 사용하고 있다는 점이다.

또한, 데이터베이스 구성에 대해서는 마스터를 분할한 구성으로 돼 있다. 앞에서 설명한 것처럼 복제 지연 등의 장애를 통해서 분리할 수 있는 것은 점점 분할해 운영하자는 방침을 기준으로 하고 있다. 이 상적으로는 슬레이브를 서비스에서는 사용하지 않게 하여 복제 지연을 완전하게 없애는 거라고 생각하지만 즉시 전환할 수는 없으므로 서서히 구성을 변경하고 있는 단계다.

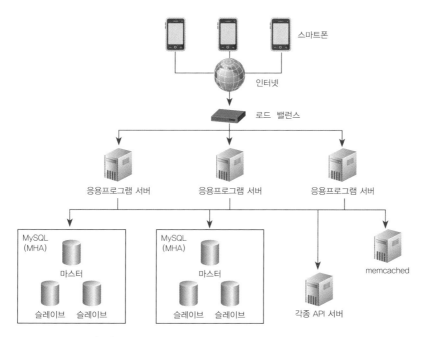

그림 26-6 걸 프랜드(가칭)의 구성

스키마 변경 대응

GF는 이벤트 횟수마다 테이블을 분할하고 있어서 스키마의 변경이 비교적 쉽게 실시할 수 있는 구조로 돼 있다. 구체적으로는 코드 26-1과 같은 DDL(Data Definition Language)로 테이블을 준비한다.

이 DDL을 사용해 이벤트 시작 전에 다음과 같이 SQL에서 이번에 사용하기 위한 테이블을 만든다.

```
CREATE TABLE `event_user_1` LIKE `event_user`;
```

기준이 되는 테이블에는 실제 레코드는 들어있지 않기 때문에 언제든지 스키마 변경이 가능하다. 대량의 데이터가 들어있는 테이블의 스키마 변경을 온라인 중에 실시하는 것은 위험하므로 유지보수를 통해 서비스를 정지하고 시행하는 경우가 많지만 이와 같은 작은 노력이 유지보수를 줄일 수 있다.

▼ 코드 26-1 테이블 준비

```
CREATE TABLE `event_user` (
  `user_id` bigint(20) unsigned NOT NULL COMMENT '사용자 ID',
  `point` bigint(20) unsigned DEFAULT '0' COMMENT '총 포인트 ',
  `login_datetime` datetime DEFAULT NULL COMMENT '로그인 일시',
  `upd_datetime` datetime NOT NULL COMMENT '변경일시',
  PRIMARY KEY (`user_id`)
) ENGINE=InnoDB DEFAULT CHARSET=utf8 COMMENT='사용자 정보'
```

데이터 삭제

거대해진 데이터의 삭제는 배치 프로그램을 짜서 수행하고 있다. 다음과 같은 SQL로 데이터의 삭제를 실행하면 데이터베이스에 굉장히 높은 부하가 발생하게 된다.

```
DELETE FROM user_card WHERE status=999;
```

따라서 대상 레코드의 기본키를 추출해 1건씩 삭제하는 배치를 사용한다.

다만 MySQL의 경우 데이터를 DELETE 한 것만으로는 디스크 사용 공간이 줄어들지 않는다. 그러므로 정기적으로 pt-online-schema-change 명령 등을 사용해 해당 테이블에 대한 ALTER TABLE 명령을 실행해야 한다. pt-online-schema-change 명령 덕분에 이러한 작업들을 유지보수 없이 수행할 수 있게 됐다.

장애 감지

GF의 장애 감지에서 특징적인 부분은 New Relic을 사용하는 것이다. New Relic은 성능 감시 도구에서 응용프로그램의 다양한 응답 시간을 그래프로 보여주는 도구다.

이 도구를 사용해 릴리즈되는 응용프로그램의 병목 부분을 빠르게 감지하여 부하 증가에 의한 장애를 미리 방지하거나 사용자가 더 쾌적하게 사용할 수 있게 응용프로그램을 수정하는 데 도움이 된다(그림 26-7).

그림 26-7 걸 프랜드(가칭)의 New Relic

릴리스

GF는 일반적인 웹 응용프로그램 구성을 취하고 있어서 일반적인 릴리스는 로드 밸런서 분리를 이용한 롤링 유지보수로 릴리스를 수행하고 있다. 이 작업은 전부 젠킨스에서 실시할 수 있게 돼 있다.

아메바 피그의 경우

여기에서는 아메바 피그의 사례를 GF와는 다른 부분에 초점을 맞추고 설명한다.

개요

아메바 피그는 회원 수 1,600만 명의 아바타 서비스로 이를 기반으로 한 PC용 소셜 게임 「피그게임」이 2014년 9월 현재 4개 출시돼 있다.

각 피그라이프(자신의 정원을 만든다), 피그아일랜드(자신의 섬을 만든다), 피그카페(자신의 카페를 만든다), 피그월드(자신의 마을을 만든다)와 같이 테마가 다르므로 별도의 게임이지만 사용하는 아키텍처는 공통이다.

시스템 구성

피그게임의 시스템 구성은 그림 26-8과 같다.

브라우저상의 플래시 플레이어에서 동작하고 응용프로그램 서버와 웹 소켓에 의해 상호 작용한다. 응용프로그램 서버는 빠르고 가벼운 Node.js(이하, 노드)를 채용해 직접 제작한 클러스터 모듈(뒤에서 설명)을 사용하여 대량의 동시 접속, 사용자 간 통신 처리를 실현하고 있다.

데이터베이스는 고성능의 복제 기능, 샤딩 기능을 겸비한 몽고DB를 채용하고 있다. 3대 1세트로 레플리카 세트를 구성하고 있으므로 서버 대수가 많지만, 고가용성의 이중화로 구성돼 있다. 그 외의 특징으로는 유연한 데이터 구성을 가진 스키마 없는 데이터베이스라는 측면에 있다. 필드를 추가하거나 삭제를 수행할 경우 기존의 RDB라면 서비스를 중지하지 않으면 안 되는 경우[5]도 대부분의 경우 응용프로그램의 변경만으로 대응할 수 있다.

여기서는 피그게임의 운영을 실례로 들어 설명한다.

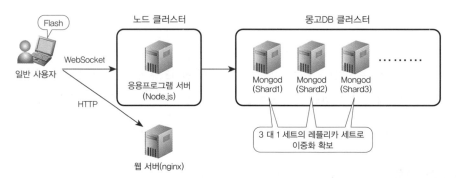

그림 26-8 피그게임의 시스템 구성도

계획 유지보수

피그게임은 매주 1회 릴리즈를 실시하고 있다. 응용프로그램의 빌드, 배포, 서버의 기동, 정지, 로드밸런서의 전환 등의 릴리즈와 관련된 작업은 모두 젠킨스에 등록해 절차를 간소화하여 운영 부하를 낮추고 있다.

---

5 앞에서 설명한 온라인 스키마 변경의 예를 제외한다.

응용프로그램의 릴리즈

응용프로그램 릴리즈의 흐름은 그림 26-9와 같다.

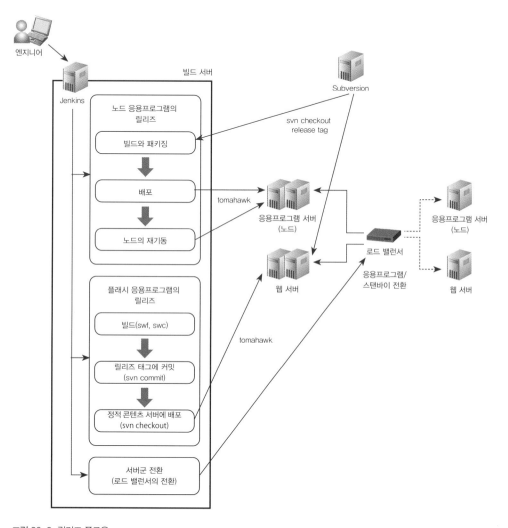

그림 26-9 릴리즈 플로우

▣ 버전 관리

피그게임에서는 현재 소스 코드, swf, 이미지 파일 전부를 서브버전(Subversion)에서 버전 관리하고 있다.

노드 응용프로그램은 필요한 파일만(자바스크립트 파일, Jade파일[6], 설정 파일 등) 아카이브하여 각 서버에 배포한 후에 확장한다.

플래시는 메이븐과 flex-mojos[7]을 조합해 swf, swc[8]를 빌드한다. 빌드된 각 모듈은 서브버전 저장소의 릴리즈 태그에 커밋되고 정적 콘텐츠 배포 서버의 각 로컬에 체크아웃을 실행해 릴리즈를 반영한다.

▣ 여러 대의 서버에서 명령을 쉽게 실행

지금까지 소개한 여러 서버에 대해서 동시에 운영을 수행하는 작업은 tomahawk[9]라는 도구를 사용한다.

Tomahawk는 파이썬으로 만들어진 간단한 SSH 래퍼로 지정한 여러 대의 서버에 일괄로 명령을 보내실행할 수 있다. Tomahawk 명령을 실행하는 서버(이번은 젠킨스가 기동돼 있는 서버)에 파이썬이 들어있으면 사용할 수 있으므로 도입 비용이 별로 들지 않는다.

▣ 서버군 전환을 이용한 릴리즈

메모리상에 있는 마스터 데이터의 갱신을 실행하고 릴리즈에 대한 동작 확인이 됐다면 클러스터의 액티브와 스탠바이의 전환을 한다. 이는 앞장에서 소개한 2개의 서버군 클러스터를 준비하고 로드 밸런서의 레이어에서 적절하게 전환을 하는 방법이다. 이를 통해 서비스 중단 시간을 제로에 가깝게 할 수 있다.

미들웨어 버전업을 이용한 유지보수

응응 프로그램 릴리즈 이외에도 노드나 몽고DB의 버전업 등의 작업이 필요한 경우도 있다. 노드의 버전업에 대해서는 앞에서 설명한 서버군 전환으로 릴리즈를 적용할 수 있기 때문에 거의 중단 없이 실행할 수 있지만 몽고DB의 버전업이나 데이터의 컴팩션, 샤드의 변경이 필요할 때는 서비스 정지가 필요한 경우도 있다.

---

6 노드용 템플릿 엔진이다.
   http://jade-lang.com/

7 http://code.google.com/p/flex-mojos/

8 플래시 라이브러리 등의 구성요소 파일이다.

9 https://github.com/oinume/tomahawk

긴급 유지보수

응용프로그램의 구현 실수나 가끔 발생하는 OSS의 버그 등으로 인해 서비스를 중단해야 하는 경우가 있다. 실제로 있었던 사례를 예로 설명한다.

몽고DB 1.8 버전에 의한 장애

▣ Global Write Lock에 의한 성능 저하

몽고DB 1.8 버전의 특징 중에 하나가 데이터 갱신 처리 시 인스턴스 전체에 잠금이[10] 걸리게 된다. 이로 인해서 사용자가 늘어날수록 데이터도 늘어나고 갱신 처리에 시간이 걸리게 됐다. 또한, 갱신 빈도가 많은 컬렉션이 샤드에 있으면 해당 샤드 전체의 성능이 서서히 저하돼 서비스에 영향을 미치게 됐던 사례가 있었다.

1차 대응으로 해당 컬렉션에 갱신빈도가 낮아지게 구현했다. 하지만 해결하지 못하고 결국 해당 컬렉션을 다른 샤드 그룹으로 나누어 Global Write Lock의 영향이 전체에 미치지 않도록 변경함으로써 해결했다.

▣ 몽고스의 버그

엑세스 피크 시간대에 몽고스(mongos)[11]에서 mongoc[12]로 재시도가 반복되어 mongoc의 부하가 높아진 현상을 발견한 경우가 있었다. 현상 발생 시 잠정 대응으로 문제가 발생한 몽고스를 자동으로 재시작되게 해 문제를 해결했다.

이 현상은 이미 Fix 된 문제임을 JIRA[13]로 확인해 판명됐기 때문에 2.0대으로 버전업하여 수정했다.

---

10 버전 2.2에서 데이터베이스 단위의 잠금으로 수정됐다.

11 여러 개의 mongod 프로세스를 1개의 데이터베이스 클러스터로 하기 위한 라우팅 프로세스다.
http://docs.mongodb.org/manual/reference/program/mongos/

12 샤딩 정보를 가진 설정 서버 프로세스다.
http://docs.mongodb.org/manual/core/sharded-cluster-config-servers/

13 버그 추적이나 과제 관리, 프로젝트 관리에 사용되는 웹 기반 소프트웨어다.
https://www.atlassian.com/ja/software/jira

유지보수 프리를 위한 노력

시스템 구성

응용프로그램 서버(노드)는 40대 전후로 구성되어 각 서버에 11 ~ 15개[14]의 프로세스가 실행되고 있다. 코어 수에 따라서 여러 개의 프로세스를 가동함으로써 단일 스레드, 싱글 코어로 동작하는 노드의 성능을 최대한 활용한다.

정적 콘텐츠(swf나 이미지 등과 같은 파일) 배포에는 엔진엑스를 사용하고 있다. 또한, CDN(Contents Delivery Network)을 활용해 엔진엑스로의 트래픽은 거의 없다.

몽고DB의 샤딩에 대해서는 몽고DB 자체의 기능과 함께 앞에서 이야기한 Global Write Lock의 사례를 경험 삼아 여러 클러스터 그룹을 구축해 컬렉션을 수직 분산하여 Global Write Lock을 줄이고 있다.

▣ 컨시스턴트 해시를 이용한 클러스터링

응용프로그램 서버의 클러스터링은 표준 cluster 모듈[15]과 다르게 컨시스턴트 해시[16]를 사용해 구현한다. 컨시스턴트 해시는 접속하는 프로세스를 효율적으로 분산하는 프락시 역할과 사용자 사이를 연결하는 동기 처리를 담당하고 프로세스가 다운됐을 때 사용자의 영향을 최소화한다. 클라이언트로부터의 엑세스는 로드 밸런스에 의해 1차 연결 노드 프로세스에 배분되어 컨시스턴트 해시에 의해 노드 클러스터 내의 2차 접속 대상으로 선택돼 TCP 통신을 시작한다.

사용자 간의 채팅이 가능한 단위를 「지역」이라고 부르고 같은 지역에서 다른 프로세스에 접속하고 있는 사용자와 동기화를 필요로 하는 행동(채팅 등)에 대해서는 프로세스 간 TCP 통신을 통해 2차 접속 대상의 노드 프로세스가 담당한다(그림 26-10).

또한, 각 노드 프로세스는 몽고DB에 동작 정보를 읽기/쓰기 하여 클러스터 관리(동작감시)를 실현하고 있다(그림 26-11).

---

14 게임에 따라서 다르다.

15 http://nodejs.org/api/cluster.html

16 http://en.wikipedia.org/wiki/Consistent_hashing

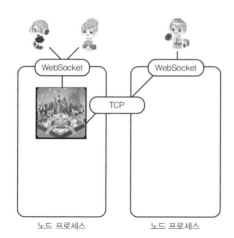

그림 26-10 노드 클러스터와 지역 그림

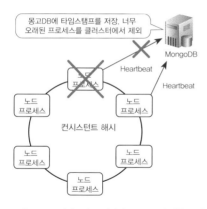

그림 26-11 컨시스턴트 해시와 몽고DB에 의한 동작 감시

장애 감지

서비스를 멈추지 않기 위해서는 트래픽이나 시스템의 상태를 지속해서 파악하고 리소스 부족에 의한 장애를 미리 방지해 시스템의 이상을 조기에 발견하는 구조가 필요하다.

Munin은 서버의 다양한 정보를 감시하고 그래프화 하여 모니터링하기 위한 도구다. 노드 서버, 정적 서버(엔진엑스), 몽고DB 클러스터 등의 모든 리소스 상태를 한눈에 표시할 수 있기 때문에 부하의 경감 상태를 보고 용량 계획을 세운다.

Mon은 노드나 몽고DB의 프로세스를 감시하고 시스템의 이상을 감지하면 설정된 명령을 실행하는 등 장애 발생을 조기에 감지하기 위한 응용프로그램이다. 노드 응용프로그램 모니터를 구축하고 그 포트를 통해 요청에 응답하지 않는 프로세스를 자동으로 정지시키고 프로세스 수가 임계값 이하가 됐을 때 경고 메일을 보내는 등의 설정이 돼 있다. 2개 서버군의 클러스터를 각각 감시하기 위해 mon도 2대의 서버군을 준비하여 적절하게 전환해야 한다.

요약

GF와 아메바피그의 유지보수를 소개했지만, 두 서비스 모두 완전 유지보수 프리의 상태가 아니라는 것을 알게 됐을 거로 생각한다. 웹 서비스의 이상적인 형태는 24시간 365일 계속해서 서비스되는 것이다. 이를 실현하기 위한 방법은 많이 있다. 하지만 서비스 운영을 해보면 스케줄이나 리소스 등 다양한 장애가 있어서 실현하기 어려운 경우도 많다.

우리 엔지니어는 현실에 만족하지 않고 날마다 이상을 향해 시행착오를 겪으면서 조금씩 가동률을 높여나가는 것이야말로 사명이 아닐까? 이 책이 조금이나마 그 힌트가 되었으면 한다.

도커를 이용한
경량 가상 환경

리눅스 컨테이너로 인프라를
순식간에 구축하기

KAIZEN platform Inc. 이토 나오야

이번 장에서는 컨테이너형 가상화 소프트웨어인 도커(Docker)[1]에 대해서 설명한다(그림 27-1). 도커를 사용하면 리눅스 컨테이너를 사용한 경량 가상화 환경을 간단하게 프로그래밍 방식으로 관리하고 활용할 수 있다. 도커는 최근 클라우드나 DevOps 업계에서 가장 주목받는 소프트웨어다.

또한, 이 장의 예제 코드는 이 책의 서포트 사이트[2]에서 받을 수 있다.

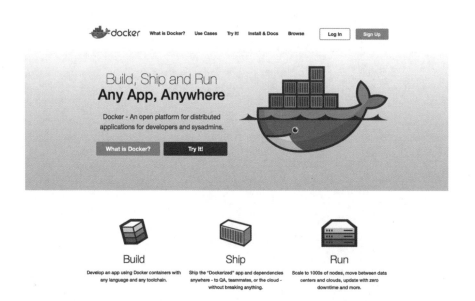

그림 27-1 도커

---

1   http://www.docker.io/

2   http://gihyo.jp/book/2014/978-4-7741-6768-8/support

도커란

서버 가상화

최근에는 가상화 기술을 당연한 것처럼 이용하게 됐다. 예를 들어 버추얼박스와 같은 가상화 소프트웨어에 VM(Virtual Machine, 가상 머신)을 준비하고 그 위에 리눅스를 설치해 개발 환경으로 사용하고 있는 사람도 많을 것이다. 또한, 아마존 EC2와 같은 클라우드 서비스를 이용해 물리 서버 자체가 아니라 가상화된 VM을 통해 서버 자원을 확보하는 방법도 일반적이게 됐다.

이러한 용도로 사용되고 있는 가상화 방식은 오해 없도록 말하면 OS를 기동하는 데 필요한 것들을 하드웨어 레벨까지 통째로 소프트웨어로 에뮬레이션함으로써 가상화를 실현하는 것이다. 예를 들어 가상화 소프트웨어인 버추얼박스에 VM을 올리면 가상 하드웨어의 준비가 시작되고 그 후에 OS가 부팅돼 로그인할 수 있게 된다.

하드웨어 레벨까지 가상화하는 방식, 이른바 완전 가상화는 물리 환경과 거의 다르지 않은 환경을 사용자에게 제공할 수 있다는 점에서 알기 쉽기도 하지만 VM을 새로 올릴 때 하드웨어 에뮬레이션과 OS 부팅이 필요한 만큼의 시간이 필요하다.

컨테이너형 가상화와 LXC

한편 컨테이너형이라고 불리는 가상화 방식은 하드웨어 레벨의 가상화는 하지 않고 커널의 기능으로 여러 사용자 공간을 만들어 사용자 프로세스에서 보이는 자원을 나누거나 분리해 가상 환경을 제공하는 또 다른 방식이다.

예를 들어 PaaS(Platform as a Service)의 헤로쿠(Heroku)나 Test as a Service의 Travis CI 등의 플랫폼에서는 응용프로그램을 git push 할 때마다 클라우드 쪽에 새로운 환경이 올라가고 그곳에 루비 응용프로그램을 돌려 테스트하거나 한다. 불특정 다수의 사용자가 응용프로그램을 사용하는 플랫폼이므로 각 사용자 환경이 사용자 간에 뒤죽박죽되지 않도록 격리해야 한다. 이런 환경 분리를 위해서 컨테이너형 가상화가 사용되고 있다.

컨테이너형 가상화의 장점

컨테이너형 가상화 방식은 완전 가상화와는 다르게 새로운 가상 환경이 필요할 때 기다릴 필요 없이 즉시 생성할 수 있는 점이 특징이다[3]. 그러므로 경량 가상화 환경이라고도 한다.

LXC(Linux Containers)는 리눅스의 컨테이너형 가상화 환경에서 리눅스 커널의 기능을 사용해 구현된다.

도커

LXC는 컨테이너형의 가벼운 가상 환경을 실현하는 기술로 요즘은 호스팅이나 PaaS를 제공하는 벤더가 기반 기술을 구현하는 데 자주 사용하고 있다. 하지만 가볍게 다루기에는 진입 장벽이 높은 경우도 있어 용도가 한정적이다.

도커는 LXC와 뒤에서 설명할 AUFS(Another UnionFS)를 기초로 컨네이너형 가상화를 좀 더 간단하게 그리고 더 광범위한 용도에 사용할 수 있게 하는 미들웨어다[4].

도커의 기세

도커는 원래 dotCloud라는 PaaS 벤더가 자사의 PaaS 서비스를 제공하는 내부 관리용 소프트웨어로 개발했다. 2013년 봄에 dotCloud가 이를 오픈 소스로 공개했는데 Hacker News[5] 등을 통해서 순식간에 화제가 되어 폭발적인 기세로 보급이 시작됐다.

최근에는 구글의 IaaS(Infrastructure as a Service)인 구글 컴퓨트 엔진이나 해외에서 인기 있는 클라우드 VPS(Virtual Private Server)인 Linode가 도커를 지원하고 있으며[6] 레드햇 엔터프라이즈 리눅스의 차기 버전 7에서는 도커가 표준으로 탑재됐다. 이 모든 일이 겨우 몇 개월 동안의 일이다.

---

3 개념은 chroot나 jail과 비슷하다. chroot는 파일 시스템을 격리하는 기능이지만, 파일 시스템 외에 자원도 포함해 격리 관리를 할 수 있는 것이 컨테이너형 가상화다.

4 버전 0.9부터는 libcontainer를 이용한 추상화에 의해 LXC 이외의 컨테이너 기구에 대응하고 있다.

5 https://news.ycombinator.com/

6 구글의 발표
http://googlecloudplatform.blogspot.jp/2013/12/googlecompute-engine-is-now-generally-available.html
Linode의 발표
https://blog.linode.com/2014/01/03/docker-on-linode/

결국 dotCloud는 2013년 10월 말에 사명을 Docker Inc.로 변경하고 사실상 도커를 개발하고 지원하는 회사로 바뀌게 됐다.

도커의 기동

개요만으로는 어떤 소프트웨어인지를 떠올리기 어려울 것이므로 먼저 도커를 동작시켜보면서 기본적인 구조를 살펴보자. 어떤 용도로 사용할지는 그 후에 설명하겠다.

여기서는 OS X 사용자가 도커를 사용하는 것을 전제로 한다[7].

버추얼박스와 베이그런트 설치

OS X에서 도커를 사용하려면 boot2docker[8]를 사용하는 방법이 일반적이다. boot2docker는 OS X에 작은 리눅스를 사용하여 마치 OS X에서 도커가 움직이고 있는 것처럼 보여주는 소프트웨어다.

그러나 처음부터 boot2docker를 사용하면 도커의 구조를 파악하는 데 조금 혼란스러울 수 있으므로 여기서는 버추얼박스와 베이그런트를 사용해 Docker ready나 리눅스를 명시적으로 VM으로 기동하고 사용하는 방법을 사용하자[9].

도커를 작동하기 위한 Vagrantfile은 baseimage-docker[10]라는 프로젝트에서 관리하는 우분투 리눅스 기반의 Vagrantfile을 사용하는 게 좋다.

우선은 버추얼박스와 베이그런트를 각각 설치하자. 둘 다 공식 사이트에서 패키지를 배포하고 있으므로 내려받고 지시에 따라서 설치하면 된다.

이 책의 집필 시점(2014년 8월)에 버추얼박스는 버전4.3.14, 베이그런트는 1.6.3이 최신 버전이다. 베이그런트의 설치가 끝나면 vagrant 명령을 사용할 수 있게 된다.

```
[osx]$ vagrant -v
```

---

7 윈도 환경에서도 리눅스 VM 등을 사용해 작동시킬 수 있다.

8 http://boot2docker.io/

9 베이그런트는 버추얼박스와 같은 가상화 소프트웨어 프로그램에서 다루는 도구이다. 제1장 「셰프와 베이그런트로 인프라의 코드화」에서 자세히 설명하고 있다.

10 https://github.com/phusion/baseimage-docker

```
Vagrant 1.6.3
```

또한, 이 책에서는 소유하고 있는 OS X, OS X에서 움직이는 리눅스 VM 그리고 리눅스 VM에서 움직이는 LXC 컨테이너와 세 가지의 환경을 오가므로 혼동하지 않도록 명령줄에 [osx]$, [vm]$, [lxc]# 등 어디에서 명령을 실행하고 있는지 알기 쉽게 기재했다.

Docker Ready인 우분투 기동

적당한 작업 폴더로 이동한 뒤 baseimage-docker의 깃헙 저장소에서 Vagrantfile를 받자. vagrant up 명령을 실행하면 Vagrantfile의 내용을 읽어 들여 우분투가 기동된 후에 그 리눅스에 도커가 설치된다.

```
[osx]$ cd ~/work/docker
[osx]$ wget https://raw.githubusercontent.com/phusion/baseimage-docker/master/Vagrantfile
[osx]$ vagrant up
```

VM이 시작되면 준비 완료다. ssh로 리눅스 VM에 로그인하자. vagrant ssh 명령을 사용한다.

```
[osx]$ vagrant ssh
```

우분투에서 docker 명령을 실행할 수 있을 것이다.

```
[vm]$ docker -v
Docker version 1.2.0, build fa7b24f
```

도커 첫걸음

Hello, World!

그러면 도커가 실행되고 있는 리눅스 VM(이를 「모서버」라고 부르겠다)에서 도커를 조작해 보자.

도커 자체는 데몬으로 기동돼 있다. 이 도커 데몬에 대한 명령은 docker 명령으로 실행한다.

■ docker run

도커 데몬을 통해서 리눅스 컨테이너를 새롭게 올려 명령을 실행하려면 하위 명령인 docker run을 실행한다.

우선 Hello, World!부터 시작해보자. 다음 명령을 실행한다.

```
[vm]$ docker run ubuntu /bin/echo Hello, Docker
Unable to find image 'ubuntu' (tag: latest) locally
Pulling repository ubuntu
8dbd9e392a96: Download complete
b750fe79269d: Download complete
27cf78414709: Download complete
Hello, Docker
```

처음 실행할 때는 컨테이너의 기본이 되는 OS 이미지를 원격에서 내려받는다. 내려받기가 끝나면 「Hello, Docker」라고 화면에 표시된다.

어떻게 보면 단순하게 로컬의 기본 결과로 「Hello, Docker」라고 출력된 것처럼 보이지만 실제로는 docker run을 실행한 직후 새로운 가상 환경에서 컨테이너가 기동되고, 그 컨테이너 내부에서 echo 명령이 실행된 것이다.

docker run에서 일어날 수 있는 일

컨테이너를 올리려면 그 컨테이너의 기본이 되는 OS 이미지가 필요하다. docker run의 인수에는 이미지 이름과 실행된 컨테이너에서 실행하고 싶은 명령어를 지정한다. 여기서는 이미지 명으로 우분투, 명령으로 /bin/echo Hello, Docker를 지정했다.

이미지는 로컬에 보존된 것을 사용하고 없을 때는 도커 리포지토리(Docker Repository)"라는 OS 이미지의 집합소에서 검색해 내려받는다. 여기서는 우분투 이미지를 사용한다.

즉, docker run ubuntu /bin/echo Hello, Docker에서 다음 내용이 수행될 것이다.

❶ 도커 데몬에 컨테이너를 실행하도록 명령

---

11 https://index.docker.io/

❷ 우분투 이미지를 사용

❸ 그 우분투 이미지를 기반으로 새로 기동한 컨테이너에서 echo 명령을 실행

ubuntu를 centos로 변경하면 우분투 대신 CentOS 이미지를 기반으로 컨테이너가 올라가고 /bin/ echo 이후를 다른 명령으로 바꾸면 그 명령이 실행될 것이다. 다음은 CentOS 이미지에서 /etc/ redhat-release를 cat 하는 예다.

```
$ docker run centos cat /etc/redhat-release
CentOS Linux release 7.0.1406 (Core)
```

리눅스 컨테이너 속으로

컨테이너가 기동돼 명령어가 실행되는 것만으로 컨테이너가 무엇인지 알기는 어렵다고 생각한다. 컨테이너의 속을 엿보자.

컨테이너 터미널 제어

docker run에서 표준 입력을 허용하는 -i와 터미널을 할당해주는 -t 옵션을 사용해 실행한다. 그러면 프롬프트에 변경한 터미널의 컨테이너로 전환된다. ls, dmesg 그 외에 여러 가지 명령을 실행해보자.

```
[vm]$ docker run -i -t ubuntu /bin/bash
[lxc]root@21970e741a55:/# ps ax
  PID TTY STAT TIME COMMAND
  1    ?   S   0:00 /bin/bash
  17   ?   R+ 0:00 ps a
```

명령 실행 결과를 보면 컨테이너 내부에서 우분투가 동작하고 있다는 것을 알 수 있다. 여기에서 동작하고 있는 리눅스는 모서버에 있는 VM 상의 리눅스가 아니고 컨테이너 내부의 가상 환경에 있는 다른 리눅스다. 이 환경에서 어떠한 작업을 해도 외부에는 영향을 주지 않는다.

컨테이너 내부의 프로세스

컨테이너 내부의 OS 상태는 일반적인 리눅스와는 조금 다르다. 시험 삼아 ps ax로 프로세스 목록을 살펴보자. 일반적인 리눅스라면 다양한 데몬이나 커널 스레드가 올라와 있어야 하지만 컨테이너 내부에는 bash밖에 기동돼 있지 않다는 것을 알 수 있다.

exit 명령을 실행하면 bash가 종료되고 동시에 컨테이너도 종료된다.

컨테이너가 순식간에 생성된다

그런데 (원격에서 이미지를 가져와야 할 경우를 제외하고) docker run을 실행하면 기다리는 시간 없이 명령이 실행되는 것을 알 수 있다.

완전 가상화의 경우 새로운 가상 환경. 즉 VM을 기동하면 하드웨어 준비나 OS를 부팅할 때 대기 시간이 발생한다. vagrant up이 좋은 예다. 반면 docker run에서는 도커 데몬을 통해 가상 환경이 컨테이너로서 생성된다. 이 컨테이너는 모서버의 커널에 만들어진 격리된 사용자 공간이며 VM이 아니다. 그리고 이때 커널의 작업은 사용자 공간을 만들어내는 것뿐이므로 일반적인 프로세스 실행과 다르지 않아서 순식간에 완료된다.

이처럼 컨테이너형 가상화는 필요한 순간부터 가상 환경을 사용할 수 있다. 주문형 가상화라고 해야 할까?

실행 중인 컨테이너의 상태 확인

백그라운드에서 컨테이너를 기동

docker run에서 가상 환경을 새로 만드는 명령을 실행할 수 있는 건 알았지만, 일반적으로는 터미널을 종료하면 컨테이너도 같이 종료돼 버린다.

여기에서 데몬 모드를 활성화하는 −d 옵션을 지정하면 가상 환경에 명령을 실행한 채로 터미널을 절단할 수 있다.

시험 삼아 1초마다 Hello를 출력하는 perl 한줄코드(한줄로 작성된 프로그램 코드)에 −d를 추가해
docker run 해보자.

```
[vm]$ docker run -t -d ubuntu /usr/bin/perl -e 'while (1) {print "Hello\n"; sleep 1 }'
```

해시 문자열이 출력되고 터미널 제어는 로컬로 돌아간다. 이 해시는 컨테이너의 ID다.

컨테이너 상태를 보는 명령

이 상태에서 몇 가지 하위 명령을 사용해 실행 중인 컨테이너의 상태를 살펴보자.

▣ docker ps

현재 실행 중인 컨테이너를 보려면 docker ps를 사용한다.

```
[vm]$ docker ps
CONTAINER ID    IMAGE           COMMAND             CREATED         S T A T U S
PORTS           NAMES
964451fef6f2    ubuntu:12.04    /usr/bin/perl -ewhi    4 minutes ago    Up 4 minutes
                grave_thompson
```

조금 전에 올라간 컨테이너가 종료되지 않고 남아 있는 것을 알 수 있다.

▣ docker logs

docker logs 명령을 사용하면 실행 중인 컨테이너를 로그로 출력할 수 있다. 인수는 컨테이너 ID 또
는 docker ps에서도 출력되는 컨테이너 이름을 지정한다. 이 이름은 도커가 편의성을 위해서 자동으
로 할당한다[12].

```
[vm]$ docker logs grave_thompson
Hello
Hello
```

perl 한줄코드는 계속해서 동작하고 있어서 docker logs 명령을 볼 때마다 Hello가 계속 출력된다.

---

12 컨테이너를 시작할 때 -n 옵션으로 명시적 이름을 붙일 수 있다.

▣ docker inspect

컨테이너의 상태를 더 자세하게 보고 싶다면 docker inspect를 사용한다. JSON(JavaScript Object Notation)으로 컨테이너에 관련된 다양한 내부 정보가 출력된다. 이 정보에는 컨테이너 네트워크 IP 주소도 포함돼 있다.

```
[vm]$ docker inspect grave_thompson
```

▣ docker attach

docker attach를 사용하면 컨테이너에 연결해 터미널을 제어할 수 있다.

```
[vm]$ docker attach grave_thompson
Hello
Hello
```

Hello가 1초마다 출력되는 상태라는 걸 알 수 있다.

▣ Tips: 직전의 ID 출력

그런데 명령을 입력할 때마다 컨테이너 이름을 매번 입력하는 건 귀찮다. 다음과 같이 별칭을 만들어 두자.

```
[vm]$ alias dl='docker ps -l -q'
```

docker ps 옵션으로 직전에 실행한 컨테이너 ID를 가져오는 명령을 dl이라고 별칭을 붙여 두었다. 이를 다음과 같이 사용하면 ID와 이름을 확인하는 수고를 덜 수 있다.

```
[vm]$ docker inspect `dl`
```

컨테이너는 단순한 프로세스

도커 컨테이너가 실행 중인 상태에서 모서버 쪽에서 ps ax 명령을 실행해 보자.

```
[vm]$ ps auxw | grep perl
root 4264 0.0 0.1 17692 1684 pts/3 Ss+ 17:01 0:00 /usr/bin/perl -e while (1) { print "Hello\n";
sleep 1 }
```

조금 전의 컨테이너가 실행되고 있는 것이 보인다.

다시 설명하지만, 도커를 통해 생성되는 가상 환경, 즉 리눅스 컨테이너는 커널이 생성하는 사용자 공간이다. 즉 모서버에게는 단순한 프로세스다.

▣ docker kill

실행 중인 컨테이너를 종료하려면 docker kill 명령을 실행해 보자.

```
[vm]$ docker kill `dl`
```

docker ps에 −a를 사용하면 이미 종료된 컨테이너 목록도 볼 수 있다.

```
[vm]$ docker ps −a
```

도커 이미지

이미지 = 컨테이너의 템플릿

이미 살펴본 것처럼 docker run 명령으로 이미지가 컨테이너로 구현된다. 그리고 도커가 관리하는 이미지 목록은 docker images로 확인할 수 있다.

```
[vm]$ docker images
REPOSITORY      TAG       IMAGE ID        CREATED        VIRTUAL SIZE
ubuntu          latest    c4ff7513909d    13 days ago    225.4 MB
centos          latest    b157b77b1a65    3 weeks ago    243.7 MB
```

docker run 명령은 이미지로 컨테이너를 생성한다. 이미지는 말하자면 컨테이너의 템플릿이라고 할 수 있다. 이미지는 파일 시스템에 저장돼 있다.

이처럼 Docker가 관리하는 것은 구현되기 전의 이미지와 구현된 후의 컨테이너라는 두 가지 개념이 있다는 것을 항상 염두에 둔다면 혼란스럽지 않을 것이다.

컨테이너를 이미지로 보존

지금까지는 공식 저장소에서 내려받은 우분투 이미지를 기반으로 docker run을 했지만 다른 방법도 살펴보자.

다음과 같이 컨테이너를 bash에서 실행해 memcached를 설치한다. 그리고 컨테이너를 exit 한 후에 docker commit을 사용해 이 컨테이너를 이미지로 만든다.

```
[vm]$ docker run -i -t ubuntu /bin/bash
[lxc]# apt-get update
[lxc]# apt-get install -y memcached
[lxc]# exit
[vm]$ docker commit `dl` naoya/memcached
```

docker commit은 첫 번째 인수가 컨테이너 ID 또는 이름이고, 두 번째 인수는 이미지의 이름이다. 도커의 명명규칙에서 직접 제작한 이미지는 「사용자 이름/기능별 이름」으로 할 것을 추천하고 있으니 이에 따르도록 하자.

다시 docker images 하면 이미지가 생성된 것을 알 수 있다.

```
[vm]$ docker images naoya/memcached
REPOSITORY          TAG        IMAGE ID        CREATED            VIRTUAL SIZE
naoya/memcached     latest     79bc9759f2d5    About a minute ago  224.3 MB
```

이미지로 컨테이너를 시작

Memcached를 설치한 이미지로 docker run 하여 컨테이너에 memcached 서버를 동작하게 해보자.

```
[vm]$ docker run -p 11211 -i -t naoya/memcached /usr/bin/memcached -u memcache -vv
```

조금 전에 commit 한 이미지로 컨테이너를 만들어 memcached를 memcache 사용자 권한(-u)과 이중화 모드(-vv)로 실행한다. 또한, docker run 옵션으로 -p를 사용해 컨테이너 11211 포트를 공개한다.

컨테이너에서 네트워크 서비스 제공

다른 터미널에서 memcached에 접속해 보자. 터미널에 새로운 터미널을 실행해 vagrant ssh로 모서버에 로그인하고 docker inspect를 실행해 보자.

「NetworkSettings」에 「IPAddress」로 컨테이너의 주소가 기입돼 있을 것이다. 그 IP 주소의 11211 포트에 telnet을 한다.

```
[vm]$ telnet 172.17.0.20 11211
Trying 172.17.0.20...
Connected to 172.17.0.20.
Escape character is '^]'.
stats
```

stats 명령을 입력하면 memcached 쪽과 telnet 쪽 양방향에 메시지가 출력되어 서로 통신하고 있는지 알 수 있다.

▣ 도커의 포트 매핑

docker run에 −p로 지정한 포트는 도커가 모서버쪽 포트에 자동으로 매핑해 준다. docker port 명령어로 해당 포트를 확인할 수 있다.

```
[vm]$ docker port `dl` 11211
0.0.0.0:49153
```

컨테이너 쪽 11211 포트가 로컬의 49153에 매핑 돼 있는 것을 알 수 있다. 따라서 다음 명령으로도 memcached 서버에 연결할 수 있다.

```
[vm]$ telnet localhost 49153
```

매핑하는 포트를 명시적으로 지정하려면 docker run 실행 시 다음과 같이 포트를 지정한다.

```
[vm]$ docker run -p 49000:11211 -i -t naoya/memcached /usr/bin/memcached -u memcache -vv
```

▣ 베이그런트의 포트 포워딩

도커를 실제로 사용하려면 리눅스 VM 내의 도커 컨테이너 포트로 VM 외부(여기서는 OS X)에서 접속할 수 있어야 할 것이다. 여러 가지 방법이 있을 수 있지만, 베이그런트의 포트 포워드 기능을 활성화하는 것도 하나의 방법이다.

베이그런트에는 리눅스 VM의 포트를 로컬(OS X) 쪽 포트에 매핑하는 기능이 있다. 이 기능과 도커의 매핑 기능을 조합해「OS X의 포트」→「리눅스 VM의 포트」→「도커 컨테이너의 포트」와 같은 경로로 통신이 가능해진다.

▣ 베이그런트의 포트 포워딩을 활성화

베이그런트의 포트 포워딩을 사용하려면 Vagrantfile의 Vagrant.configure()로 시작하는 블록의 마지막 직전(마지막의 end 직전)에 다음 코드를 넣는다.

```
(49000..49900).each do |port|
config.vm.network :forwarded_port, :host => port, :guest
=> port
end
```

이제 리눅스 VM의 49000~49900 포트가 OS X 쪽의 같은 포트에 자동으로 전송되게 됐다. 이 상태로 컨테이너를 실행하면 포트 포워딩을 통해 OS X 쪽에서 memcached를 조작할 수 있다.

```
[osx]$ telnet localhost 49153
```

필요한 환경을 미리 이미지로 준비

공식 저장소에서 내려받았던 우분투나 CentOS 이미지는 최소한의 내용만 있으므로 당연히 memcached와 같은 소프트웨어는 구성돼 있지 않다. 그래서 사용하고자 하는 소프트웨어를 컨테이너에 설치하고 이를 이미지로 보존해 그 이미지를 템플릿으로 컨테이너가 실행되도록 하여 임의의 소프트웨어를 컨테이너에서 실행되게 할 수 있다. 여기서는 memcached를 예로 들었다.

일단 이미지로 만들어 놓으면 그 환경을 구현하는 것은 순식간에 가능하다. 새롭게 memcached를 사용해 무언가 해 보고 싶다면 memacached 이미지에서 컨테이너를 올리기만 하면 된다. 웹 응용프로그램이 실행되는 환경으로 루비나 루비 온 레일즈를 넣고 레일즈 이미지로 보존하고, 소프트웨어 테스트환경 세트를 넣어 테스트용 이미지로 보존하고⋯⋯다양하게 고려할 수 있다. 이런 것들이 전형적인 도커의 사용법이다.

예를 들어 「베이그런트와 도커에 시나트라를 실행」[13]에서는 루비의 시나트라로 만든 웹 응용프로그램을 실행하기 위한 도커 이미지를 구성하는 방법이 설명돼 있다.

Dockerfile

조금 전의 예는 수동으로 memcached를 넣어 이미지를 만들었지만, Dockerfile이라는 파일을 사용하면 그 절차를 스크립트로 정리해 자동화할 수 있다. 즉, Dockerfile은 도커 이미지의 구축을 수행하는 배치 파일이라고 할 수 있다.

Tips/vagrant를 사용한 파일 공유

Dockerfile은 편집기로 작성하겠지만, 리눅스 VM에서가 아니고 OS X 쪽에서 편집할 때는 베이그런트 공유 폴더 기능을 사용하면 좋다.

OS X 쪽의 Vagrantfile이 있는 폴더는 리눅스 VM 내의 /vagrant에 마운트되어 실시간으로 동기화되므로 파일 전달은 여기를 사용하자.

도커 파일의 작성법

예를 들어 memcached 이미지를 빌드하는 Dockerfile를 만든다. OS X쪽 작업 폴더에 memcached 폴더를 만들고 memcached 폴더에 Dockerfile이라는 이름으로 다음 내용을 작성한다.

```
FROM ubuntu

RUN apt-get update
RUN apt-get install -y memcached
RUN apt-get clean
```

---

13 http://deeeet.com/writing/2013/12/27/sinatra-on-docker/

```
CMD ["/usr/bin/memcached", "-vv"]
USER memcache
```

각 행이 어떤 명령인지는 명확하다. 자세하게 알고 싶은 사람은 문서[14]를 참고하자.

Dockerfile에서 이미지 빌드

Dockerfile을 바탕으로 이미지를 만들려면 docker build를 사용한다. -t로 이름을 지정하고 인수로 Dockerfile이 아닌 Dockeffile이 있는 폴더를 지정한다.

```
[vm]$ docker build -t naoya/memcached /vagrant/memcached
```

/vagrant를 통해 OS X 쪽에 생성한 폴더를 인수로 부여한다.

이제 우분투 이미지에서 naoya/memcached 이미지가 빌드된다. 생성된 이미지는 조금 전과 같이 docker run에서 사용할 수 있다. 또한, Dockerfile에서 CMD로 지정한 명령이 명령문 생략 시에 기동하는 명령이므로 docker run을 실행할 때는 다음과 같이 원래의 인수를 생략할 수 있다.

```
[vm]$ docker run -p 11211 -d naoya/memcached
```

Dockerfile의 실행 기록

Dockerfile의 어떤 부분을 고쳐서 다시 한 번 실행하면 어떤 일이 일어날까? Memcached의 -vv 옵션은 필요 없다고 치고 CMD 행에서 옵션 지정을 삭제한 후 다시 docker build를 실행해 보자.

예상해 보면 또 처음부터 이미지 빌드가 시작되고 원격에서 이미지 내려받기나 memcached 설치가 수행될 것 같지만 좋은 의미로 그 상상은 빗나갔다. CMD 행 직전까지 실행은 모두 캐시된 결과가 사용되고 빌드는 바로 끝난다.

이처럼 Dockerfile에서의 빌드는 그 실행 결과가 모두 캐시돼 있고 게다가 이 캐시는 실행 단위(명령줄)별로 수행되며 차분이 발생한 경우 도커는 그 차분 이외의 실행 결과를 최대한 재사용하도록 동작한다.

---

14 http://docs.docker.io/en/latest/use/builder/

컨테이너에서 이미지를 저장할 때 사용한 명령이 docker commit이었다라는 것에서 알아차린 사람도 있을 것이다. 도커는 이미지 상태를 버전 관리처럼 이력으로 관리하여 이 기능을 구현하고 있다.

■ AUFS

그리고 이 이미지의 이력 관리를 가능하게 하는 것이 AUFS다. AUFS는 다른 파일이나 폴더를 투과하게 겹쳐 한 개의 파일 트리에 보이게 하는 파일 시스템이다.

도커는 이미지 변경(commit)마다 한 개의 AUFS 레이어를 만들고 이를 겹쳐서 이력 관리를 구현하고 있다.

AUFS를 이용한 이력 관리는 단순히 Dockerfile 실행을 빠르게 할 뿐 아니라 최소한의 용량으로 이미지에서 다른 이미지를 계승하여 작성하는 기능, 깃처럼 이미지를 블랜칭하는 기능 등을 구현하는 데에도 필요하고 도커가 가진 큰 특징의 하나가 되고 있다.

ssh 가능한 컨테이너를 Dockerfile로 생성

다른 예제로 ssh 가능한 컨테이너 이미지를 만들어보자. Dockerfile은 다음과 같이 작성했다.

```
FROM base

RUN apt-get install -y openssh-server
RUN mkdir -p /var/run/sshd

RUN useradd -m naoya
RUN mkdir -p /home/naoya/.ssh; chown naoya /home/naoya/.
ssh; chmod 700 /home/naoya/.ssh
ADD ./authorized_keys /home/naoya/.ssh/authorized_keys
RUN chown naoya /home/naoya/.ssh/authorized_keys; chmod
600 /home/naoya/.ssh/authorized_keys

CMD ["/usr/sbin/sshd","-D"]
```

특이한 부분으로 ADD라는 명령이 있다. ADD는 로컬 파일 시스템에 있는 파일을 컨테이너에 넣기 위한 명령이다. 여기서는 ssh의 authorized_keys 파일을 컨테이너 내부에 두기 위해서 ADD 명령을 사용한다. authorized_keys 파일에는 ssh 로그인에서 사용하기 위한 공개키를 미리 출력해 두고 Dockerfile과 같은 폴더에 두자.

다음 명령으로 이미지를 빌드 한 후 컨테이너를 실행할 수 있다.

```
[vm]$ docker build -t naoya/sshd sshd
[vm]$ docker run -p 22 -d naoya/sshd
```

이제 docker port 명령으로 포트를 확인한 후 베이그런트의 포트 포워딩 기능을 사용해 OS X 쪽에서 모서버를 경유해 컨테이너에 ssh로 로그인할 수 있다.

```
[osx]$ ssh -p 49157 localhost
```

ssh 가능한 가상 환경이 순식간에 만들어졌으므로 다음과 같이 ssh를 인터페이스로 하는 각종 도구를 실행할 수 있을 것이다.

- 루비 등을 넣어 두고 카피스트라노(Capistrano)로 배포
- 셰프로 프로비저닝을 수행해 서버스펙의 테스트를 수행

도커 배포

도커의 중요한 특징으로 모서버 형태로 도커만 실행돼 있으면 그 위에 돌아가는 컨테이너 환경은 Dockerfile 하나로 재현이 가능하다. 즉 휴대할 수 있다는 점이다. Dockerfile을 배포하면 제삼자가 이를 이용해 Dockerfile이 지정하는 응용프로그램 서버를 실행할 수 있을 것이다.

▣ JIRA를 도커에서 실행

예를 들어 Atlassian의 프로젝트 관리 도구 JIRA의 Dockerfile이 https://github.com/dockeratlassian/jira에 공개돼 있다. 이 Dockerfile을 사용하면 도커에서 컨테이너로 JIRA를 동작시킬 수 있다.

```
[vm]$ git clone git@github.com:docker-atlassian/jira.git
[vm]$ docker build -t naoya/jira jira
[vm]$ docker run -p 49080:8080 -d naoya/jira
```

실제로 이것뿐이다. 예에 따라서 베이그런트의 포트 포워딩 기능으로 OS X의 http://localhost:49080에서 JIRA가 기동된다. 브라우저로 접속해 보자.

도커 리포지토리

Dockerfile이 있다면 이처럼 이미지 구성 절차를 주고받을 수 있지만, 실은 도커 이미지 자체도 휴대할 수 있다. 즉, Dockerfile이 아니고 도커 이미지를 네트워크를 통해서 주고받을 수 있다.

그러고 보니 처음에 우분투나 CentOS의 이미지를 저장소에서 내려받았다. 바로 이것이 도커 이미지의 교환 예다.

자세한 내용은 생략하지만, Docker Index[15]에서 내려받을 수 있는 이미지를 검색해 찾을 수 있다. 또한, 자신의 이미지를 public 이미지로서 이 저장소에 등록하는 것도 가능하다.

저장소를 통하지 않아도 docker export나 dockerimport를 사용해 컨테이너 이미지로 빼내거나 집어넣는 것이 가능하게 돼 있다.

도커의 리모트 API

도커의 리모트 API(Remote API)에 대해서도 가볍게 다뤄보자.

모처럼 컨테이너를 즉시 만들 수 있게 됐으니, 컨테이너 작성도 프로그램에서 조작할 수 있다면 더욱 응용할 수 있는 폭이 넓어질 것이다. 모서버에서 움직이는 도커 서버에는 리모트 API라고 불리는 HTTP over JSON의 웹 API를 제공한다. 이 웹 API를 사용해 도커 컨테이너를 작성하는 등의 작업을 원격에서 HTTP를 거쳐 실행할 수 있다.

리모트 API를 사용하면 예를 들어 젠킨스의 지속적 통합을 사용함에 있어 도커 컨테이너를 기동하고 그 컨테이너의 응용프로그램을 넣어서 테스트하는 것과 같은 제어를 할 수 있게 된다. 마치 Travis CI처럼 CI as a Service와 같은 환경을 도커로 구현할 수 있다는 말이다.

---

15 https://index.docker.io/

도커의 리모트 API에 대한 자세한 내용은 문서[16]를 참고하자. 각 언어의 클라이언트 라이브러리도 준비돼 있다.

도커의 사용 예

대략 도커의 기본적인 내용을 살펴봤다. 마지막으로 도커의 구체적인 사례로는 어떤 것들이 있는지 살펴보자.

Platform as a Service

최근에는 헤로쿠(Heroku)와 같은 것들이 대표적인 예이지만 리눅스를 기반으로 한 PaaS의 백엔드는 LXC에 의해 구전되는 경우가 많아졌다. 사용자가 응용프로그램을 git push 하는 타이밍에 신규 컨테이너를 만들고 거기에 응용프로그램을 배포하고 기존 서버는 파기한다. 이로 인해 사용자별 환경이 분리돼 안전하게 작동할 수 있게 됐다.

도커는 그 LXC 기반의 시스템을 더 유연하게 하고 프로그래밍이 다룰 수 있게 하기 위한 미들웨어라고 말할 수 있다.

▣ 도쿠

실제로 도커를 사용해 PaaS를 만들려는 시도도 있었다. 도쿠(Dokku)[17]는 단 100줄 정도의 셸 스크립트와 도커로 작은 헤로쿠와 같은 서비스를 구현하는 프로젝트다. 깃에서 응용프로그램을 푸시하면 각종 도커 컨테이너에 의해 컨테이너가 실행되는 구조를 제공한다.

▣ Flynn

Flynn[18]은 도커와 Go 언어로 된(앞에서 설명한 것처럼 도커도 Go 언어로 구현돼 있다) 오픈 소스의 PaaS 구축 프로젝트로 이른바 도커를 기반으로 헤로쿠와 같은 것을 완성하는 것을 목적으로 한다. 2014년 중 완성을 목표로 하고 있다고 한다.

---

16 http://docs.docker.io/en/latest/api/docker_remote_api/
17 https://github.com/progrium/dokku
18 https://flynn.io/

DevOps의 도커

아파치 메소스[19]는 클러스터 관리 소프트웨어로 '클러스터 내의 각종 자원을 클러스터링한 서버군을 풀로 해 어떤 타이밍에 풀에서 최적의 자원을 꺼낸다'와 같은 용도를 지원하는 도구다.

최근에는 이 메소스와 도커를 연계해 자사의 인프라에서도 메소스 경유로 주문형 서버를 만들어내는 등의 시도가 가능하게 됐다. 접근 방법은 PaaS 구축에 가까운 것도 있지만, PaaS 그 자체를 만들기보다는 도커를 사용해 기존의 인프라를 더 유연하게 클라우드로 관리할 수 있게 하는 예라고 할 수 있다.

이처럼 DevOps 맥락에서 클라우드 환경 구축을 지원하는 도구로 메소스나 도커가 주목을 받고 있다. mesos-docker[20]는 메소스와 도커를 통합하기 위한 소프트웨어다.

클라우드에서의 도커

앞에서 언급한 것처럼 구글 컴퓨트 엔진이나 Linode가 도커를 지원하고 있다. 엔드유저를 위한 클라우드 서비스에 도커가 움직인다는 것은 앞에서 본 JIRA처럼 Dockerfile이나 도커 이미지로 배포되는 응용프로그램을 그 클라우드 서비스상에서 동작시키는 것이 가능하다는 것과 같다. 즉, 로컬의 도커 상에서 움직이고 있는 응용프로그램을 필요한 타이밍에 클라우드로 옮기는 식으로 사용할 수 있다.

그 외

도중에 본 젠킨스를 사용한 CI에 도커를 사용과 같은 것도 전형적인 사용 예라고 할 수 있고 JIRA와 같은 응용프로그램을 제삼자에게 전달할 때 Dockerfile에서 실시하는 것과 같은 용도도 앞으로 늘어날 것이다.

경량 컨테이너이며 휴대성이 있다는 도커의 장점을 살린 클라우드의 사용 예는 여기에서 언급한 것 외에도 다양한 것들이 있을 것이다.

---

19 http://mesos.apache.org/
20 https://github.com/mesosphere/mesos-docker

Immutable Infrastructure

최근에는 Immutable Infrastructure가 화제다. 한국어로 말하면 글자 그대로 변하지 않는 인프라다.

서버 상태 관리의 어려움

현재 웹 시스템에 있는 서버는 가동 중인 서버의 설정을 나중에 변경한다는 것을 전제로 설계돼 있다. 웹 서버 등의 설정을 변경하는 것은 빈번한 일이고 가동 중인 서버에 새로운 소프트웨어를 추가할 때도 있다. 이런 식으로 서버가 변경될 때마다 서버 상태는 변한다. 현재 서버 운용은 기본적으로 변해가는 서버의 상태를 지속해서 관리하는 것을 전제로 한다.

하지만 변경 상태를 파악하는 것은 경우에 따라서는 어려울 때도 있다. 오래 운용을 해온 복잡한 서버 시스템에 어느 날 큰 설정 변경을 하게 됐다. 그 동작을 보증하는 것은 대체 무엇일까? 과거의 경위를 모두 다 문서화하는 것일까? 테스트 코드에서 동작을 보증하는 것일까? 어려운 문제다.

「상태를 바꾸지 않는다」는 사고방식

상태가 변하는 것이 전제이므로 운영이 복잡해진다면 아예 상태를 바꾸지 않는 것을 전제로 하면 어떨까? 이 콜럼버스의 달걀 같은 발상이 Immutable Infrastructure의 개념이다. 새로운 설정이 필요하면 기존 설정에 덮어쓰는 게 아니라 그 설정이 반영된 새로운 서버를 준비하고 교환해 버린다. 상태 관리를 포기하는 것이다.

응용프로그램을 푸시 할 타이밍에서 컨테이너를 새로 작성하는 헤로쿠 등의 PaaS는 이 개념을 바탕으로 하고 있다고 할 수 있다. 따라서 '사용자는 지금 동작하는 것에 대해서는 신경 쓰지 않고 새로운 응용프로그램을 git push 하면 된다'와 같은 환경을 구현하게 됐다. 이 「상태를 관리하지 않는다. 서버는 언제나 버릴 수 있도록 한다」는 생각을 전제로 기존의 인프라를 다시 생각해보면 무엇이 변할까? 최근에 논의되고 있는 것이 이런 것들이다. 이런 맥락에서 새로운 환경을 순식간에 만들 수 있는 리눅스 컨테이너는 가장 중요한 부분이라고 할 수 있다. 이러한 운영 관리를 실현할 수 있는 도커가 주목 받는 것은 시대의 필연인 것이다.